X.

IX.

VIII.

VII.

VI.

V.

기원전 2세기 무렵에 이루어진 군제 개혁으로 군사들의 복장뿐만 아니라 군대대 편성 또한 규격화되었다. 이러한 군제 개혁은 통상적으로 가이우스 마리우스가 주도한 것으로 간주되고 있다. 가장 작은 조직은 백인대(百人隊)인 **켄투리아**(centuria)였다. 하지만 이름과는 달리 대부분 100명이 채 안 되는 80명의 군사들로 구성되었다. 켄투리아의 통솔권은 백인대장을 뜻하는 켄투리오(centurio)가 가졌다. 2개의 켄투리아는 다시

IV. 코호트(cohort)

군사 복장

기원전 100년경 군사들은 군무기 이외에도 행군 배낭 대부분을 짊어져야만 했다. 여기에는 담요, 물통, 냄비 및 3일치 배급 식량이 들어 있었으며 종종 토공 작업을 위한 곡괭이, 삽, 광주리 등을 담기도 했다. 중량은 대략 40킬로그램에 달했다. 군단을 지원하는 보급 부대의 크기는 업무를 분담하면서 축소되었고, 이는 전쟁터에서 기동성을 높여주는 효과로 이어졌다. 당시 군사들에게는 '마리우스의 노새'라는 풍자적 표현이 널리 퍼져 있었다.

로리카 하마타(lorica hamata)

수천 개의 철제 고리들이 서로 얽기설기 엮어져 있는 쇠사슬 갑옷인 체인메일(chain mail)로, 기동성을 크게 떨어뜨리지 않으면서 군사들의 몸을 보호했다.

필룸(pilum)

전쟁 시 군사들은 처음에는 가벼운 창을, 다음에는 좀 더 무거운 창을 적군들을 향해 던진 다음 접전을 벌였다. 설령 적군들이 방패를 이용해 창을 성공적으로 막아냈다 할지라도 한번 깊게 꽂힌 투창을 다시 빼내기란 거의 불가능했기에 적군들이 피해를 입는 것은 마찬가지였다. 또한 투창의 쇠 부분을 부딪치면서 구부러지기 때문에 다시 던질 수도 없었다.

푸기오(pugio)
단도

글라디우스(gladius)
짧은 길이의 검

칼리가에(caligae)

건장한 병사들은 축구화의 밑판에 있는 징처럼 군화 바닥 아래에 굵은 못들을 박아두었다. 추운 날씨에는 털이나 헝겊 조각들로 군화의 속을 채우기도 했다.

스쿠툼(scutum)

로마군의 방패는 여러 겹으로 붙여진 합판으로 만들어졌다. 가죽으로 덧대었으며 장식을 그려 넣었다. 가장자리는 금속 고리로 보강하였으며, 그 중간에는 철심이 보란 듯이 박혀 있었다. 이렇게 함으로써 군사들은 방패로 무장한 팔을 이용해서도 적군들을 들이박을 수 있었던 것이다.

마니펠(manipel)을 구성했다. 예전에 마니펠에게 주어졌던 업무들은 상쇄되었다. 가장 중요한 조직은 그 상위 조직인 **코호트**(cohort)로 3개의 마니펠 혹은 6개의 켄투리아로 편성되었다. 경력이 가장 많은 켄투리오에게 코호트 전반에 대한 통솔권이 주어졌다. 각각의 코호트들은 일련의 번호들로 쉽게 구분되었다. 10개의 코호트가 한 부대, 즉 한 **레기온**(legion)을 형성했다. 통합적으로 총 60개의 켄투리아, 각 켄투리아당 군사가 80명이라고 봤을 때 총 4800명의 보병들로 한 군단의 병력이 갖춰졌다. 이와 더불어 기병 및 노새를 동반한 보급병들이 함께했다.

전략적인 대형
군사들의 장비와 무기뿐만 아니라 전술 또한 로마 군단이 군사적으로 성공으로 거두는 데에 분명 큰 기여를 했다. 그들은 재빠르게 거북이 모양을 의미하는 테스투도(testudo) 등의 대형을 만들어낼 수 있었다.

시그니페르(signifer)
군기수. 각 켄투리아 마다 고유의 군기가 있었으며, 이는 거의 종교적으로 받들어지다시피 했다.

라이터라이(reiterei)
군단마다 말을 타고 있는 척후병(斥候兵)과 파발(擺撥)꾼이 있었다. 보병들에 비해 말을 타고 싸우는 기병들의 수는 많지 않았다. 기마병 대부분이 로마의 동맹군들이었다.

코르니켄(cornicen)
군기수들처럼 나팔수들도 대게 덮고 있는 짐승의 가죽으로 식별되었다.

Ⅲ.

Ⅱ.

Ⅰ. 코호트(cohort)

켄투리오
(centurio)

코르니켄(cornicen)
나팔수

트리뷴(tribune)
호민관

테세라리우스
(tesserarius)
경비대장

시그니페르
(signifer)
군기수

아퀼리페르
(aquilifer)
독수리 깃발의 기수

켄투리아(ceturia)

마니펠(manipel)

레가투스(legatus)
본 통수권은 군주 혹은 원로원이 임명한 지방 총독들이 맡았으며, 6명의 호민관들이 그를 보좌했다. 그들은 젊은 귀족들로, 그들에게 군사 의무란 정치적으로 좀 더 나은 경력을 쌓는 도약판과 같았다.

로마군의 행군
기원전 100년경의 로마 군대 편성

켄투리오(centurio)
보통 10년 이상 군에 복무했을 경우 일반 병사에서 백인대장인 켄투리오로 승진이 가능했다. 외형적인 상징은 투구에 비스듬하게 얹힌 깃털 장식이었다.

만들어진 제국, 로마

ROMAN EMPIRE

만들어진 제국, 로마

그들은 어떻게 세계의 중심이 되었는가

21세기북스

서문

서양의 기원은 어디서부터일까? 문화적으로 봤을 때는 분명 대부분 고대 그리스로부터 시작됐다. 하지만 정치적으로나 언어적으로 중요한 사고방식들, 공공시설, 대륙에서 전해져 내려오는 전통 등은 고대 로마 시대로 거슬러 올라간다. 고대 로마는 유럽 라틴 국가들에게 지울 수 없는 대단한 인상을 남겨주었고 신성로마제국으로서 끝까지 살아남았다. 놀라운 일이 아닐 수 없다. 그렇기에 역사에 관심이 있는 이들에게 로마는 가장 이상적인 사례로 남아 있다.

어떻게 가능했던 것일까? 이에 대한 해답을 찾고자 고군분투한 사람들 가운데 가장 대표적인 사람이 바로 피렌체Firenze 출신의 정치철학자 니콜로 마키아벨리Niccolò Machiavellic 다. 그는 1513년부터 1519년까지 아우구스투스Augustus 시대의 역사가 티투스 리비우스Titus Livius의 초창기 작품들에 몰두했다. 로마가 처음 생겨나 '공공의 것'인 공동체, 즉 레스푸블리카Res publica로 발전해나가는 초창기 모습을 통해서가 아니라면 어디에서 이에 대한 해답을 구할 수 있겠는가? 뛰어난 정치적 계산 능력과 인내심, 허나 그와 함께 내부적 불화로 봉착했던 위협적인 순간들. 티베르Tiber 강변의 그저 작은 농경 국가였던 로마가 오랜 시간 고대사회를 정복해올 수 있었던 이유를, 더불어 원로원Senator이 군림하던 로마제국의 운명을 이보다 더 잘 설명할 수 있는 것은 없을 것이다.

로마의 영토 확장은 처음에는 점진적으로 이루어졌었지만, 이후에는 사회의 본질까지 흐려버리는 무지막지한 전쟁들을 치르며 진행됐다. 이는 정치 분야의 현실주의자들에게 늘 새로운 인상을 남겨주었다. 대부분이 농민 출신이었기에 본질적으로 갖춰진 협동적 강인함은 어떤 기반의 세력들 간이든 결국에는 서로 타협점을 찾도록 만들어주었다. 또 정치판에서 경쟁자들이 자기 편에게 유리하도록 법적 조항들로 온갖 술책을 부리려고 해도 로마법은 각각 예측 가능한 정도의 최저치는 유지해나갔다. 이는 오늘날까지도 우리들에게 굉장히 놀랍게 다가온다.

로마의 지도층들이 지중해권의 문화적 다양성에도 불구하고 어떠한 특별한 조치 없이 군사적 정체성을 지속할 수 있었던 이유나 근접 국가들이 로마의 요구 사항을 순순히 받아들이도록 만들 수 있었던 이유 역시도 로마만의 고유한 특성을 보여준다. 그렇지 않았다면 역사 속에는 그저 진저리나도록 오랫동안 계속된, 대부분이 그저 피범벅으로 끝나버리는 으르렁거림만이 남아 있었을 것이다.

이 책을 통해 우리는 지금껏 로마에 대해 정확하게 알고 있던 사실이 굉장히 적었다는 것을 새삼 깨닫게 될 것이다. 놀라운 경험이 되지 않겠는가. 초기 로마에 관한 사실들을 확인하는 작업은 한마디로 인내 게임이다. 마르쿠스 툴리우스 키케로Marcus Tullius Cicero 조차도 달달 외웠었던 12표법 내용만으로는 조각 빠진 퍼즐만이 완성될 뿐이다. 정확하게 언제 콘술consul, 즉 집정관이 처음으로 세워졌는지조차도 전문가들은 명확하게 답하지 못한다. 하물며 학교에서 많이 가르치고 있는 로물루스Romulus나 아이네아스Aeneas에 관한 전설들은 어떠할까. 독일 에센Essen 출신의 고대 역사학자 볼프강 브뢰젤Wolfgang Blösel과의 인터뷰에 따르면 고대 라틴족들, 즉 로마인들은 그렇게 특별한 요소들을 갖추고 있지 않았음에도 '고대인'들로부터 최고의 문명국가로서 존경을 받아야 된다고 생각했다고 한다. 그 당시 몇몇의 전쟁 자료들은 이에 걸맞게 적절히 짜 맞춰지기도 했다.

잘 알려지지 않은 또 다른 사실은 로마가 이탈리아 반도만 지배하는 데에도 굉장히 오랜 시간이 걸렸다는 점, 그리고 '동맹국'으로서 군사적 의무를 지니고 있던 주변 나라들이 자신들의 자주성을 확립하고자 끊임없이 로마에 대항하며 맞서왔다는 점이다.

오랜 숙적이었던 카르타고Carthago에 로마가 승리하면서 시칠리아Sicilia 및 북아프리카 곡창들의 빗장이 열렸고, 로마 공화국은 비로소 진정한 식민지 강대국이자 헤게모니 강국으로 거듭나게 되었다. 그러나 바로 이때 내부적 붕괴 또한 일어나기 시작했다.

정치적 분열은 루키우스 코르넬리우스 술라Lucius Cornelius Sulla의 왕위 찬탈 및 가이우스 율리우스 카이사르Gaius Julius Caesar 통치 때 절정을 이루었으며, 카이사르가 암살당한 이후에는 고통스러우리만큼 기나긴 세력 다툼이 계속됐다. 이 싸움의 승자인 가이우스 율리우스 카이사르 옥타비아누스Gaius Julius Caesar Octavianus는 이전 공화정 체제로 되돌아갔고, 이로써 자신만의 지배 체제를 구축하게 된다.

이제 이념 및 역사에 관한 전반적 현상들을 새롭게 알아가게 될 것이다. 공공연하게 알려져 있던, 허나 이제는 행운과 불운으로 더 자주 다가올 이야기를… 지독한 끈질김과 거만한 실용주의에 관한 옛날이야기를… 자질구레하게 남는 모든 의문들을 뒤로 한 채 굉장한 의미를 담고 있는 시대적 파노라마를… 그렇기에 여전히 역사란 무엇임을 보여주는 이상적 사례를….

로마로의 재미난 역사 여행이 되기를!

2016년 어느 봄, 함부르크에서
디트마르 피이퍼, 요하네스 잘츠베델

목차

02 지중해 패권 　　　잔혹한 정복과 투쟁의 역사

03 문화 국가 로마   제국의 이상과 정신적 토대

04 로마 공화국의 멸망 새로운 황제 시대의 서막

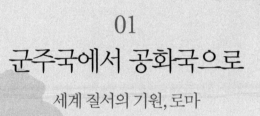

01

군주국에서 공화국으로

세계 질서의 기원, 로마

조국을 위하여

어떻게 로마는 조그마한 나라에서 세계 강국으로 성장할 수 있었던 것일까? 그들은 용감무쌍했고 강인했다. 하지만 운도 분명 따랐다. 비록 역사가들은 이후 이를 인정하고 싶어 하지 않았지만, 그 사실에는 변함이 없다.

기원전 319년 8월 23일, 로마인들에게 축제의 날이 열렸다. 농민에서부터 장거리 무역상들까지, 돈 많은 최고급 변호사들에서부터 매춘부들까지 수천 명의 로마인들이 대규모의 승전 행렬을 구경하고자 시내로 모여들었다. 집정관 루키우스 파피리우스 쿠르소Lucius Papirius Cursor가 삼니움Samnium족에게 당한 로마의 치욕스러운 패배를 피비린내 나게 잔인하고도 완벽히 복수해낸 것이다. 이제는 최고 지휘관에 대한 예우를 갖춰 그를 향한 무한한 존경심을 드러낼 차례다. 그는 위풍당당한 '대장군'의 모습으로 군인들과 수많은 전리품들을 거느리고 행렬을 하게 된다. 성스러운 길이라는 의미의 비아 사크라Via Sacra[1]를 따

---

1 십자가의 길로 불리며, 신전들이 모여 있는 고대 로마 시가지의 중심 거리(이하 각주는 원서 및 옮긴이의 부가 설명을 정리한 것이다).

라 콜로세움Colosseum을 거쳐 카피톨리노 언덕Kapitol까지 행진한
다음, 그는 그곳에서 신에게 제물을 바칠 것이다.

전통적인 방식으로 개선 행렬은 이루어졌다. 행렬들은 우선 마
르스 광장에서 한데 모이게 된다. 이곳은 일곱 개의 언덕들 서쪽
편에 자리 잡은 대지대로, 보통 열병식閱兵式이나 민중 대회가 여
기서 열렸다. 행렬이 시작되면 원로들이 제일 앞장서 걸었으며,
그 뒤로 고위 관리들과 호른 연주자들이 차례차례 따랐다. 승리
의 표상들이 그 모습을 드러내기 시작했으며 가장 마지막에는 포
로로 잡힌 삼니움인들이 지나갔다. 황금으로 만들어진 식기류나
농작물 등 화려한 전리품들이 구경꾼들의 눈을 휘둥그레지게 만
들었다. 그 외에도 신들에게 제물로 바쳐질 짐승들과 성공적으로
임무를 완수해낸 병사들을 위한 포상들이 즐비해 있었다.

행렬은 티베르 섬 근처에서 시내로 진입하고는 개선문을 지나
카피톨리노 언덕 아래에서 포룸 로마눔Forum Romanum² 쪽으로 방
향을 꺾게 된다. 그다음에는 오른쪽 방향으로 크게 돌아 옛날 가
축 시장의 저지대 주변을 우회해서 지나간다. 고대 로마의 대형
원형 경기장인 키르쿠스 막시무스Circus Maximus에서 행렬은 계속
되어 팔라티노 언덕Palatino까지 이어진다. 희생 제물 및 전리품들
이 지나가면 여느 때와 다름없이 로마의 직권 표시인 회초리 한

---

2 고대 로마의 중앙 광장으로, 공공건물과 신전 등이 있는 정치 및 종교 활동의 중심지.

다발과 참수용 도끼를 손에 들고 있는 군인들인 릭토르lictor 무리가 가까워온다. 이때가 되면 그곳에 모인 모든 이들에게 한 가지 사실이 분명해진다. 자, 이제 주인공이 납신다.

화려하게 장식된 전차를 올라탄 개선장군은 자기 덕분에 명예를 되찾은 도시로 위풍당당하게 입성한다. 화관을 쓴 네 마리의 백마들이 전차를 끌고 있다. 승리의 주역인 개선장군은 금실로 단을 박은 자색 튜니카tunica³를 입고, 그 위에는 화려하게 자수로 장식한 커다란 망토를 걸치고 있다. 그의 망토가 그를 더욱더 왕나운 모습으로 만들어준다.

집정관 파피리우스의 오른손에는 월계수 가지가, 왼손에는 홀笏이 들려져 있다. 홀은 상아로 만들어졌으며 로마의 상징인 독수리로 장식되어 있다. 그의 얼굴에는 신의 모습처럼 붉은 연단이 발라져 있다. 그의 뒤에서는 한 노예가 떡갈나무로 만들어진 왕관을 그의 머리 위로 받치고 있다. 이 노예가 하는 일은 이외에도 또 하나가 있었는데, 관중들이 크게 박수를 치며 환호할 때 칭송을 받고 있는 그의 귀에 끊임없는 경고의 속삭임을 들려주는 것이었다.

명심하세요. 당신은 그저 인간일 뿐이에요.

---

3 고대 로마에서 남자가 입던 T 자형 속옷.

그와 마찬가지로 월계관을 쓴 병사들이 열을 지어 그를 뒤따라 걸어온다. 그들 주변에 선 사람들은 병사들이 부르는 노랫말을 분명하게 들을 수 있다. 이런 기회가 찾아오면 병사들은 장군에 대한 노래를 만들어 부르는데, 그들의 노래 속에서 개선장군은 몇 번이고 웃음거리의 대상이 된다.

하지만 그들의 노래는 농담 그 이상의 의미를 담고 있다. 지금 승리를 자축하고 있는 이들도 죽을 운명을 가진 미천한 인간들임을 확인시키면서 신들이나 다른 영혼들이 질투하지 않게끔 하는 것이다.

팔라티노 언덕 주변을 돌고 나면 행렬은 고대 로마의 광장인 포룸Forum에 도착하게 된다. 승진 행렬은 나라의 정치적 심장부 한가운데를 가로질러 지나가게 되는데, 그곳은 대게 원로원의 자문이나 국민 의회가 열렸던 코미티움Comitium 4 및 회의장인 쿠리아Curia 등이 몰려 있는 곳이다. 그런 다음에야 드디어 카피톨리노 언덕 위에 올라서게 된다.

신들 중에서도 '최고의 신'인 유피테르Jupiter의 신전에는 이미 벌써부터 사제들이 기다리고 있다. 그들의 도움을 받아 파피리우스는 공식적으로 장군 휘장을 반납하고 감사의 제물들을 바친다. 국고에 헌납을 하고 전리품들을 나눠주며, 포로들을 처형하고 병

---

4 로마 시민들의 모임인 코미티아(Comitia) 등이 열렸던 정치적 집회 장소.

사들에게 상을 수여하고, 또 맛난 음식들을 먹으면서 한참을 즐긴 다음에야 축제는 차차 막을 내리게 된다.

약 3세기가 지난 다음, 역사가 리비우스는 이 일이 정말로 있었던 사실이라 인정을 하면서도 그날에 대해서는 거의 메모만 남겼다. 이는 충분히 이해가 간다. 승진 행렬이 어떻게 이루어졌는지는 그 시대를 살았던 사람이라면 누구나 다 잘 알고 있었으니 말이다. 그런데 역사가들에게 이보다 더 중요한 것은 그 배경이다. 이 승리의 축제는 티베르 공화국, 즉 로마가 어떤 상태였음을 말해주고 있는가? 파피리우스는 훌륭한 장군이자 정치가였나? 승리에 관한 기록들은 얼마나 믿을 수 있는가?

로마는 나폴리 북동부의 산간 지역, 즉 베수비오Vesuvio 북쪽의 자존심 강한 민족들인 삼니움족 혹은 사벨리인Sabelli 들과 실제 기원전 4세기 중반부터 계속해서 전쟁을 해나가고 있었다. 카우디움Caudium 근처의 한 좁다란 길목에는 삼니움인들이 로마인들에게 준 씻을 수 없는 굴욕이 남아 있다. 이곳을 살아서 빠져나가려면 군인들은 무기를 버리고 반 벌거벗은 채로 창들로 둘러싸인 굴레를 지나가야만 했다. 이는 노예가 되는 것과 다를 바 없었다. 이밖에도 삼니움인들은 600명의 기사들을 인질로 삼았다.

리비우스에 따르면, 이 충격적인 치욕을 집정관 파피리우스가 2년 뒤에 복수를 해준 것이었다. 루케리아Luceria 를 점령하면서 7000명의 삼니움인들을 제압했고 '엄청난 양의 전리품'들을 획득했다고 한다. 파피리우스는 확고한 욕망을 가지고 있던, 씩씩한 장수였기에 사람들은 그를 '쿠르소Cursor'라고 불렀다고 한다.

파피리우스가 갖춘 지도자로서의 강인함은 그가 벌인 전투태세를 통해서도 알 수 있다. 한 예로 파피리우스는 자신의 군대를 굉장히 조심스럽게 전선으로 데려왔던 프라이토르pretor, 즉 법무관을 앞으로 나오라고 명하면서 다른 릭토르에게는 날카로운 참수형 도끼를 가져오라고 명했다고 한다. 그 군인의 얼굴은 벌써부터 좋지 않았고, 이때 파피리우스가 도끼를 가져온 릭토르에게 "저 뿌리를 잘라내라. 가는 길에 방해가 된다"고 말했다고 한다. 벌벌 떨고 있던 그는 벌금을 낸 다음, 공포에 떨면서 그 자리를 빠져나갔다고 한다.

이 이야기는 굉장히 멋지게 들릴 수도 있지만 실상 상징적인 의미만을 가질 뿐이다. 오늘날 대부분의 전문가들은 파피리우스의 보복 전쟁 및 기원전 319년의 승리를 역사적 사실로 받아들여야 할지에 의구심을 갖고 있다. 리비우스 이전까지 다른 애국심 강한 역사가들이 로마의 무한한 힘을 드러내 보이고자 예전에 일어났던 사건들을 이에 맞게 변형시켰을 가능성도 배제하지 못한다.

일반적으로 예전 기록들을 여러 차례 서로 대조해가면서 검토했던 리비우스였지만, 이 사건만큼은 자기가 가지고 있던 자료들을 신뢰했다. 하지만 전문가들은 이후에 집필된 이야기들은 연출되었다는 사실에 대한 명백한 증거들을 찾아냈다. 당시 삼니움족은 분명 제압당했었다. 하지만 정확히 어디에서 어떻게 승리를 거두었는가에 대한 명확한 자료는 어디에도 남아 있지 않다.

유감스럽게도 초기 로마사의 대부분이 이러한 의구심을 품게 만든다. 아주 다채롭고도 세세한 사항들, 굉장히 흥미로운 사건들, 그 사건이 일어난 정확한 날짜들. 하나하나 아주 꼼꼼하게 살펴보면 지금껏 믿을 만하다고 증명된 것은 사실상 거의 없다고 볼 수 있다. 이 근본적인 문제를 가지고 연구가들은 오랫동안 고군분투해왔었다. 역사적 사건들을 다루는 전형적인 사고방식들, 그러한 방식들에 따르면 로마가 마주한 운명은 대체적으로 아주 좋게 묘사되었다. 하지만 이제는 이러한 사고방식조차도 유지할 수 있을지 의문이다.

사상가 샤를 드 몽테스키외Charles de Montesquieu가 로마제국이 발달하는 데 문화적 '공덕심公德心'의 존재 및 그 위험성에 관한 연구를 시작하면서 로마의 영광스런 시대는 끝이 났다. 고고학자 테오도어 몸젠Theodor Mommsen이 로마의 '국법'에 따라 독일 – 공화 정체의 파토스pathos를 완전히 재구성해내고, 군주국의 강제 통치에 반한 보수적 혁명 정신에서부터 일어난 '시민권'이 어떻게 발달해나가야 되는가에 관해 집필할 때까지 말이다.

냉정하기로 소문난 전문가 요헨 블라이켄Jochen Bleicken은 지방에 대한 로마의 통솔력은 초창기에는 그저 "역사 왜곡의 반영"에 지나지 않았을 것이라 보고 있다. 망할지도 모른다는 위협 속에서 공화국은 자칭 용감무쌍한 혈통과 정치적 인내심을 환기시켜야만 했을 것이다. 독일 고대 역사학자이자 법률 전문가인 크리스티안 마이어Christian Meier는 최근 자칭 "아주 견고한 로마 공화국의 질서"를 만인에 대한 만인의 끊임없는 포커 게임으로, 승리의 보장은 전혀 없이, 줄기차게 계속되는 험악한 힘겨룸으로 표현하기까지 했다.

어쨌든 강건한 파피리우스 쿠르소라는 사람에 의문을 갖는 사람은 거의 없다. 그에 관한 이야기들은 늘 높은 상징적 가치를 지닌다. 고대 시대에 흔히 그랬듯, 로마법 역시 전쟁에 관한 법이 우선이었다. 씩씩하고도 강인한 성격의 인물들에 관한 창시 설화들은 대부분 경작지를 둘러싼 잔혹한 싸움을 바탕으로 전개되는데, 이때 통상적으로 정략결혼에 의해 연맹 관계를 맺었던 많은 소수 민족들이 자주권을 되찾고자 지방 총독들에게 재차 투쟁하고 나선다.

공식 자료들에 의하면, '스푸리우스 파피리우스Spurius Papirius의 아들이자 루키우스Lucius의 손자'인 루키우스 파피리우스는 카리스마 넘치고 엄격했던 자로 세 개의 승전 축제를 동시에 열기까지 한 인물이었다. 이는 그를 로마 역사상 전설적 인물로 추앙시키기에 충분했다. 군사 능력 및 정치 권한은 고대 귀족 가문들 사이에서 공공연하게 대물림되고 있었다. 마찬가지로 이름이 루키우스였던 그의 아들 역시 집정관의 신분으로 기원전 272년과

293년에 상업의 중심지인 타란토Taranto 탈환을 포함, 삼니움족 및 남부 이탈리아의 동맹군들을 모두 제압해냈다. 그리고 이에 대한 승전 축제를 열었다.

감사하는 마음으로 루키우스는 일곱 개의 언덕들 가운데 가장 남쪽인 아벤티노 언덕Aventine에 고대 로마의 농업신인 콘수스Consus를 위한 신전을 지으라고 명했다. 물론 개선장군 제복을 입은 본인 석상도 함께 세우도록 했다. 자식이 없었던 것으로 여겨지는 그는 그밖에도 공영 해시계를 처음으로 만들어냈는데, 이는 사회 안에서 성확하게 제 시간을 맞춰 생활하는 것을 지속적으로 향상시켜주었다. 이로써 이상적인 로마 가문에 대한 전설이 완벽하게 마무리된다.

전쟁 시 보여주는 용기와 전력투구, 공동 정신, 원칙 준수, 공직에서의 책임감 및 성실함. 간단하지 않은가. 모든 지적인 면들을 떠나 이 단순하고도 강한 덕목들로 고대 로마인들은 자신들만의 강인함을 만들어냈다. 선조들의 관습을 의미하는 모스 마이오룸Mos Maiorum을 충실히 지켜나가는 자만이 자기에게 닥친 운명 또한 믿을 수 있었다. 성실하게 논밭을 갈고 전쟁에서는 용감하게 싸워나가는 정신이야말로 끊임없는 전쟁들과 약탈자들의 교활한 술수, 또한 신들의 이랬다저랬다 하는 은덕들조차도 견뎌내게 만드는 힘이었다. 이처럼 전혀 동요되지 않는 강인한 연대 의식이 로마인들 자부심의 근간을 이루게 된다.

대게 한 사람을 가문의 대표로 생각하는 사고방식은 귀족 사회에서나 오늘날에나 익숙하다. 하지만 이는 로마인들에게 훨씬 더 강한 의미로 다가왔고, 심지어 국가 이념으로까지 자리 잡았다. 예를 들어 세대 간 다툼이 있었다 하더라도 윗세대가 이 세상을 떠나게 되어 가문의 수호신들과 거의 동등하게 숭배되는 선조들 대열에 그의 초상화가 걸리게 되면 다툼은 끝이 난 것이라고 여겨졌다. 정치 집단에서도 다르지 않았다. 내부적으로는 종종 서로 격분해서 신랄하게 논쟁들을 벌여도 외부적으로 주변 민족 및 적들에게 맞서 싸워야 할 때는 원로원의 결정을 따르면서 서로 협심했다.

이는 또한 필요한 것이기도 했다. 수백 년 동안 치열한 경쟁은 계속되었다. 요즘 학자들은 오히려 장군 정도로 평가하지만, 어쨌든 초기 로마의 전설적인 왕들은 자신들이 처한 특수한 상황 속에서도 북부 지역의 강인하고도 위풍당당한 에트루리아인Etruscan 들을 막아내고 있었다. 위태위태한 동맹 관계 속에서 크고 작은 수많은 나라들과 다른 라틴 민족들을 로마 홀로 제압하는 일은 300년이 넘는 시간 동안 고통스러우리만큼 오래 걸렸다. 히르피니Hirpini, 펜트리Pentri, 카우디니Caudini 등의 남동부 지역 산악 부족들은 인접해 있는 부족들과 함께 '삼니움' 또는 '사벨리' 연맹을 결성하면서 이와 비슷한 일들을 계속해서 벌여왔다.

로마의 후기 역사, 특히 현존하고 있는 리비우스의 작품들 가운데 시대가 뒤바뀌던 시기에 집필된 그의 작품은 대게 아주 조그마한 지역들이나 강변 요새들, 군사적으로 강한 작은 지역들을 둘러싸고 벌어진 살벌한 싸움들에 하나의 의미를 부각시키고 있다. 바로 세계 정복이라는 최종 목표를 품고 있는 중부 이탈리아인들의 용감한 승리다.

이러한 이야기들을 보면 로마는 이웃 민족들로부터 '도움 요청'이 오면 보통 의심부터 했다. 하지만 오늘날 몇몇 비문들을 살펴봤을 때 전해지고 있는 이야기들은 승리에 관한 것들밖에 없다. 이를 보면 고대 역사가들은 틀림없이 회의적인 조사자들이었을 것이다.

에트루리아인들도, 삼니움족도, 또 세 차례의 치열했던 '포에니 전쟁Punic Wars'에서 맞붙었던 페니키아Phoenicia의 해상 및 무역 강대국인 카르타고도 소위 의기양양했던 로마의 확장을 막을 수는 없었다. 로마에게 정복당한 이베리아Iberia, 헬베티아Helvetia, 리구리아Liguria 그리고 갈리아Gaul, 즉 오늘날의 이탈리아 북부, 프랑스, 벨기에 등의 사람들은 말할 것도 없다. 기원전 2세기 중반까지 세계를 제패했던 마케도니아Macedonia 왕국 역시 로마 대제국의 역사 편찬 과정 속에서 희생양이 되었다.

기하급수적인 확장에 힘입어 호전적인 실용주의자들의 체제는 라틴 지역에서부터 고대 세계 전역으로 퍼져나갔다. 무지막지한 제패 및 엄청난 공물 수취 말고도 로마는 학교 및 모두에게 각자의 역할이 배분되는 법률 또한 마련했다. 다시 말해 믿음을 준 것이다. 이 성공적인 방식으로 식민지들 및 이후 다른 지방 도시들이 로마제국에 종속되었다.

어떠한 측면에서도 결코 똑같지 않은 세계 속에서 지극히 평범한 일상이 계속됐다. 소수의 사람들만이 이동해 다녔다. 사람들은 이미 언어 문제에서부터 본래 살던 지역에 발이 묶여 있었다. 전쟁의 폐허를 복구하는 작업 말고도 농민들은 자기 땅과 더불어 지주의 땅까지 일구어야 했다. 군사적 의무는 돌아가면서 공동으로 짊어졌다.

좀 더 부유한 자들은 값비싼 갑옷과 투구들을 사도록 강요당했다. 게다가 말까지 살 능력이 되는 이들은 에쿠에스eques[5]로서 세금을 내야 했다. 그 밖에도 다수의 돈 없는 가난한 농민들이 '클리엔테스clientes'[6]라는 집단에 속해 있었는데, 이들은 지주의 재산을 불려주는 대신 전쟁이 벌어지지 않는 평화의 시대 동안에는 그들의 '파트리키patrici'[7]로부터 은혜나 특전을 의미하는 '베네피키아beneficia'를 받았다.

리비우스가 이렇게 떠들썩하게 표현한 정치적 불화 문제들에

5 말을 타는 사람을 의미하며 연구가들에게는 기사라는 말로 익숙.
6 파트리키의 보호를 받는 대신 정치 및 군사적으로 도움을 주는, 고대 로마의 반자유적 신분.
7 로마 초기에 정치적, 경제적 특권을 보유하고 있던 혈통 귀족.

도 불구하고 나라 안에서는 대부분 평범한 생활이 이어졌다. 응회암 성분의 고대 세르비아누스 성벽Servian Wall으로 둘러싸인, 426헥타르에 달하는 놀랍도록 넓은 땅덩어리 안에서 초기 공화국 로마는 그렇게 빛을 발하지 못했었다. 마르스 광장의 번화가인 라르고 아르겐티나Largo Argentina 등에서 여전히 볼 수 있는 옛 사원들은 일반적으로 마름돌들로 만들어졌다. 대리석으로 된 것들은 찾아보기 힘들다.

대리석으로 만들어진 것들 가운데 가장 오래된 것은 기원전 210년경에 건축된 원형 사원으로, 한때 항구들과 가축 시장들로 활발한 상업이 이루어졌던 강굽이 지역에 위치해 있었다. 그리스 건축가가 만들었을 가능성이 굉장히 높은 이 작품은 전설적 영웅 헤르쿨레스Hercules에게 바쳐진 것으로 추측된다. 분명 기름을 판매하던 사람이 이곳에서 경의를 표했었던 적이 있었다.

티베르 강을 끼고 있는 이곳에서 이토록 많은 상업 활동들이 활발하게 이루어졌지만, 로마인들이 가장 큰 인상을 남긴 것은 거의 매년마다 보여준 그들의 군사력이었다. 그들은 부지런하고 강했으며, 놀라울 정도로 끈질겼고, 드레스덴Dresden 출신의 역사학자 마틴 예네Martin Jehne의 표현에 따르면 "병적인 인내력" 또한 타고났다고 인접 민족들은 생각했다.

이미 기원전 130년경에 역사가 폴리비오스Polybios가 로마인들은 여러 "분명한 실패들" 덕분에 경험 또한 많다고 비판적인 공감critical sympathy을 했었다. '전법의 대가'로서 로마인들은 '그들 머릿속에 들어 있는 것들'을 냉혹히 관철시키고자 확고한 의지를 가지고 몰두해나갔다. 그러했기에 '53년이라는 시간이 채 걸리기도 전에 전 세계를 그들의 발아래' 굴복시킬 수 있었으며, 더불어 세상이 돌아가는 동안 '모두가 똑같은 목표'를 갖는, 전례 없는 일을 가능하게 할 수 있었다.

아니면 예상되는 이 이야기의 결말은 또다시 그저 변화하는 과정, 경험상 언젠가는 분명 '나빠지는' 기만적으로 자만한 '발달상의 정점'일 뿐인가? 로마로 기원전 167년에 포로로 끌려왔지만 금세 최상류층의 가정교사이자 자문가로 활동했던 폴리비오스는 이에 대해 어떠한 견해도 분명하게 밝히지 않았다. 어쨌든 박학다식했던 이 그리스 사람은 티베르 강 유역의 공화국이 갖춘 정치적 질서를 "현존하는 최고의 제도"라 평했다. 왕권정치, 귀족정치 및 민주정치의 요소들이 그 안에 모두 복합적으로 섞여 있었기에 특히 더 그랬다.

훌륭한 연설가이자 정치가, 또 철학자였던 키케로는 기원전 54년에서부터 51년까지 정체에 관해 깊이 고찰하면서 폴리비오스에 대한 대답이기도 했던 『국가론De Re Publica』을 집필했다. 술라나 카이사르와 같은 독재자들이 수십 년 전부터 유지해온 정치질서를 그들의 계산적인 횡포들로 이리저리 마구 파헤쳐대고 있었을 때, 키케로는 공화정을 "국민의 것res populi"이라 호소했다.

그는 로마의 세계 패권이란 사람들 간 이루어지는 상호작용 안에서 공정성을 지켜줘야 할 자격을 부여받은 것이라 주장했다. 키케로는 폴리비오스와도 가깝게 왕래를 주고받았던, 카르타고의 정복자이자 박식한 지도자였던 소小스키피오, 푸블리우스 코르넬리우스 스키피오 아이밀리아누스Publius Cornelius Scipio Aemilianus를 대담의 대변인으로 이끌었다.

논의를 요약해보면 다음과 같다. 국민과 권력자 간에 맺어지는 국가적 차원의 '계약 및 조약pactio'은 논쟁이나 모순들, 개개인과 그룹들 간의 경쟁 및 불신이 생겨나는 상황에 유용하게 적용된다. 개개인 간의 문제들조차도 원칙상 '조화concentus', '화합harmonia' 및 '협동concordia', 즉 본질적으로 공공의 것이라는 사실에 의심을 품지 않는 한, 전적으로 평범하게 다루어졌다. 문제의 강도가 점점 더 심해지면, 이는 '의견 차이dissensio'에서부터 '분열discordia'을 넘어서 '다툼 및 소란seditio'으로까지 이어질 수 있었다. 완전히 상반된 목표를 서로 갖게 되는, 굉장히 위태로운 상태로까지 치달을 수 있는 것이었다.

다름 아닌 이 파멸의 길로 나아가는 모든 과정들을 키케로는 수십 년 동안 지켜보고 있었을 것이다. 말에 있어서나 행동에 있어서나 열정적이었던 실무가, 키케로가 말이다. 공화국에는 희망이 여전히 남아 있을까? 만약 그렇다면 어떠한 희망이 남아 있는 것일까? 로마가 광대하게 커져나가는 데 토대가 된 것들을 그는 작품을 통해 분석해나갔다.

그러한 그의 작품은 검을 대로 검게 타들어간 비관론 속에서 억지로 마무리된 것은 아니었을까? 의구심에서 벗어나고자 연설의 대가는 그리스 철학가 플라톤Platon으로부터 견습한 책략들을 펼쳐나갔다. 확실한 판단이 서지 않고 충분한 논거를 제시하지 못할 때에는 이야기로 풀어나가는 것이다. 이 경우에는 꿈이었는데, 꿈의 내용은 이러했다.

영웅 스키피오는 꿈속에서 기원전 202년에 처음으로 로마의 가장 힘겨웠던 적군 한니발 바르카Hannibal Barca를 무찔렀던 선조 대★스키피오, 푸블리우스 코르넬리우스 스키피오 아프리카누스Publius Cornelius Scipio Africanus를 만나게 된다. 그는 자신의 후손에게 다음과 같은 예언을 한다.

네가 카르타고를 무찌르고 승리를 축하하며 감찰관Censor직을 수행하고 외교 사절로서 이집트, 시리아, 소아시아 및 그리스를 방문하면, 네가 없는 그 사이 너는 두 번째로 집정관에 선출될 것이며 가장 큰 전쟁을 성공적으로 끝낼 것이다. 너는 누만시아Numantia를 멸할 것이며, 네가 전차를 타고 카피톨리노로 왔을 때에는 여기저기 파괴된 도시의 모습을 보게 될 것이다. (…) 나라를 다시 살릴 수 있는 유일한 사람은 네가 될 것이다. 간단하게 말하지, 너는 집정관diktator으로 나라를 바로 세워야만 한다.

이 짤막한 이야기 속에 담겨져 있는 것보다 더한 명예는 없을 것이다. 두 번의 영광스러운 정복, 두 번의 승리, 그리고 조국을 구할 수 있는 독재권. 거의 인간 능력 이상을 요구하는 이러한 예언은 소小스키피오를 당혹하게 만들었다.

하지만 그의 선조, 대大스키피오는 장차 그의 영혼은 계속해서 남아 있을 것이라는 것에 대해, 놀라울 정도로 위대한 삼라만상 신들이 이루는 하모니에 대해, 그리고 현세의 의무들을 잘 이행한 자만이 죽었을 때 하늘나라의 상석을 취할 수 있다는 것에 대해 그를 상기시켜주었다.

그 예언은 신탁처럼 영원한 진리의 근엄한 기운들로 덮여진다. 아주 머나먼 과거 속 영웅들은 키케로가 자신이 살고 있는 혼란스런 시대 속에서 한쪽 편만을 선택하지 않아도 되게끔 도와준다. 시적이며 몽상적인 시나리오의 끝에 선조 대大스키피오는 그의 프롬프터인 키케로가 '가장 고귀한 일'로 간주하는 것, 로마인이 전념해야 할 바로 그 고귀한 일이 무엇인지를 다시 한번 더 요약해준다. 국가에 대한 의무, 당연하지 않은가.

드러난 징후들 중 하나가 이제는 다르게 다가온다. 초대 공화국 사람들은 돌연 레스푸블리카를 안중에 두지 않았다. 그들은 '조국의 번영salus patriae'만을 되새길 뿐이었다. 키케로는 이에 대해 뭔가 알고 있었을지도 모른다. 로마 공화국이 조만간 처참하게 망할 것이라는 것을, 심지어 그가 사랑했던 로마가 아주 오랜

시간 동안 유일하게 상상조차 하지 못했던 군주국의 모습을 갖게
될 것임을 어쩌면 알고 있었을지도.

글 요하네스 잘츠베델

역사가 리비우스 – 로마는 세계의 기준!

티투스 리비우스는 기원전 59년 태생으로, 그가 집필한 142권의 『로
마사Ab Urbe Condita』 가운데 현존하고 있는 것은 1권에서 10권, 그리고
21권에서 45권까지다. 남아 있는 것들도 목차 및 내용의 일부분만이
전해질 뿐이다. 리비우스는 오늘날에는 거의 놓쳐버린 연대기들에 곧
잘 매달리고는 했었다. 강대국이 되기까지 기울인 로마의 힘겨운 노력
들이나 내부 갈등들을 거의 미화시키지는 않았지만, 근본적으로 그는
로마를 세계에 교훈이자 권위자로 높이 평가했다.

영광스런 평민

초기 로마에 관한 이야기들은 감동적인 것들로 넘쳐난다. 하지만 정작 그 안에 담겨진 진실은 어느 정도일까? 공화국의 초창기 모습들은 전문가들로 하여금 여러모로 많은 의문들을 갖게 만든다.

수년간 그는 바보처럼 행동했다. 한마디로 멍청이였다. 그렇다. 당대 사람들은 그가 멍청하다고 확신했었기에 멍청이라는 의미의 라틴어 브루투스Brutus 라는 별명까지 붙여줄 정도였다. 하지만 기원전 509년, 루키우스 유니우스 브루투스Lucius Junius Brutus 는 본모습을 드러낸다. 루키우스 타르퀴니우스 수페르부스Lucius Tarquinius Superbus 의 독재정치를 끝내고 싶어 하는, 영리하고도 용감한 개혁가로 돌변한다. 이보다 앞서 타르퀴니우스의 아들 섹스투스 타르퀴니우스Sextus Tarquinius 가 대중들에게 두터운 신망을 받던 루크레티아Lucretia 를 강간하는 사건이 벌어졌다. 그녀는 출중한 미모로도 유명했지만 덕망 또한 높았다. 그렇기에 그녀는 능욕에 대한 수치심을 견딜 수 없어 가족들이 모두 모인 자리에서 가슴에 칼을 꽂으며 스스로 목숨을 끊었다.

사람들의 격한 감정이 최고조에 달했을 때, 피로 물들여진 칼을 브루투스가 잡아들었다. 그는 하늘 높이 칼을 치켜들어 올리며 그 누구도 쉽사리 믿지 못할 이야기를 격정적으로 해나갔다.

왕실의 오만방자함으로 쏟아 흘러내린 이 신성한 피 앞에서 나 맹세하리다. 신들이시여, 당신들 앞에서 나 맹세하리다. 폭군 타르퀴니우스와 그의 사악한 아내, 그리고 그의 모든 뿌리들을 불과 검으로, 더불어 내게 허락되는 모든 힘들을 동원하여 끝까지 쫓아가 모두 없애버리리라.

하지만 이것만으로는 충분하지 않았다. 역사가 리비우스에 따르면 브루투스는 독재정치를 근절시킬 계획 또한 갖고 있었다. 타르퀴니우스뿐만 아니라 '그 어떤 누구도' 로마의 왕이 되어서는 안 됐다.

이 얼마나 엄청난 파괴인가. 전승되는 바에 따르면 건국 시조인 로물루스를 시작으로 총 일곱 명의 왕들이 지난 244년 동안 로마를 통치하고 있었다. 그런데 리비우스의 표현으로 "용감무쌍하게 무장한 젊은이들" 부대가 로마제국의 수도로 갑자기 들이닥친 것이다. 그 안에서 브루투스는 '구원자'로 받아들여졌으며 '부당한 왕'과 그의 모든 식솔들을 처단했다. 이후 폭행자 섹스투스 역시 이곳에서 처형당했다.

이 모든 게 공화국의 그럴 듯한 탄생의 순간들처럼 들린다. 폭군을 몰아냈을 때 로마는 민주정치의 윤곽을 갖춘 법률을 마련했고 카피톨리노 언덕에 세운 신전을 최고의 신, 유피테르에게 바쳤다. 법을 제정하는 일은 원로원이 맡았다. 로마의 새로운 최고 관직인 집정관은 두 명으로 이루어졌는데, 그 첫 번째로 브루투스가 선출되었다. 연대기를 기록하는 편자들은 브루투스를 로물루스 다음으로 로마를 건국한 두 번째 시조로까지 칭송했다.

단, 문헌들 속에 화려하게 그려진 왕권 붕괴에 관한 이야기들 대부분이 전설일 가능성이 높다. 키케로도 "대단한 정신력과 수완"을 갖춘 자로 칭송한 브루투스 또한 애매모호한 인물로 불분명하게 남아 있다. 루크레티아 및 로마인들의 저항심을 불러일으킨 강간 사건 또한 존재하지 않았다. 여하튼 오늘날까지 계속해서 믿고 있는 사실은 기원전 약 6세기경에 로마의 귀족 계급이 왕권을 붕괴했다는 것이다.

그럼에도 어찌 됐든 독재 정권 마지막에 관한 이야기는 중요한 자료가 된다. 왜냐하면 이는 로마인들이 100년 후 강대국의 위치에서 자신들의 공화국의 시작을 어떻게 바라보고 싶었는지를, 또 그들에게 중요한 것은 성폭력의 피해자인 루크레티아를 통해 구현된 것처럼 명예, 경건함, 용기 등의 가치임을 보여주기 때문이다. 그밖에도 공화국의 건국 신화는 열망으로 가득한 자들이 자신들의 가문에 관한 이야기들을 어떻게 조작하고 짜 맞춰나가는

가를 한 예로 보여주고 있다.

고대 로마의 주된 가문 중의 하나였던 유니아Junia 가문은 평범한 서민 출신이었다. 유니아 가문은 고대 로마 사회의 평민들이 정치적 참정권을 얻게 되었던 기원전 4세기 후반부터 비로소 명성 높은 가문으로 거듭나기 시작했다. 이때 가이우스 유니우스 브루투스 부불쿠스Gaius Junius Brutus Bubulcus는 최고의 계급을 얻게 되었고, 이어 세 차례나 집정관직에 올랐다. 하지만 유니아 가문은 그들이 귀족 출신이 아닌 것을 흠으로 생각했다. 그렇기 때문에 귀족 출신의 선조인 브루투스에 관한 이야기로 자신들을 보좌해나갔다.

따라서 자유를 위해 싸운 영웅은 훗날 로마에서 추방당한 폭군 수페르부스의 조카여야만 했다. 이러한 이야기를 기원전 3세기경에 널리 퍼뜨린 자는 역사가 퀸투스 파비우스 픽토르Quintus Fabius Pictor였을 것이라고 오늘날 전문가들은 추정하고 있다. 그다음부터는 리비우스를 비롯한 여러 역사가들이 이 이야기를 넘겨받았으리라.

이게 유일한 경우는 아니었다. 대부분의 독일 역사가들은 브루투스를 포함한 초대 집정관들이 이후에 만들어진 허구적 인물이라고 확신하고 있다. 이들은 공화국 초창기 때에는 독단을 막고 서로를 통제하고자 두 명으로 구성된 집정관 체제 대신 왕권과 거의 다를 바 없는 단 한 명의 강한 인물, 즉 '프라이토르 막시무스praetor maximus'가 계속해서 존재했을 것이라 입을 모은다. 원로원에서 선출되면 군의 최고 사령관으로서 중심 역할을 맡게 되었다. 하지만 이탈리아와 영국 역사가들은 이와 반대로 공화정 시작부터 두 명의 집정관들이 통솔했다고 확신한다('뭉텅이 이데올로기' 참고).

이 논쟁은 수백 년 동안 계속되었다. 그런데 최근에 들어서는 얼마나 갑작스럽게 왕정 체제에서 공화정 체제로 바뀌었는가에 더한 관심을 쏟게 되었다. 두 가지의 관직 체제는 예전 형태에서 새로운 국가 형태로의 전환이 그렇게 급진적인 것은 아니었음을 보여준다. 우선 위급할 경우에는 최대 6개월간 원로원의 어떠한 간섭도 받지 않고 통치할 수 있는 딕타토르, 즉 '독재관'을 세울 수 있었다. 이와 더불어 로마의 왕들이 그 대를 이었던 '렉스 사크로룸rex sacrorum'[8]이 존재했다.

렉스 사크로룸은 실질적으로는 아무런 힘도 없는 통치자였다. 이들은 종교적 활동에만 영향권을 행사했다. 종교적 의식을 통한 정화를 거행하고 희생 제물을 바쳤으며, 또 속죄의 의식을 거행하면서 검소한 생활을 해나갔다. 이러한 직권은 왕권 체제의 붕괴로 신들이 노하여 로마를 혼란 속에 빠트릴 것이라 믿는 이들을 위한 회고조의 양허亮許였다.

---

8 거룩한 일의 왕이라는 의미로, 특별 제사를 담당하던 사제.

왕들을 임명한 것은 어떠한 응급조치도 아니었다. 이는 로마 정치에서 전형적으로 등장하는, 노련한 책략 중 하나였다. 실용성과 상상력을 동원하여 새로운 관직을 만들어냈고, 이는 전통을 중시하는 자들을 건드리지 않으면서 급진적인 변화 또한 이룰 수 있게 했다. 특히 이 놀라운 적응 능력으로 로마인들은 그들의 수많은 경쟁자들을 뛰어넘을 수 있었다.

건국자 로물루스에 관한 이야기를 포함한 많은 전설들이 주로 로마의 왕정 체제를 보여준다. 로물루스는 쌍둥이 동생인 레무스Remus 와 함께 전쟁의 신인 마르스Mars 로부터 태어났다고 한다. 쌍둥이 형제는 하나의 신만을 아버지로 모시지 않았다. 그들의 몸속에는 왕족의 피 또한 흐르고 있었다. 그들의 어머니는 왕의 딸이자 고대 시대의 영웅 아이네아스의 14대 손이었다. 아이네아스는 로마인들에게는 베누스Venus 라 불리는, 사랑의 여신 아프로디테Aphrodite 의 아들이었다. 전승되는 바에 따르면 아이네아스는 훗날 초토화된 트로야Troja 에서 달아나 오랫동안 바다 위를 떠돌아다녔고, 그러다 이탈리아에 알바롱가Alba Longa 왕국을 세웠다고 한다. 이는 이후 로마의 본보기가 되어주었다.

사생아였던 로물루스와 레무스는 알바 롱가에서도 그 신변을 보장할 수 없었다. 두 핏덩이들은 버들나무 가지로 만들어진 광주리에 태워 티베르 강 위로 띄워 보내졌고, 로마의 일곱 언덕들 중 하나인 팔라티노 언덕 아래의 강변까지 떠내려오게 되었다.

두 형제가 돼지를 기르던 파우스툴루스Faustulus 의 보호를 받으며 자라기 전까지는 암늑대 한 마리가 그곳에서 그들에게 젖을 물렸다고 한다. 그들은 자신들이 구해졌던 곳에 나라를 세우고 싶었다. 그런데 둘 중 누가 왕이 되어야 좋을까? 독수리의 모습들을 통해 드러난 신들의 징표는 일찌감치 성벽을 쌓고 있던 로물루스를 가리켰다. 그러나 형을 조롱하고 싶었던 레무스는 아직 완성되지 않은 성벽을 훌쩍 뛰어넘었다. 로물루스는 이에 분개하여 동생 레무스를 죽였다. 그러고는 "너처럼 나의 성벽을 뛰어넘는 자는 누구나 다 이렇게 되리라!"라고 큰 소리로 외쳤다고 한다.

실제로 고고학자들은 팔라티노 근방에서 10미터 가량의 성벽 조각을 발견했다. 하지만 이는 분명 기원전 753년만큼 오래되지 않았고 건국 연도 이후의 것이었다. 어쨌든 로물루스에게는 성벽보다 더 큰 문제들이 있었다. 리비우스에 의하면 로물루스는 국민 없는 왕이었다. 그렇기에 국민들을 모으고자 낯선 이방인들 역시 끌어모았다.

새로운 국가를 세우겠다는 바람이 주변의 온갖 잡다한 천민들과 노예들을 어떠한 차별도 두지 않고 이곳으로 모두 불러들였다.

리비우스에 의해 전승된 이야기에 따르면 새로운 국가 건설이 형제 살해범을 만들어냈다. 로물루스는 시민들을 한자리에 모았고 귀족 출신의 '고문가'들 100명으로 구성된 자문 위원회, 이른바 원로원을 만들었다. 전해지는 바에 따르면 건국자였던 그가 오랜 통치 끝에 다른 신들과 똑같이 천둥 번개와 함께 하늘로 올라갔을 때에도 그는 계속해서 나라를 걱정했다고 한다. 한 번 더 그는 땅으로 내려왔고 중대한 예언을 전하고자 사신을 보냈다고 한다.

하늘의 뜻에 따라 나의 로마가 세상의 중심이 될 것이라고 로마인들에게 전해라.

로마는 '그 어떤 누구도 로마군에 저항할 수 없도록' 군대를 강화해야만 했다. 메시지가 전하는 바는 이렇다. 로마는 놀라운 방식으로, 신들의 바람에 따라 세워졌으므로 유일무이하다는 것이다. 훗날 로마가 갖는 광적인 정복욕 및 군국화는 정복을 통해 얻는 쾌감, 욕망 혹은 야망과 같은 인간의 진부한 동기에서 비롯된 것이 아니다. 그렇다. 로마의 건국은 하늘의 뜻에 의한 것이었다. 결국 건국 신화는 로마가 처음부터 국민 의회 등의 민주주의적 발판 역시 갖추고 있었음을 슬그머니 드러낸다.

그와 동시에 로마의 역사학자들은 문화와 전통으로 도처에서 놀라움을 사고 있던 그리스 국가 주변으로 자신들의 중심 거처를 옮겨갔다. 공화국 시대가 끝나갈 무렵 로마의 시인 푸블리우스 베르길리우스 마로Publius Vergilius Maro 가 그의 기념비적인 문학 작품 〈아이네이스Aeneis 〉에서 로물루스를 트로이Troy 의 영웅인 아이네아스의 직속 후계자로 그려낸 것은 당연한 결과였다. 서사시 〈아이네이스〉를 보면, 유피테르는 아이네아스에게 자신이 로마인들에게 "시간과 장소", 그 어떠한 것에도 구애받지 않는 "끝없이 계속되는 지배권"을 주려고 한다는 것을 직접 전했다. 베르길리우스가 이 구절을 적었을 때, 이는 더 이상 그저 대담한 예언이 아니었다. 실화였다.

로마제국 이외의 다른 것들은 모두 소박하게 시작됐다. 고고학적 증거들이 보여주듯, 철기 시대 초기 때부터 팔라티노 언덕 및 이에 인접한 에스퀼리노Esquilino 와 퀴리날리스Quirinal 언덕에는 자그마한 촌락들이 자리해 있었다. 특이한 것은 아니었다. 이 작은 촌락들이 서로 함께 계속해서 커져가면, 혹은 아직도 연구가들 사이에서 의견이 분분하긴 하나 어쨌든 어떤 목적에 의해 서로 의견을 모아 단결하게 되면, 그때 비로소 로마에서 분리되어 하나의 국가로 거듭났다.

그렇게 특별할 게 없었다. 훗날 권력의 상징이 된, 가파른 카피톨리노 언덕도 기원전 7세기경에는 상당히 황량했다. 한동안 로마인들은 허허벌판이었던 그곳에서 천상의 신인 유피테르에게 경의를 표했으리라. 첫 번째 신전은 기원전 6세기 말 무렵에 세워졌다. 로마의 지리적 조건조차도 그렇게 특별나게 좋지 않았다.

1787년 로마를 방문했던 요한 볼프강 폰 괴테Johann Wolfgang von Goethe는 냉정하게 다음과 같이 말했다.

확신하건대, 고대 사람들이 자리 잡은 곳들 가운데 로마가 제일 형편없다.

아마도 '목동들과 천민들'이 어떠한 계획도 없이 정착한 곳이라 그럴 것이다. 과장된 표현일 수도 있다. 하지만 실제로 로마는 티베르 하구에서 25킬로미터 떨어진 곳에 위치해 있었고 언덕들 사이의 계곡이 끊임없이 범람해왔다. 처음에는 항구도 없었다. 이후 로마의 영역들 가운데 상당 부분이 질퍽한 늪지대였고 말라리아가 창궐했다. 굉장히 인상적인 포룸 로마눔이 훗날 세워진 곳 또한 기원전 4세기경쯤에서야 진보적인 대형 운하 시설인 '클로아카 막시마cloaca maxima [9]'를 통해 배수 시설을 마련할 수 있었다.

이외에도 로마가 가진 조건들은 인접해 있던 라틴족 및 에트루리아인들의 도시보다 더 나을 것이 전혀 없었다. 다양한 고대 문헌들에 따르면 중부 이탈리아 지역에는 최대 53개의 독립된 도시 국가들이 있었다. 로마는 이들과 12 도시 연맹 등 연합을 맺으려는 궁리도 했다. 그러고는 다시금 영역 싸움을 벌였다. 이러한

---

9 가장 큰 하수구라는 뜻으로, 로마 포룸 내에 있던 세계에서 가장 오래된 하수구.

베네티

인주브레스

케도마니

리구리아

보이

세노네스

피체니

프라이투티이

베스티니

리구리아 해

에트루리아

엘바

마루키니
프렌타니

파일리그니
아에퀴

로마 ●

마르시
헤르니키 펜트리

카라체니

라틴

볼스키

다우니

코르시카

티레니아 해

아우룬키

카우디니
히르피니

페우케티이

메사피

사르데냐

루카니

살렌티니

브루티이

주변 경쟁국들

기원전 500년경 이탈리아에
자리한 민족과 언어들

아드리아 해

인도 유럽어

- 동부 이탈리아어
- 서부 이탈리아어
- 그리스어
- 메사피어
- 켈트어

인도 유럽어 외

- 에트루리아어
- 리구리아어

시칠리아

앨리모이

시카노이

시쿨리

200 km

DER SPIEGEL

출처 볼프강 브뢰젤(2015), 『로마 공화정(Die Römische Republik)』

과정들을 반복하면서 로마는 그들의 문화들 가운데 핵심적인 것
들을 자신들의 것으로 취했다.

로마인들은 토스카나Toscana라는 이름을 파생시킨 민족, 에트
루리아인에게 특히나 많은 것을 배웠다. 최초의 로마 달력 역시
그들에게서 영향을 받은 것이었다. 알파벳, 태양의 신인 솔Sol에

게 올리는 제식, 다수의 건축물들의 건축 방식 등도 마찬가지다. '로마Roma' 또한 그 근원은 아마도 에트루리아에 있을 것이다. 독일의 저명한 고대 역사학자 요헨 블라이켄은 "사실상 로마 건국은 에트루리아인들의 작품"이었음이 "거의 확실하다"고 이야기한다('첫 번째 토스카나 혈통' 참고).

그렇기에 로마 역사학자들이 계속해서 강조하는, 초기 때부터 있어왔다는 로마의 유일무이함은 시간이 지나면서 점점 더 부풀려진 것이었다. 현대 연구들에서는 이에 대한 어떠한 증거도 찾을 수 없었다. 에트루리아 관련 전문가인 루치아나 아이그너-포레스티Luciana Aigner-Foresti는 로마의 초창기를 "로마의 영토 확장은 그 당시 중부 이탈리아 전 지역에 걸쳐 나타나던 추세에 따른 것이었다"라고 이야기한다.

그런데 어째서 다름 아닌 로마가 지배적인 강국으로 부강할 수 있었던 것일까? 다른 에트루리아 도시들에서도 공화정 체제를 외치고 있었기에 단순히 왕권 붕괴만으로는 로마의 부강을 설명할 수 없다. 게다가 마지막 왕이 추방된 이후 로마의 정세는 전적으로 불안정했다. 심지어 기원전 6세기에는 에트루리아 왕인 라르스 포르센나Lars Porsena가 잠시 로마를 정복했을 가능성도 있다. 이에 대해 로마 역사학자들은 이후 대부분 애매모호하게 에둘러 댔지만 말이다.

전문가들은 바로 이 문제에 대해 오늘날까지도 여전히 계속해서 의문을 갖는다. 내려오는 문헌 자료들이 얼마 되지 않기에 관련 정보들은 기원전 4세기 이후에 관한 것들이다. 이때 마르쿠스 푸리우스 카밀루스Marcus Furius Camillus라는 이름의 교활한 장군이 등장한다. 역사학자 블라이켄은 그를 "구비 전설들로 가득한 울창한 덤불 사이에서 그나마 명확하게 파악할 수 있는 첫 번째 로마인"이라고 표현한다. 이후 카밀루스는 로마의 가장 위협적인 인물이었으며 로마와 20킬로미터도 채 떨어져 있지 않던 베이이Veii와의 싸움에서 결정적인 역할을 했었다고 한다.

에트루리아의 강력한 도시인 베이이와 로마는 이미 기원전 5세기 초반부터 격렬한 싸움을 벌였다. 이로 인해 고대 로마 귀족 가문의 306명에 달하는 장정들이 죽임을 당했고 씨족 하나가 거의 몰살당했다. 하지만 이 싸움은 복수 그 이상이었다. 지중해의 주요 항구인 오스티아Ostia에 대한 통치권을 두고 베이이와 로마가 벌인 쟁탈전이었다.

첫 번째 전쟁이 끝나고 한 세기가 지나갈 무렵, 두 도시는 굉장히 험한 전투를 새로이 벌인다. 로마는 베이이를 겨울에 포위할 작정이었다. 하지만 문헌들을 보면 이러한 압박과 부담들로 로마인들은 화가 났고 항의를 해댔다. 기원전 396년, 독재관 카밀루스는 전환점을 필요로 한 듯하다. 리비우스에 따르면 그와 함께 "모든 것이 갑자기 다 달라졌다"고 한다.

카밀루스는 그의 군대를 교육시켰다. 그는 더 밀착해서 베이이를 포위했으며 군사들에게 이유 없는 충돌은 벌이지 말라고 명령했다. 하지만 가장 중요한 것은 그가 성벽 아래로 몰래 파놓도록 한 터널이었다. 적군을 혼란에 빠트리고자 그는 온 사방에서부터 도시를 공격했고, 이와 동시에 '최적의 군사들'을 터널 속으로 들여보냈다. 내부로 침입한 군사들이 성문을 열어주면서 베이이는 패배했다. '오랜 학살 끝에' 카밀루스는 무기가 없는 이들은 살려주라고 명했다.

정복 설화는 기막히게 멋지고, 또 황당무계한 내용들도 담고 있을 것이다. 이 이야기는 트로이 목마에 관한 그리스인들의 이야기와 지나칠 정도로 심하게 닮아 있지 않은가! 그러나 카밀루스의 승리가 전환점이 된 것은 분명하다. 그때까지 있어왔던 주된 전투들 모두에서 로마는 승리했고 가장 위협적이었던 상대를 결국에는 무찔렀다. 지진으로 베이이는 완전히 파괴되었고 로마인들에게 나눠지면서 로마 공화국의 오랜 부속 국가가 되었다.

본 승리로 로마의 영토는 약 두 배가량 확장되었다. 평방 1500킬로미터에 달하는 어마어마한 넓이다. 이제 쉼이란 없었다. 로마는 예전에 베이이와 동맹 관계였던 두 도시, 카페나Capena와 팔레리이Falerii를 연달아 정복했다. 역사가들은 항구 도시인 오스티아 역시 이때 합병되었을 것이라 보고 있다. 오스티아는 로마의 첫 번째 식민지로 여겨진다.

전투력이 잘 갖춰진 로마가 최고의 승리를 만끽한 지 몇 해 지나지 않아 최악의 굴욕 사건이 터진다. 기원전 387년, 북부 지역에서 켈트족Celt들이 공격해왔다. 그들은 몇 날 며칠씩 약탈질을 벌였으며 종종 불을 지르기도 했다. 로마인들은 카피톨리노에서만 적들을 멀리 떼어놓을 수 있었다('가엾도다. 패자여!' 참고). 하지만 로마 연대기 속에 '흉일'로 남겨진, 이러한 끔찍한 패배마저도 로마의 상승세를 꺾지는 못했다. 침략자들이 물러간 다음 로마는 그들의 방어력을 더 굳건히 했다. 단단한 응회암으로 만들어진, 11킬로미터 상당의 성벽으로 도시를 둘러쌌다. 성벽의 건축재 역시 베이이의 채식장에서 나온 것이었다.

이러한 위협적인 순간들을 로마가 현실적으로, 또 대수롭지 않게 넘어갈 수 있었던 것 역시 그들의 뛰어난 외교술 덕분이었다. 호전적인 산악 민족 볼스키족Volsci 등 공동의 적들에게 함께 맞서 싸우기 위해 인접해 있던 라틴족들과 이른바 라티움Latium 동맹을 맺었다. 거기서 로마는 재빠르게 우두머리 역할을 맡았다.

하늘과 땅이 지금의 모습 그대로 머무르는 한 로마인들과 모든 라틴족들 사이에는 평화만이 있을 것이다.

기원전 370년에 체결된 것으로 추정되는 조약서의 내용은 비장하게까지 들린다. 동맹국들은 그저 군사적으로만 서로서로 도우며 전리품을 똑같이 나누는 것만을 약속하지 않았다. 그들은 몇몇 사항들에 있어서는 공통된 법률 체제도 갖추었다. 예를 들어 상법 및 혼인법과 관련된 사안들은 모든 도시들에 동일하게 적용되었다.

로마가 성공할 수 있었던 비법 중 하나가 바로 이것이 아닐까. 로마는 자신들의 약점을 극복해버리면 한때는 그렇게 화려하게 입발림했던 무한한 평화 관계를 바로 끝내버리고 예전의 동맹국들과 내전을 벌여야 하는 것에 어떠한 거리낌도 갖지 않았다. 라틴족들은 서로 동맹을 맺으며, 이전에 자신들과 약속했던 동등권을 완전히 무시해버린 로마의 패권에 반항했을 것이다.

하지만 흥미로운 점은 로마가 어떤 수완과 강성으로 한때 동맹 관계였던 그 누구보다도 앞서나갈 수 있었느냐 하는 것이다. 처음으로 로마인들은 새로운 싸움 전략을 시도했고 이는 상대편을 혼란에 빠트렸다. 그들은 군사 옆에 바로 군사를 배치하는 팔랑크스 _{Phalanx} 전투 대형을 벌집 모양의 대형으로 바꾸었는데, 이는 상황에 따라 유연하게 대응할 수 있도록 도와주었다. 이는 로마인들이 기원전 338년에 결정적인 승리를 거두는 데 큰 역할을 했다.

제때 로마의 편에 서지 않는 자들에게는 그저 처벌만이 기다릴 뿐이었다. 대부분의 라틴족 도시국가들이 주권을 상실하고 로마제국의 식민지로 종속되었다. 반면 충성을 바쳤던 도시국가의 시민들에게는 로마의 시민권이 주어졌다. 로마는 또다시 몇 배로 커져나갔고 6100제곱킬로미터에 달하는 어마어마한 지역을 지배하게 되었다. 이는 현재 베를린 면적의 약 일곱 배에 달하는 크기다. 이제 로마가 이탈리아에서 가장 강력한 강대국임은 틀림이 없었다.

하지만 로마는 계속해서 신중하게 행동했고 굴복당한 이들에게 그리 오랜 굴욕을 심어주지 않을 만큼 영리했다. 로마인들은 라틴족 사람들이 이후에 벌어지는 다른 전투들에 출정할 수 있는 기회를 주었고 전리품도 나눠 가졌다. 이러한 방식에 의해 라틴족 사람들은 오래도록 로마 공화국을 지지하게 되었다.

내부적으로도 별반 다르지 않았다. 세습 귀족들은 분개하며 농민이나 작업공과 같은 평민들을 대상으로 그들의 특권을 지켜내려고 했다. 하지만 급속도록 성장해나가고 있던 로마 군대는 장정들이 점점 더 많이 필요했고, 원정에 대한 반대급부로써 공동결정권에 대한 군인들의 요구는 점점 더 커져만 갔다('위胃에 대한 반란' 참고). 적어도 기원전 367년에 체결된 집정관 법률 규정 문구에 따르면 고대 상류층이 갖는 모든 신분 계급으로의 상승이 평민들에게도 마침내 가능해졌다.

통합은 굉장히 중요했다. 로마의 엘리트 지배층들은 예전의 적군들을 통합시킬 뿐만 아니라 로마 시민들과의 균형 또한 맞추었다. 내부적으로나 외부적으로나 로마 공화국이 안정을 찾아가면서 그 시작에 관한 미화들이 생겨나기 시작했다. 예전에 로마의 마지막 왕을 내쫓아냈던 브루투스도 이런 식으로 역사가들에 의해 초대 공화국을 지켜낸 구원자로까지 추앙받게 된 것이다.

추방당한 수페르부스는 왕권을 되찾기 위해 이른바 공모를 꾀하고 있었다. 심지어 브루투스의 두 아들들도 그의 편이었다. 모반을 알게 된 브루투스는 주저하지 않고 자기 피붙이들을 과감히 죽여버렸다. 이것 말고도 더 있다. 전쟁터에서 브루투스는 예전 왕의 아들인 아룬스Arruns와 결투를 벌였다. 리비우스는 비장한 톤으로 다음과 같이 기록했다.

그는 싸움에 열렬히 뛰어들었다. 두 사람 모두 굉장히 분노한 채 서로에게 달려들었다. 서로의 칼날이 서로에게 관통하면서 둘 다 죽어가며 말 위에서 떨어지리라고는 아무도 생각하지 못했다.

이전 왕의 공격을 로마 공화국 사람들이 끝내 막아냈다. 수백 년이 흐른 뒤, 브루투스에 관한 미화는 꽤나 실질적인 결과를 가져왔다. 자칭 로마 공화국을 영웅적으로 구해낸 자의 후손, 마르쿠스 유니우스 브루투스Marcus Junius Brutus는 신하로서 오랜 충성 생활 끝에 독재자 카이사르에 대항하게 된다. 그리고 그는 카이사르 암살자라는 상징적인 이름을 갖고 역사 속으로 사라지게 된다. 하지만 폭군으로부터 공화국을 구한 자가 아닌 배신자라는 이름을 갖고서 말이다.

글 크리스토프 군켈

여인들의 외침

'사비니 여인들의 납치' 이야기는 로마인들이 훗날 자신들이 어떻게 비춰지길 바랐는지를 보여준다. 바로 진심 어린 야심가다.

이웃 도시국가들의 인사들은 로마의 초대를 받고 그들의 가족들과 함께 야심만만한 로마로 들어왔다. 무대 위에서는 눈을 휘둥그레지게 만드는 연극과 무술 공연이 펼쳐졌다. 사람들은 굉장히 즐거워하며 융숭한 대접에 칭찬을 아끼지 않았다. 사람들 사이사이로 눈에 띄지 않게 들어가, 외지 손님들의 아름다운 딸들 앞에서 인사를 건네는 청년들은 그 누구도 주시하지 않았다.

아첨으로 보였던 것들은 곧 음흉한 속임수의 제 모습을 드러냈다. 신호가 떨어지자 공연을 펼치던 이들과 군인들이 일제히 위치를 잡더니 선택한 여인들을 데리고 가버렸다. 부모와 아들들은 로마에서 쫓겨났고, 이를 갈며 로마에 복수를 결심했다. 로마는 납치당한 딸들에게 "너희들의 운명을 따라라. 그러면 다 좋아질 것이다"라고 충고했다.

'사비니 여인들의 납치Rape of Sabine Women'는 고대 로마에 관한 가장 유명한 이야기들 중 하나다. 건국자 로물루스는 달콤한 말들과 선물 공세에도 불구하고 주변 국가들과 그렇게 잘 지내지 못했다. 그렇기에 자신이 거느린 젊은 청년들에게 미래를 보장해 주기 위해서는 폭력을 행사할 수밖에 없었던 것이다.

그러나 이야기의 핵심은 다음이다. 능욕당한 인접 국가들이 그들의 딸들이 납치당한 것을 그냥 그대로 보고만 있지는 않았다. 화가 머리끝까지 차오른 채 그들은 복수를 시작했다. 하지만 그들을 물리치고 다시금 굴복시키는 일은 로물루스와 그의 노련한 군사들에게는 전혀 어렵지 않았다. 사비니의 왕, 티투스 타티우스Titus Tatius만이 신중하게 군대를 정비하며 로마를 곤궁 속에 빠트렸다. 전해지는 이야기로는 그들이 격전을 벌이고 있을 때 납치당했던 사비니 여인들이 전쟁터로 갑자기 뛰어들었다고 한다.

헝클어진 머리와 이리저리 잡아 뜯겨진 옷을 입은 채 그녀들은 죽음을 무릅쓰고 싸움터로 들어가 그들을 저지했다. 그녀들은 사비니인들에게는 "장인어른으로서 당신 손주들의 아버지를 죽이고 싶은가요?"라고, 로마인들에게는 "사위로서 당신 아내의 아버지를 죽이고 싶은가요?"라고 외쳤다. 여인들이 살육을 막은 것이다. 강인한 로마인들과 교화된 사비니인들은 그들의 경쟁 관계를 끝냈다. 강인함과 조화로움은 따로 떨어뜨려 생각할 수 없다. 이것이 바로 본질적으로 전하고 싶은 메시지였다.

본 미화 이면에 숨겨진 역사적 사실을 파악해내는 것은 거의 불가능하다. 이 이야기는 아주 명백하게 비유적 표현으로 전개되었다. 로마의 초기 역사를 조망하는 데 가상 이야기들을 들어보았던 역사가 리비우스는 이미 벌써 이 이야기에 인용된 표현 양식들을 충분히 검토해보았을 것이다. 고국 마련이라는 로물루스의 적극적인 제안을 받아들인 난민, 범법자, 시민권을 박탈당한 자 혹은 조국을 등진 자들은 인접 국가들로부터 존중받는 이들로 거듭나야만 했다. 이는 타협을 위한 기나긴, 그리고 힘든 여정이었다.

이 이야기를 들은 사람이면 누구나 한 번쯤은 곰곰이 생각해보게 된다. 납치당한 여인들이 정말로 그렇게 한순간에 사랑스런 아내가 될 수 있었을까? 정말로 한 나라가 사람을 납치하면서 만들어질 수 있는가? 다른 장대한 이야기들 역시 그에 걸맞은 의미들을 필요로 한다.

불타는 트로이에서 뛰쳐나와 이탈리아로 건너온, 시인 베르길리우스의 표현에 의하면 "운명에 의해 추방된fato profugus" 로마의 시조 아이네아스가 절대적으로 신망받던 루툴리Rutuli의 영웅 투르누스Turnus를 제압해야만 했던 이야기 또는 로물루스가 친동생을 죽임으로서 자신의 권력을 지켜나갈 수 있었던 이야기 등 말이다. 이 모든 이야기들이 계속해서 반복하여 보여주고자 하는 것은 바로 이것! 피와 땀 그리고 눈물 없이는 어떠한 왕국도 세워지지 않는다는 것이다.

리비우스에게, 또 그보다 앞서 이야기들의 소재를 이리저리 꾸며댄 사람들에게도 로마는 모든 책임과 비운을 가진 사회였다. 세계 강대국으로 성장해나가는 로마에 관한 이야기들은 인질 행각이나 대량 학살 등에 관해 거의 미화하지 않았다. 이는 로마인들이 현세의 생활을, 또 자신들의 뿌리를 얼마나 실리적이고 이성적으로 받아들였는가를 시사해준다.

글 안드레아스 울리히

첫 번째 토스카나 혈통

초기 로마의 롤 모델이자 라이벌이었던 에트루리아인들은 관능적인 쾌락을 동반한 화려한 삶을 즐겼던 이들이었다. 그러나 귀족들만이 부유했을 뿐이다. 한때 강한 힘을 거느렸던 이들은 마지막에 결국 로마제국으로 흡수되었다.

그곳은 신기하면서도 신비로운 분위기를 풍겨냈다. 다른 행성에서 날아온 비행 물체처럼 원형 모양의 언덕 배기들이 토스카나 지방에 자리해 있다. 그 주변으로는 풀들이 무성히 자라 있다. 지름은 최대 28미터에 달하며, 대부분의 언덕들 내부에서 서로 떨어져 있는 여러 개의 공간들을 찾아볼 수 있다. 이는 나지막한 통로를 따라 들어갈 수 있게 되어 있다. 깊이는 손바닥 한 뼘 크기에서부터 최대 20미터에 달하는, 폭은 보통 1.5미터 정도밖에 되지 않는 좁고 옴팡한 길들이 응회암에 패여 있다. 이 길들은 바위에 새겨진 석상들 및 원기둥들이 즐비한 성전 형상의 지대까지 뻗쳐 있다.

기이한 석조물들과 매립지들은 에트루리아인들의 무덤이다. 대표적으로 엘바Elba 섬 맞은편 대륙에 위치한 포풀로니아

Populonia에서나 남부 토스카나 지역의 소바나Sovana 등에서 고고학자들이 발견했다. 특히 인상적인 것은 로마에서 북서쪽으로 40킬로미터 떨어진 체르베테리Cerveteri에 위치한, 거대한 공동묘지 네크로폴리스Necropolis로 한때는 400헥타르에 달할 정도였다. 고분, 봉분을 뜻하는 투물루스Tumulus, 즉 죽은 자들의 집은 그들이 뉘어져 있는 침대를 비롯해 거의 하나의 거주 공간처럼 꾸며져 있었다. 사후 세계에서도 계속해서 평온한 삶을 누리길 바라는 마음으로 친족들이 장신구, 무기, 식기 등을 죽은 선조들에게 챙겨준다.

이밖에도 북쪽으로 다시금 40킬로미터 더 떨어져 있는 타르퀴니아Tarquinia의 묘실 안에는 독일 튀빙겐Tübingen 출신의 고고학자 프리트헬름 프레온Friedhelm Prayon이 찬탄한 것처럼 "이집트를 제외하고서는 지중해에서 가장 휘황찬란한 벽화들"이 함께 묻혀져 있었다.

그렇지만 한때 강력했던 민족, 에트루리아인들이 남긴 거라고는 무덤이 거의 다다. 볼테라Volterra에 위치한 포르타 알라르코Porta all'Arco와 같은 성문, 성전의 터 또는 성벽의 흔적들만이 여기저기에 드문드문 남아 있다. 거의 그대로 남겨져 있는 것은 그로세토Grosseto 근방에 남아 있는, 길이 3270미터에 최대 7미터 높이에 달하는 성벽뿐이다.

수백 년 동안 에트루리아인들은 이탈리아 해안 앞바다의, '티레니아Tyrrhenia'라는 그리스 명칭이 붙여져 있던 서부 지중해를 장악했었다. 에트루리아인들은 스스로를 '라센나Rasenna'라 불렀지만, 로마인들은 그들을 '에트루스키Etrusci'나 '투스키Tusci'로 명명했다. 토스카나라는 지명이 바로 여기에서 비롯됐다.

기원전 1000년 중반 무렵 에트루리아인들은 중부 이탈리아 지역에서 가장 중요한 영향력을 행사하고 있었다. 그들은 로마인들의 선구자이자 이웃이었으며, 경쟁 상대였다. 또한 마지막에는 로마제국에 소리 소문 없이 흡수되었다. 서면으로 남겨져 있는 깃은 거의 없다. 에트루리아인들이 책을 집필하고 파피루스나 아마포, 밀랍 서판 등을 이용하여 활발하게 서신들을 주고받은 것은 잘 알려져 있다. 그러나 대게 남아 있는 것이라고는 문장의 일부분이 전부였으며, 이들 역시 대부분이 암석, 납, 금 등으로 만들어진 조각판이나 청동, 도자기 등으로 만들어진 그릇에 새겨진 이름들이었다. 보통은 소유주의 이름이나 이러한 물건들이 봉헌된 신들의 이름이었다.

고대 어문학자들은 남아 있는 문서들을 큰 어려움 없이 읽어낼 수 있다. 에트루리아인들은 기원전 8세기 중반 이후부터 남부 이탈리아와 시칠리아 지역을 점령한 그리스인들로부터 서부 그리스어를 넘겨받아 사용하고 있었다. 그런데 에트루리아인들은 보통 오른쪽에서 왼쪽으로 글씨를 써 내려갔기에 문장을 이해하는 일이 쉽지 않았다. 에트루리아 언어는 인도 게르만어족이 아니었으며 인접해 있던 이탈리아 문화와도 공통된 것이 없었다. 지금 껏 약 500개의 단어들만이 해독되었을 뿐이다.

그나마 언어학자들에게 도움이 되는 것은 2개 국어로 쓰인 비문들이다. 한 예로 로마와 가까운 피르지Pyrgi 지역에서 약 5세기 경에 금박에 새겨진 것으로 추정되는 글자가 발견되었다. 이 항구 도시에 세워진 성전은 본토 사람들뿐만 아니라 페니키아 상인들도 찾아왔었다. 그렇기 때문에 어느 에트루리아 왕이 여신 유노Juno, 그리스 신화에서의 헤라Hera에게 이 성전을 바쳤다는 내용이 양쪽 언어 모두로 쓰여 있었다.

어디에서부터 에트루리아인들이 이탈리아로 이동해왔는지, 그들이 이동해온 것은 맞는지, 아니면 그들이 선사 시대부터 이미 그곳에 정착해 살고 있었는지에 관해서는 오늘날까지도 불분명하다. 이에 대해 기원전 5세기경, 그리스인 헤로도토스Herodotos가 첫 번째 가설을 내세웠다. 그의 가설에 따르면 에트루리아인들은 기원전 1000년경 기아에 못 이겨 소아시아의 리디아Lydia 지방으로 피난을 왔다. 에게Aegean 해 북부의 렘노스Lemnos 섬에서 발견된 석비의 글자와 에트루리아어가 어느 정도 유사하다는 점이 본 가설을 뒷받침해줄 수도 있다. 하지만 소아시아에서 건너온 몇몇의 이주민들 또는 지중해 동부에 살고 있던 민족들과 에트루리아인들 간의 활발한 상거래 역시 언어적으로 유사점을 보이는 데 영향을 미쳤을 수 있다.

헤로도토스 이후 500년이라는 시간이 흐른 뒤, 할리카르나소스Halikarnassos 출신의 디오니시오스Dionysios가 에트루리아인들은 이미 그전부터 중부 이탈리아 지역에 살고 있었다는 이론을 주장하고 나섰다. 이는 지금까지도 계속해서 받아들여지고 있는 이론으로, 에트루리아 문화가 철기 시대의 빌라노바Villanova 문화에서 비롯되었음이 이를 뒷받침해준다. 19세기 중반 무렵, 지금의 볼로냐Bologna 근방의 빌라노바 지역에서 도자기로 만들어진 식기와 장신구들이 발견되었다. 이들은 죽은 자들과 함께 묻혔던 것으로 에트루리아인의 가장 오래된 고대 유물로 간주되고 있다.

에트루리아인들이 직접 남긴 것들은 그리 많지 않기에 그들에 대해서는 그리스 및 로마 역사가들이 전하는 이야기들로나 알 수 있었다. 하지만 역사가들은 띄엄띄엄 정보를 전달할 뿐이었고, 늘 그들 각각의 편파적인 시점으로 바라본 것들이었다. 이후 세대들은 그들의 관점을 그대로 이어받아갔다.

19세기 독일 고고학의 거장, 테오도어 몸젠은 불멸의 작품인 『로마사Romische Geschichte』를 통해 에트루리아인의 "폭력성과 약탈 경향"을 입증해냈다. 에트루리아인들은 해적질을 통해 그들의 해군력을 키워나갔을 것이며, "거친 티레니아인"들은 "에트루리아의 발명품"으로 간주되는 '갈고리', 즉 호크로 그리스인들을 겁먹게 만들었을 것이다. "사략선의 해적 행위와 도매업 간의 결합"에서부터 "무절제하고 무의미한 사치"가 시작되었으며 "여기에서 에트루리아의 세력은 일찌감치 자멸했다"는 것이다.

단 한 번도 단일국의 모습을 갖추지 못한 채, 정치적으로 자립된 여러 도시국가들로 구성된 에트루리아의 중심부는 북쪽으로는 아르노Arno 강, 남쪽으로는 티베르 강, 동쪽으로는 아펜니노 산맥Apennino, 그리고 서쪽으로는 티레니아 해로 둘러싸여 있었다. 그러나 에트루리아인들은 움브리아Umbria와 라티움, 포 강Po Valley 유역으로까지 확장해나갔다. 한동안은 로마도 통치했었다. 로마라는 이름도 아마 에트루리아 혈족인 '룸르나Rumlna', 라틴어로는 '로밀리이Romilii'에서 비롯되었을 것이다.

타르퀴니아의 세 명의 에트루리아 왕들이 6세기경 티베르 강유역의 도시를 정복했다. 고고학자 프레온에 따르면, 이 짧은 기간에 그들은 '클로아카 막시마', 우수한 '세르비아누스 성벽', 기념비적인 건축물 '키르쿠스 막시무스', 카피톨리노 언덕의 '유피테르와 유노, 그리고 미네르바Minerva 신전' 등으로 '중부 이탈리아의 작은 나라에서 하나의 거점 도시'로 거듭날 수 있었다.

로마에서의 에트루리아 섭정 시대의 마지막을 역사가 리비우스는 다음과 같이 전하고 있다.

수페르부스의 아들이 친척의 아내이자 덕조 높은 루크레티아를 겁탈하면서 에트루리아 왕조는 509년, 로마에서 쫓겨났다. 치욕스러움에 절망한 희생양, 루크레티아는 스스로 목숨을 끊었다.

에트루리아 중심부

밀라노
베로나
베네치아
파비아

제노바
볼로냐
라벤나
마르차보토
포기오 콜라
플로렌스
움브리아

리구리아 해
볼테라
시에나
아레초
아드리아 해
코르토나
포풀로니아
베툴로니아
큐지
페루자
엘바
소바나
오르비에토
불치
코르시카
타르퀴니아
베이이
알레리아
체르베테리
로마

티레니아 해
라티움

캄파니아
나폴리

사르데냐

■ 에트루리아 중심부
　(기원전 7~8세기)
■ 에트루리아 통제 지역
　(기원전 7~4세기)

100 km
DER SPIEGEL

이 이야기는 만들어진 것일 수도 있다. 날짜 또한 아주 의문스
럽다. 그러나 '루크레티아의 모욕'은 로마 공화국의 건국 신화들
가운데 한 부분을 차지한다.

　타르퀴니우스 일가가 로마에서 쫓겨났던 바로 그때, 에트루리
아의 힘은 절정에 달했다. 아프리카 북부의 카르타고와 손을 잡
은 에트루리아는 기원전 537년 알레리아Alalia 해전에서 그리스

이주민들을 굴복시킨 다음 코르시카Corsica를 정복했다. 에트루리아의 함선들은 아드리아 해Adriatic Sea에까지 해상권을 장악했고 육지로 뻗어나갔다. 에트루리아의 도시 클루시움Clusium, 오늘날의 키우시Chiusi는 로마를 흡수했고 라티움 전 지역에 대한 주도권까지 거머쥐려고 했다. 몸젠이 요약하길, "토스카나의 통치 아래 이탈리아가 통일될 날이 그리 멀지 않은 듯 했다."

그러나 에트루리아는 곧 쇠퇴하기 시작했다. 파괴된 모습들이나 텅 빈 촌락들은 내전들 또한 에트루리아가 몰락하는 데 한 몫을 했음을 보여준다. 기원전 474년 키메Kyme 해전에서 에트루리아인들은 그리스에게 압도적으로 패했다. 캄파니아Campania에서 에트루리아 정권은 삼니움족의 급습으로 붕괴되었다. 도보로 로마에서 북쪽 방향으로 몇 시간 떨어지지 않은 곳에 위치한 중요 도시, 베이이는 기원전 396년에 로마에게 정복당했다. 몸젠의 표현으로는 "거대한 에트루리아 민족의 마지막의 시작"이었다. 얼마 지나지 않아 갈리아인들이 에트루리아의 북방 지역을 침략해 왔다. 로마인들은 에트루리아 전 지역으로 그들의 힘을 점점 더 뻗쳐나갔다. 결국 에트루리아는 기원전 88년, 로마 국가 연합에 완전히 속하게 됐다.

고고학자 프레온의 표현을 빌리자면 오늘날까지 에트루리아인에 대한 "가장 간단명료한 묘사"를 로도스Rhodes 섬의 외교 사절단으로 로마에 왔던 그리스 학자이자 철학가인 포세이도니오스Poseidonios 가 그다음 해에 남겼다. 포세이도니오스는 에트루리아인의 "지나친 사치"와 "나약함"을 질책했다. 티레니아인들은 예전에는 그들의 용감무쌍함으로 이름을 날렸다. 하지만 그들이 정착하고 키워나간 비옥한 땅은 그들을 "풍요로운 생활뿐만 아니라 사치스런 향락과 탐닉으로까지" 이끌었다. 부유한 에트루리아인들은 "하루에 두 번씩 거대한 연회를 준비하도록" 시켰고 "꽃으로 만들어진 침상에서" 휴식을 취했으며 "은으로 만들어진 술잔"으로 술을 마셨으며 수많은 노예들이 시중을 거들었다.

포세이도니오스의 이야기는 에트루리아인들이 고대의 향락적인 토스카나 혈족으로서 스스로 자초하여 자신들의 존재 자체를 파괴해버렸다는 것을 시사해준다. 이로써 그는 에트루리아인의 방종을 비난했던 예전의 다른 작가들과도 같은 입장을 표명하게 됐다. 이미 서기 4세기 때 키오스Chios 출신의 테오폼푸스Theopompus 가 "여성이 공동의 소유물이라는 것은 티레니아의 굳혀진 관습"이었다고 말했었다. 그녀들은 "실오라기 하나 걸치지 않은 알몸으로, 대게는 남성들과 함께" 운동을 즐겼고 "그들의 남편이 있는 자리에서가 아니라 바로 그때 함께하고 있는 사람들과" 음식을 먹었다. 또한 그녀들은 "굉장한 술꾼"이었다.

타르퀴니아 무덤에서 발견된 관능적 그림들은 이웃들이 그린 것이 확실한 듯하다. 그 그림에서 사람들은 춤을 추고 있고 몇몇의 사람들은 연회장에 태만하게 누워있다. 벌거벗은 노예들이 그들의 시중을 들고 있으며, 다른 쪽에서는 하프를 연주하고 있다.

그렇다고 이러한 묘사들이 그들의 일상을 모두 보여주는 것은 아니다. 대부분의 사람들이 어떻게 살아갔는가는 여전히 불명확하다. 에트루리아인들의 거주지들을 통해 그들의 생활상을 엿볼 수 있었겠지만, 이후 다른 민족들이 이주해오면서 대부분의 촌락들이 덮여져버렸다. 이는 설령 고고학적 발굴이 불가능하지 않다 하더라도 힘든 이유다.

이제 학자들은 플로렌스Florence 북부 지역인 무겔로Mugello 의 발굴 지대에 굉장한 기대를 건다. 에트루리아 북동부 끝자락에 위치한 포기오 콜라Poggio Colla 는 외부의 손이 닿지 않은 삼림 지역에 자리해 있었다. 지금껏 고고학자들은 이곳에 그리 큰 관심을 두지 않았었다. 이곳에서 미국 학자들은 지난 20년간 별다른 화젯거리 없이 발굴 작업을 해나가고 있었다. 그런데 한 고원 지대에서 성곽으로 둘러싸인 장방형 도성의 토대를 발굴하게 된 것이다. 이 또한 에트루리아 신전의 한 부분에 속하는 것이었다. 층층이 계단식 모양을 갖춘 산꼭대기 하단 지대에서는 에트루리아인들이 살던 집들, 가마의 잔존물 및 도기들이 발견되었다.

발굴된 것 가운데 청동, 금 및 도자기로 만들어진 유물들은 만들어진 시기가 다양했다. 이는 포기오 콜라에 적어도 기원전 7세기에서부터 2세기까지 사람들이 거주했음을 알려준다. 스위스 루가노Lugano 의 플랭클린 대학교 학장이자 연구 팀장으로 있었던 고고학자 그레고리 워든Gregory Warden은 "이곳에서 발견된 특이점은 에트루리아의 전 역사와 대부분 맞물린다는 것"이라 말했다.

이는 포기오 콜라가 지금까지 발굴된 지역들 중 가장 잘 보존되어 있었던 에트루리아의 취락촌, 볼로냐의 마르차보토Marzabotto와 보이는 차이점이다. 에트루리아인들이 기원전 500년경에 이곳으로 이주해오면서 그들은 15미터 너비의 큰 길과 5미터 너비의 작은 길들로 이루어진 직각 모양의 도로망을 만들었다. 확 트인 운하와 수도 시설도 만들었다. 그러나 마르차보토는 그리 오래 존속하지 못했다. 기원전 350년경, 갈리아인들이 이탈리아를 침략하면서 마르차보토도 몰락했다.

포기오 콜라에서 거주 구조를 연구하고 있는, 미국 댈러스 출신의 건축가 제스 갤러웨이Jess Galloway는 "사람들이 어떻게 살아갔는가를 우리는 이해하기 시작했다"라며 긍정적이면서도 조심스럽게 말했다. 출토품들은 500년 동안 에트루리아 사회가 어떻게 변해갔는가를 뚜렷하게 보여준다. 작은 마을 사회에서 소수의 굉장히 부유한 귀족층이 생겨났다. 워든의 말에 따르면, 수세공들은 어쨌든 "일종의 자유"를 만끽했다. 하지만 대부분의 사람들은 노예였다. 에트루리아의 일상생활은 "특별나게 즐거운 모습"을 보이지는 않았다고 워든은 평한다.

포기오 콜라의 마지막은 상당히 정확한 날짜로 기록되어 있다. 기원전 약 211년에 주조되어 로마 군인들에게 지불된 은전들

victoriatus이 발견된 것이다. 승리의 동전이라는 의미를 지닌 이 은전들을 남기고 포기오 콜라는 이때 침략을 받아 철저히 파괴되었다. 대부분의 에트루리아 통치자들은 전승국들과 이미 오래전부터 거래를 하고 있었다. 베이이 등의 몇몇 도시국가들이 침략당하고 있었을 때 또는 볼시니Volsinii, 즉 오늘날의 오르비에토Orvieto 가 완전히 정복당하고 있는 동안 볼테라, 페루자Perugia, 코르토나Cortona 와 같은 다른 도시국가들은 일찌감치 로마와 친화적인 관계를 형성하고 협정 계약을 맺었다.

로마는 아트리움atrium[10], 주교장을 의미하는 크로지어Crosier[11], 로마 집정관의 표장으로써의 회초리 다발, 토지 측량, 농경 및 운하에 관한 정보 등 에트루리아의 것들을 다수 넘겨받았다. 기원전 4세기 때 생겨난 로마의 연극 예술ludi scaenici은 에트루리아 출신의 무용수들이 참여하면서 시작되었다. 로마 검투사들의 결투 역시 근본적으로 따져보면 에트루리아의 것이었다.

기원전 335년, 체르베테리에 살고 있던 사람들이 에트루리아인으로서는 처음으로 로마 체류 자격을 얻었다. 투표권 이외에도 그들은 법적으로나 사회적으로나 로마인들과 동일한 대우를 받았다. 에트루리아 상류층 사람들은 기원전 2세기 이후부터는 로마의 원로원에도 들어가게 된다. 동화 과정에서 가장 대표적

---

10 로마 주택의 중앙 홀로, 손님맞이용의 공적 공간.
11 일반적으로 주교들이 사용하는 지팡이로, 한쪽 끝이 구부러진 모양.

인 사례는 아레초Arezzo 출신의 에트루리아 귀족, 가이우스 마이케나스Gaius Maecenas라 할 수 있다. 마이케나스는 아우구스투스 황제의 신임을 얻었던 자로 요즘의 문화부 장관과 거의 흡사한 자격을 가졌었다. 그는 베르길리우스, 호라츠Horaz 등의 로마 시인들을 후원하고 육성했다. 오늘날 후원자, 스폰서 등의 의미로 사용되고 있는 독일어 '메첸Mäzen'은 그의 이름에서 파생되었다.

글 노베르트 F. 푀츨

역겨운 오락거리 – 검투사 결투의 시작

가면을 쓴 한 남자가 얼굴은 수건으로 가려지고 손발은 꽁꽁 묶여 있는 자를 고문하고 있다. 또한 무방비 상태의 그에게 맹견 한 마리가 달려들도록 재촉한다. 이 장면은 타르퀴니아 무덤에서 발견된, 기원전 6세기경의 벽화에서 찾아볼 수 있다. 여기에는 '페르수phersu'라는 글자가 새겨져 있다. 에트루리아어로 '페르수'는 죽음의 악령을 뜻하기에, 이 '페르수 – 결투'는 아마도 죽은 자를 기리기 위해 벌어진 것으로 보인다. 본 결투는 상당한 차이를 보이기는 하지만, 이후의 로마식 검투사 결투의 기원으로 간주되고 있다.

당시 에트루리아 문화의 영향을 굉장히 크게 받고 있던 캄파니아 파에스툼Paestum에서 발견된, 4세기 때의 무덤 벽화들 또한 그 끝을 알 수 없는 싸움을 보여주고 있다. 부유한 에트루리아인들의 장례식에서는 완전무장한 전쟁 포로들이 생사를 걸고 서로 싸워야만 했다. 패배한 자는 죽은 이들을 잘 돌보아달라는 뜻으로 죽음의 신들에게 인간 제물로 바쳐졌다.

로마의 첫 번째 검투사 결투는 기원전 264년에 있었다고 한다. 두 형제가 집정관이었던 아버지, 데키무스 유니우스 브루투스 페라Decimus Junius Brutus Pera 의 죽음을 추모하기 위하여 스물두 명의 전쟁 포로들 가운데 세 쌍의 노예들을 골라 한 광장에서 서로서로 결투를 벌이도록 했다. 곧 로마 귀족들이 이를 따르게 된다.

대중들에게 인기를 얻은 검투사 결투는 시간이 지나면서 점차 과해졌다. 죽은 이를 기리는 장례 의식은 금세 뒷전으로 밀려나버렸다. 주최자들은 이러한 구경거리를 관장하고자 이유가 어찌됐든 모두 환영했다. 로마 정치인들은 피범벅이 되는 격투들을 볼거리로 제공하며 유권자들로부터 확고한 호의를 얻어내려고 했다.

로마식 검투사 결투의 원형이 정말로 에트루리아의 것인지는 불분명하다. 고고학자 테오도어 몸젠은 에트루리아인의 방종에 대한 로마와 그리스의 기록들을 불신했다. 하지만 그조차도 "에트루리아인이 후기 로마의 적폐일 뿐만 아니라 고대 마지막 시대의 폐단이기도 한 격투 게임의 역겨운 오락 행위를 제일 처음 시작했다고 보는 것은 분명 근거가 있다"라고 보았다.

멀티플 유피테르

로마의 종교는 혼란스러우리만큼 다양하게 섞여 있었다. 오래된 농경 풍습, 그리스 신화 및 점 등은 로마인들의 일상을 규정지었다. 그들은 신들의 도움 없이는 거의 한 발자국도 나아갈 수 없었다.

로마에서 승전고를 울리는 장군들은 한 가지 목표를 가지고 있었다. 다름 아닌 카피톨리노 언덕 위에서 하얀 황소를 제물로 바치는 것이다. 모든 개선 행렬의 실질적인 영웅, 유피테르의 신전이 그곳에 자리해 있기 때문이다. 최고의 신이자 신들의 아버지인 그에게, 빛과 하늘을, 또 천둥과 번개를 다스리는 그에게 예전에는 매 보름달이 뜰 때마다 동물의 피를 제물로 바쳤었다. 그 누구보다도 강한 힘을 가진 유피테르에게 로마인들은 많은 축제들을 봉헌했다.

초인간적인 그의 능력은 너무도 다양했으며 그의 업적들은 인간의 생존과 관련되었기에 그는 수도 없이 다양한 이름들로 칭송되었다. 예를 들어 가뭄이 들었을 때에는 비를 가져오는 자, '유피테르 플루비아리스Jupiter Pluvialis', 중요한 전쟁을 앞두고는 도망치는 군사들을 머무르게 하는 자, '유피테르 스타토르Jupiter Stator'로 불렸다. 라틴족들이 로마의 지배하에 놓이기 전까지는 라틴족 사람들을 보호해주는 수호신, '유피테르 라티아리스Jupiter Latiaris'로도 섬김을 받았다. 또 티베르 강 유역의 도시에서는 그를 '유피테르 옵티무스 막시무스Jupiter Optimus Maximus'라고 불렀다. 그는 유노와 미네르바 여신들과 함께 카피톨리노 언덕 위 유피테르 카피톨리누스Jupiter Capitolinus 신전의 3신Capitoline Triad 으로 모셔졌다.

유피테르의 다양한 성향들은 신들에게 주어진 여러 역할들을 반영한다. 로마의 종교는 굉장히 오래된 민간신앙에 그 근원을 두고 있으며, 민간신앙과 관련된 제식들은 자연과 함께, 자연 속에서 인간의 일상생활에 영향을 미쳤다. 비, 폭풍, 가뭄, 화산 폭발 등의 모든 자연 재앙들은 신들이 가진 힘의 표상이었으며, 때문에 이는 누그러뜨릴 수 있다고 여겨졌다.

또한 동물들이나 집들도 신의 가호가 필요했다. 소들은 부보나Bubona 의 돌봄을 받았으며 식품 저장고와 아궁이는 가신, 페나텐Penaten 의 보호 아래 놓여 있었다. 그들에게 제물을 바치고 그들의 바람에 따라 행동을 하면서 그들과 의사소통하는 법을 찾아내는 일은 중요했다.

로마인들은 태고 때부터 통례적으로 존재해왔던 이러한 행위들을 계속해서 발전시켰고 굉장히 복잡한 의식들을 만들어냈다.

예전 신들 가운데 몇몇은 계속해서 존속했고 어떤 신들은 잊혀져 갔으며, 종종 그리스 문화에서 새로운 신들이 넘어오기도 했다. 주요 신들은 서로 쉽게 일치했다. 유피테르는 제우스Zeus, 유노는 헤라, 또 미네르바는 아테네Athene 다.

로마 세력이 점점 커질수록 다른 민족들과 부딪칠 일들 역시 점점 더 잦아져갔는데, 그들은 자신들의 신을 계속해서 숭배해나 갔다. 이집트 출신의 노예가 고대 이집트의 풍요의 여신 이시스 Isis를 믿는 한편, 아프리카인이 자신이 모시고 있는 다른 신에게 공경을 표해도 로마 안에서 불편함을 드러내는 이는 그 누구도 없었다.

로마의 다신론은 관대했다. 하지만 로마인들의 정체성 역시 그들만의 풍습들로 형성되어갔다. 모든 로마 가문들은 그들이 선택한 수호신들을 모셨으며 자신들의 집과 그 안에서 살고 있는 사람들을 지켜주는 라레스Lares¹²를 공경했다. 그럼에도 다수의 신들은 매일같이 모든 이들로부터 공경을 받았다. 식사 때 올리는 감사의 예식은 대부분의 집에서 비슷하게 이루어졌다.

의식을 함께 행하는 연합도 있었다. 각각의 수공업자들에게는 그들이 특별히 모시는 신이 있었다. 밧줄 상인들은 기술을 주관했던 미네르바를 공경했고, 곡물을 다루던 상인들은 케레스Ceres,

---

12 로마 신화에 등장하는 가정의 수호신들로, 대부분 그 집을 처음으로 지었던 선조의 영(靈)이 라레스가 됨.

그리스 신화에서의 데메테르Demeter에게 기도를 올렸다. 공동 예식들sacra publica은 특히 열두 명의 주요한 신들, 다시 말해 유피테르, 유노, 미네르바를 비롯한 마르스, 베누스, 불카누스Vulcanus, 넵투누스Neptunus, 아폴로Apollo, 디아나Diana, 케레스, 베스타Vesta, 메르쿠리우스Mercurius를 기리는 의식이었다.

금으로 만들어진 조각상들이 포룸 로마눔에 자리해 있었다. 각각의 상들에게는 엄격히 규정된 제사들이 각각 다르게 바쳐졌다. 어떤 의식들은 비밀리에 행해졌지만, 어떤 의식들은 승전 행렬처럼 하나의 커다란 축제로서 모두에게 공개되었다.

제물로 바쳐지는 동물들, 신전 건립, 사제들의 생계비 등은 세금이나 헌금, 노획물 등을 통해 정치 집단에서 제공되었다. 기부를 함으로써 명성을 높일 수 있었기에, 어떤 이들은 성전 자체를 봉헌하기도 했다. 정확히 말하자면 신전 주변의 모든 상징적 구역들 역시 봉헌 대상이었다.

다 함께 축제를 열고 늘 똑같이 흘러가는 의식들에 참여하는 것, 이것이야말로 서로의 결속력을 단단하게 만들어주는 것이었으며 로마를 다시금 강하게 만들었다. 종교는 매일 밥을 먹는 것처럼 지극히 당연한 것이었다. 또한 매끼 식사처럼 사람들은 종교 의식을 그냥 평범하게 혹은 화려하게 연출할 수 있었다.

누가 언제 무엇을 하느냐는 사제들, 주교들이 알고 있었다. 폰티펙스 막시무스pontifex maximus의 지휘 아래 그들은 로마 전 영역에서 일어나는 종교 관련 일들을 모두 관장했다. 축제 일정들을 관리했으며 제물을 바치는 의식 중 잘못된 점들이 있으면 조언을 해주었다. 특수한 제관인 플라미네스flamines는 특정 신만을 모셨다. 그들은 제물을 태우거나 헌주獻奏를 바침으로서 신들에 대한 로마인들의 종교적 의무들을 충족시켰다.

고대 로마의 복점관augur들에게는 다른 역할 하나가 더 있었다. 굽은 지팡이가 그들을 대표하는 상징이었다. 그들은 보라색 줄무늬의 토가toga를 걸치고 다녔으며 큰 행사 때는 상석에 자리를 잡았다. 복점관들은 새의 움직임 등과 같이 자연에 드러나는 모습들을 관찰하여 신의 뜻을 전문적으로 해석하는 성직자이자 관료였다. 전승되는 바에 따르면 로물루스는 이들을 다른 사제들과 동일하게 대했다.

복점관들의 권력에 관한 미화가 하나 있다. 로마의 5대 왕인 루키우스 타르퀴니우스 프리쿠스Lucius Tarquinius Priscus는 복점관이 었던 아티우스 네비우스Attius Navius가 자신의 계획을 비판했기에 그를 쳐내려고 했다. 그는 아티우스에게 자신의 다음 소망이 이루어질지 아닐지를 새의 날갯짓을 보고 이야기하라 명했다. 아티우스는 명에 복종하며 그가 소망하는 바가 이루어질 거라고 말했다. 그런데 왕이 능청을 부리면서 자신의 원하는 바는 아티우스가 칼로 숫돌을 자르는 것이라 말했다. 아티우스는 칼을 집어 들더니 사실상 불가능한 일을 해냈다.

처음 세 명으로 시작된 복점관들은 끝에는 열여섯 명으로 늘어나 도처에서 존경을 받으며 활동했다. 그들의 역할은 복잡한 의미를 해석해내는 것이었다. 그들은 자신들이 한 일들을 기록하고 문서로 잘 보관해두었다. 법률가이자 정치가인, 또 학자였던 키케로 역시 한동안은 복점관이었다. 앞으로 일어날 일들을 예언하는 것이 아니었다. 복점관들은 어떤 일들을 행하기에 앞서, 예를 들어 원로원이 어떤 정치적인 결정을 내리기 전에 신들은 어떻게 생각하는지를 파악했다. 반드시 하늘의 동의가 있어야만 했다. 이때 복점관들만이 신들의 판단 및 결정을 해석해낼 수 있었다.

장군들 및 지역 태수太守들 역시 복점관들을 주기적으로 필요로 했다. 새들의 움직임을 관찰하는 것은 다소 번거로웠기에 군사 문제들을 다룰 때에는 신성한 닭들을 주시하는 방법signa ex tripudiis을 점점 더 자주 이용하게 되었다. 이때 닭들이 주둥이에서 모이가 다시 떨어질 정도로 굉장히 빨리 쪼아대면 신들이 동의한 것이라 여겼다. 다시 말해 본 결과를 이끌어내고자 많은 복점관들이 닭들에게 모이를 주지 않고 굶겼다.

원칙적으로 누구나가 다 조복자들을 찾아가도 됐기에 복점관들의 집들이 있던 카피톨리노 언덕을 찾아갔다. 유감스럽게도 새점이 개별적으로 어떻게 이루어졌는지에 관해서는 알려진 바가 없다. 처음에는 분명 모든 하늘에서가 아닌 특정 지역이 정해져 있었고, 이를 가리키는 데 복점관들의 상징인 굽은 지팡이가 사용되었다.

복점관의 중요한 업무들 중 하나는 성전의 터를 정하는 것이었다. 신들을 모시는데, 그곳이 좋을지 아닐지는 복점관들만이 알 수 있었다. 그곳을 적절히 정화시킬 수 있는 것도 그들뿐이었다. 키케로에 의하면 그들은 사제들 또한 관직에 임명했다. 여기에서 취임이라는 의미의 단어 Inauguration 가 파생되었다.

새들의 움직임을 관찰하는 대신 번갯불도 해석에 이용되었다. 신들에게 던질 질문들은 수만 가지인데 번갯불이 충분히 내리치시 않을 경우를 대비해 실용석인 해결책도 마련해두있다. 다른 장소에서 내리치는 번갯불에 대해 이야기하는 것만으로도 충분했다. 신들의 뜻은 이와는 완전히 다른 방식으로도 헤아려지기도 했다. 예를 들어 제물로 바쳐지는 동물의 내장을 이용하는 내장점 hepatoscopy 이라 불린 이 풍속은 대체적으로 동물의 간을 살펴보았으며 에트루리아인들이 이미 그전부터 행해왔던 것이었다.

예식들에 로마인들은 굉장히 정확했다. 예식력曆은 한 해를 구성했다. 특정한 날들은 특정한 신들의 날이었다. 이에 따라 상업, 전투, 계약, 결혼식 등의 일상생활 모두가 결정되었다. 물론 일이 잘 풀리기를 바라며 신들에게 기도를 드리기도 했다.

원칙적으로는 그 누구나 신들에게 질문할 수 있었지만 전문적인 중재인으로서 사제들이 특별한 감정을 했다. 인간의 삶에 굉장히 큰 영향을 미치는 신들의 힘으로 무언가 잘못될 수도 있다는 두려움은 굉장히 컸다. 예식을 거행하는 동안 아주 자그마한 오차 역시 화를 부를 수 있었다. 쥐들의 찍찍거리는 소리가 방해가 되어 과정이 굉장히 복잡함에도 처음부터 몇 번이고 되풀이된 예식이 한두 가지가 아니었다고 한다.

신들과의 의사 교환은 로마인들에게 무역 거래와도 같았다.

신이시여, 내가 당신에게 제물을 바치고 주의를 기울이며 당신이 원하는 바를 채워주면 당신 또한 내 기도를 들어주소서.

이러한 거래에서는 서로 주고받을 대상이 무엇인지 분명하게 정의되어 있었다. 풍요를 바라는 자는 유노 혹은 케레스에게, 아니면 두 신 모두에게 무엇을 바쳐야 할지 알고 있었다. 하지만 보통 이상의 제물들을 바치면서 신들의 사심을 살 수는 없었다.

이후 그리스도교가 특히 내세웠던 죄의 개념은 여기에서 빠져 있다. 하지만 공동체 내의 올바른 행동에 관한 규정, 즉 도덕은 아주 잘 확립되었다. 신성 모독, 성물 절취 및 선서 위반은 모독 행위였으며 신들의 노여움을 사는 것이었기에 처벌받아야만 했다.

수많은 인간 초월적 존재들을 고려하여 다신교들은 최소한 다른 사람들의 불편한 이목은 끌지 않고자 노력했다. 전혀 알 길이 없었다. 그렇기에 종교 의식이 공식적으로 제한되는 경우는 극히 드물었다. 하지만 기원전 186년까지였다. 그 이후 포도주와 여인, 그리고 노래를 관할한 바커스Bacchus, 즉 그리스 신화에서의 디오니소스Dionysos를 숭배하는 자들이 반란을 꾀했다는 의심을 받게 되었기 때문이다. 이를 제외하고 보통은 스스로가 선택한 신을 숭배하도록 모두에게 허해졌다.

로마인들은 자신들에게 잘 알려져 있지 않은 신들도 늘 진지하게 받아들였다. 새로이 정복한 지역민들과 더불어 그들이 믿고 있는 신들 또한 받아들였다. 확실하게 모든 초월적 존재들에게 빠짐없이 존중을 표하고자 로마인들은 자신들에게 익숙한 신들뿐만 아니라 사후 세계에 존재했었거나 어쩌면 존재했을지도 모를, 알지 못하는 모든 신들을 의미하는 초월적 힘들novensiles에게도 존경을 표했다고 로마의 역사학자 루키우스 킨키우스 알리멘투스Lucius Cincius Alimentus는 단언했다.

글 카타리나 슈테겔만

여신을 위한 삶

그녀들은 최고의 존경을 받았지만 정결을 지키며 살아가야만 했다. 베스타 여신을 섬기는 사제들은 로마의 무사 안위를 책임지고 있었다.

안을 들여다볼 수 없고 밧줄로 꽁꽁 매어진 가마 한 대가 로마 시가지를 지나가고 있다. 사람들은 가만히 입을 다문 채 우울한 모습으로 가마에 길을 내어준다. 콜리나 관문 Porta Collina 앞 흙무더기 앞에서 가마는 멈춰 선다. 가마꾼들이 밧줄을 푼다. 사제 하나가 팔을 들더니 기도를 시작한다. 베일을 깊게 눌러 쓴 여인을 가마에서 내리더니 흙더미 속으로 나 있는 계단으로 데리고 간다. 여인이 흙더미 속으로 들어가는 동안, 사제는 그 여인으로부터 등을 돌린다. 그런 다음, 흙더미의 입구는 막아졌다.

그리스 학자 플루타르크 Plutarch 는 베스타를 섬기는 여사제, 베스탈리스 Vestalis 가 산 매장당하는 것에 대해 다음과 같이 기록하고 있다.

이보다 더 끔찍한 구경거리는 없다. 그날, 도시는 가장 우울했다.

베스탈리스는 순결을 잃으면 적은 양의 물과 빵, 기름, 우유 및 불 켜진 등잔만이 있는, 땅 밑의 작은 공간에서 천천히 고통스럽게 죽는 벌을 받았다. 이는 끔찍한 처벌이었으며, 로마 문화에서 조차도 굉장히 드문 일이었다. 이는 로마의 자아상에서 베스타의 여사제가 얼마나 중요한 의미를 가지고 있었는가를 보여준다. 여사제들은 포룸 로마눔 위에 위치한 작은 원형 신전인 '아에데스 베스타에Aedes Vestae'에서 낮이고 밤이고 항상 성화를 지켰다. 이 성화는 로마의 영원한 무사 안위에 대한, 영원히 타오르는 징표였다.

역사가 알렉산더 배츠Alexander Bätz는 "그녀들은 자신들의 일상 업무를 통해 로마라는 국가의 존속과 버금가는 일을 해냈다. 로마에서 베스타 무녀들은 가장 중요하면서도 동시에 가장 특이했던 사제 집단이었음은 의심할 여지가 없다"라고 표현했다.

로마 초기 때부터 황제 시대에 접어들 때까지, 약 1000년 동안 여섯 명으로 구성된 베스탈리스가 베스타 문화를 지켜나갔다. 흰색 옷을 입고 정교하게 땋은 머리와 우아한 장식들로 치장한 여인들이 릭토르의 호위를 받으며 시내를 걸어 다녔다. 보통은 대관들만이 그러한 대우를 받았다. 극장 내 전용석도 가지고 있었다. 온종일 마차를 타고 시내를 돌아다녀도 됐다. 크나큰 명예였다. 이러한 신성한 처녀들을 해하거나 괴롭히면 죽음을 면치 못했다.

로마 달력상 모든 중요한 의식, 축제 및 제사에 베스탈리스가 함께했다. 오직 그녀들만이 제사 때 쓰이는 특별한 전곡, '모라 살사mola salsa'를 만들 수 있었다. 또한 그녀들만이 굉장히 신성한 성유물sacra을 성전 안에서 다룰 수 있었다. 6세에서 10세 사이의 소녀들이 가정과 불의 여신인 베스타를 모시는 일에 부름을 받았다. 이들은 신체적으로 건강해야만 했으며 오점 없는 사회적 환경 출신이어야만 했다. 이미 여기에서 그녀들이 하나의 이상을 구현해야만 했음이 분명하게 보인다. 공화정 시대에는 소녀들이 무작위 방식으로 뽑혀졌다. 역사가 배츠의 표현에 따르면, 부름을 받는 것은 "로마 사회 그 자체에서는 의식적으로 방출되는 것"을 의미했다. 그녀들은 그녀들의 여신에게 넘겨졌다.

베스탈리스는 최소 30년 동안 성전에 머무르며 신을 모셔야 했다. 이후에는 자유의 몸이 되어 평범한 삶을 누릴 수 있었지만 알려진 사례는 없다. 결혼을 하고 아이를 낳고 가정을 꾸리기에는 늦어도 너무 늦어버렸다. 은퇴한 무녀들의 사회적 위치는 매우 위태위태했을 것이다. 베스타의 여사제라는 직책과 더불어 포기해야 할 것도 분명 많았으리라. 사회적 위치에 따라 결혼을 포기한다는 것은 엄청난 특권과 동등하게 맞바꾸어지는 것이었으니 말이다. 베스탈리스들은 엄격한 친족법과 시민법의 범주 밖에서 살아갔다. 그녀들은 자기 고유의 유언장을 남길 수도 있었으며, 부친의 권력에 지배당하지도 않았다.

역사가 니나 메카처Nina Mekacher는 "베스탈리스에게 허락된 후견인으로부터의 자유, 완전 자유롭게 자신의 것을 소유하고 모든 법률 행위들을 자주적으로 다룰 수 있는 자유, 이는 당시 로마 초기의 여성들에게는 전례가 없는 일이다"라고 설명한다.

역사적으로 최대 스무 명의 베스탈리스들이 분명 생매장을 당했다. 로마인들은 순결 그 자체는 그렇게 중요하게 생각하지 않았지만 여사제들의 동정, 상징화된 규정, 국가의 완전무결함 및 안정성에는 굉장히 큰 의미를 부여했다. 역사가 아리아드네 스테이플스Ariadne Staples에 따르면 이는 "이상적인 순결"에 관한 것이었다. 순결하지 못한 베스탈리스는 처녀가 아닌 것만을 뜻하지 않았다. 그녀는 "베스탈리스의 자격 또한 그만두는 것"이다. 그렇기에 사형은 그녀가 저지른 잘못에 대한 당연한 결과였다.

그런데 이러한 처벌은 종종 또 다른 논리, 즉 정치적 논리에 부합해서 이루어지고는 했다. 로마가 힘든 고비를 넘기던 시기에 다수의 생매장이 이루어졌음에 주목할 필요가 있다. 로마가 위태위태하면 사람들은 베스탈리스들이 자신들이 해야 할 일, 말하자면 순결을 지키는 것을 한 치의 실수도 없이 제대로 해낸 것은 아니라 믿었던 것으로 보인다. 경우에 따라서는 세칭 타락한 베스탈리스를 죽이는 것이 위태로운 시기를 잘 견뎌내고 다시금 희망을 불러일으키는 데 도움이 되었다. 예측되는 불행의 원인들을 없애버리면 나라는 다시금 전진해나갈 수 있었다. 어쨌든 아이를 가졌던 베스탈리스에 대해서는 알려진 바가 없다.

글 수잔네 바인가르텐

권력의 중심지

카피톨리노 근방에 위치한 골짜기는 발판이 되었고, 그곳에서부터 세계 정복은 이루어졌다. 여기에 전설적인 포룸 로마눔이 놓여 있다.

 살아 있는 정치인의 입상立像은 오늘날에는 풍자로나 쓰이겠지만 로마 공화국 때는 달랐다. 이는 그야말로 엄청난 영광이었으며 본인을 알리는 데에도 유용했다. 자기에게, 또 자기가 가진 능력에 대해 이목을 끌어모으고 싶은 자에게 이러한 조각상은 딱 들어맞았다. 더군다나 그 조각상을 도시의 중심이자 로마제국의 중심인 포룸 로마눔에서 찾아볼 수 있다면 더할 바가 없었다.

가이우스 마에니우스Caius Maenius라는 이름의 위대한 인물 또한 기원전 338년에 이렇게 생각했었다. 중대 사안들을 결정하는 집회 장소, 코미티움 한가운데에 기둥이 세워졌다. 상단부에는 마에니우스의 모습이, 하단부의 커다란 주각柱脚에는 그가 한 일들이 일일이 나열되어 있었던 것으로 추정된다. 원로원은 개선장군이자 검열관인 그를 위해 이 기둥을 세웠다.

　보통 기둥들이 옆쪽으로 세워지는 것과는 달리, 마에니우스 기둥은 사람들의 시선을 가로막는 곳에 노골적으로 세워졌다. 이는 마에니우스가 항구 도시인 안티움Antium, 오늘날의 안치오Anzio를 정복한 다음부터 만끽했을 명성을 보여준다. 마에니우스 기둥은 포룸에 새로운 기념비들이 생겨나는 붐 또한 일으키게 되었다. 이 유명한 장소에 점점 더 많은 로마인들이 자신들의 이름을 영원토록 남기길 바랐다.

　결국 포룸은 정치적인 기능만을 갖지 않게 되었다. 신전, 관청, 회관 및 상점들이 모두 몰려 있는 이곳, 한가운데에서 종교 행사, 일상적인 상업 활동, 비공식 모임, 외교적 만남, 선거 운동 및 상당수의 음모들 등 모든 것들이 일어났다.

　하필이면 이곳이 세계 강대국의 전환점이 될 수 있었다는 사실을 고고학자들은 오늘날까지도 여전히 놀라워한다. 기원전 800년경, 벨라브룸Velabrum이라 불렸던 이 지역은 모기들로 가득한 습지대로 오직 공동묘지로만 쓰였다. 그 주변 언덕배기에서 살아가던 이주민들이 기원전 600년경, 대하수도인 클로아카 막시마를 설치하면서 땅을 간척했고, 그다음에야 비로소 움막들과 함께 마을 광장이 생겨나게 되었다. 왕정 시대부터는 교통의 중심지로 그 중요성을 더해갔다. 늦어도 공화정 시대에는 로마 사회의 전반적인 일들이 이곳으로 집결되었다.

광장 북서쪽에 위치한 쿠리아에서 원로들은 매일같이 모였다. 모든 의사당들의 기본이 된 이곳 앞에서 선거권을 가진 로마 시민들은 지름이 약 40미터 정도에 달하는 원형의 코미티움에 모여 매해 수차례씩 관직 및 법률에 대해 투표했다. 공화국이 성장해 나감에 따라 유권자들은 포룸의 큰 부분을 필요로 하게 되었다.

상인들은 황소나 당나귀가 끄는 수레에 짐을 싣고 다녔다. 포룸의 주요 통로는 '성스러운 길'이라는 뜻의 비아 사크라였다. 이 길을 따라 걸으면 카피톨리노 언덕에 위치한 유피테르 옵티무스 막시무스의 신전에 다다랐다. 높이로 봤을 때 포룸 로마눔 전체를 바라보는 게 가능했다. 특히나 가팔랐던 곳, 타르페아Tarpea 절벽에서는 사형수들이 그 아래로 떨어뜨려졌다.

시장 아래에서는 사람들이 법 개정이나 선거 날짜 등의 새로운 소식들을 접했다. 축제일은 연단이나 농경의 신인 사투르누스Saturn, 즉 그리스 신화의 크로노스Cronus 신전의 커다란 단상에 설치되어 있던 판에 새겨졌다. 지금까지도 달력 목록들을 고정시켰던 철 못의 구멍들을 찾아볼 수 있다. 디오스쿠로이Dioskuroi 라고 불렸던 쌍둥이 형제, 카스토르Castor 와 폴룩스Pollux, 사투르누스 혹은 베스타의 웅대한 신전 앞에서 제 의식이 행해졌다. 개선 행렬이나 장례 행렬 역시 이곳을 지나갔다. 원래는 위령제의 절차 중 하나로 이루어졌던 검투사 결투도 이곳에서 행해졌다.

기원전 4세기 후반에는 다채로운 시장 풍경이 사라져갔다. 도

축업자 등 식료품을 다루던 상인들은 목재들로 지었던 점포, 타베르내tabernae를 포룸에서 정리해야만 했다. 그곳에는 환전인, 보석 세공사 및 공공 기관들이 들어왔다. 이때 유통된 동전들은 완전 새로운 산업 형태인 금융 거래를 형성했다. 정육업자와 채소 상인들은 포룸의 북쪽에 식료품 가게를 열었다.

사람들은 포룸에서 이른 시각부터 늦은 시각까지 변함없이 들락날락했다. 거의 항상 분주하고 혼잡스러웠다. 많은 가게들이 해가 뜨기도 전에 문을 열었다. 좁은 골목에서부터 사람들이 이곳으로 밀려들어왔다. 해마다 몇 차례씩 시민 의회는 곡물 공급과 같은 중요한 법률들을 결정했다. 포도주 및 음식에 관한 축제들 또한 자주 열렸다. 기원전 200년에는 65개의 축제일들이 로마력曆에 기록되었다.

젊은 귀족들은 비싼 옷차림을 하고 거리를 거닐었다. 거지들이나 자칭 기적의 치유자들이 그들을 성가시게 했다. 희극 작가인 티투스 마키우스 플라우투스Titus Maccius Plautus는 포룸의 창녀들에 대해서도 이야기했다. 진한 화장을 하고, 일부는 게르만족의 금발로 만든 가발을 쓴 채 호객 행위를 했다. 특히 목조식 환전소 앞에 짧은 치마와 가슴이 깊게 파인 옷을 입고 이들이 서 있었다고 한다.

포룸에는 주택들도 있었다. 베스타의 무녀들은 그녀들의 일터, 즉 베스타 신전 안에서 끝없이 타오르는 성화 바로 옆에서 살아갔다. 기원전 200년경에는 한니발을 제압했던 대大스키피오가 포룸의 집을 자랑했다. 아트리움과 더불어 탁월한 위치에 세워진 건물들은 그 당시에도 재산 가치가 꽤 있었다.

일직선상으로 확 뚫리지 않은 북서쪽 모퉁이 지역은 로마 정치에서 가장 중요한 곳이었다. 정치가들은 연단에서 시민들에게 연설했다. 가이우스 셈프로니우스 그라쿠스Gaius Sempronius Gracchus 나 카이사르와 같은 전설적인 인물들도 이후 관중들에게 호소하고자 올랐던 이 무대는 응회암으로 만들어졌고 뱃머리들로 장식되었다. 독특한 장식의 원조는 기원전 338년에 원로원들이 존경의 뜻으로 기념비를 수여했던, 바로 그 마에니우스이다. 그는 안티움 해전에서 약탈해온 로스트라rostra[13]를 연단으로 가져오라고 독단적으로 명했다. 이를 베를린 출신의 고고학자 수잔네 무스 Susanne Muth 는 "너무나 뻔뻔스럽다"고 평가했다. 어쨌든 마에니우스는 그렇게 함으로써 '모든 정치가들이 시민들에게 연설하는' 무대를 자신의 승전 기념비로 취하게 됐다. 성공적이었다. 오늘날까지도 연단은 로스트라라 불리니 말이다.

전해지는 바에 따르면 이것 말고도 또 다른 새로운 변화 역시 마에니우스에서 비롯되었다고 한다. 기원전 318년에 그는 당시 비아 사크라 양 옆으로 늘어선 거리 상점들, 타베르내 베테레스

---

13 적의 배를 들이받아 파괴하기 위해 뱃머리에 부리 모양으로 장치한 뾰족한 쇠붙이.

tabernae veteres와 타베르내 노바에tabernae novae 너머로 발코니를 내도록 명했다. 심지어 그 발코니에는 그의 이름이 따라 붙여졌다. 이곳 '마이니아나Maeniana'의 관중석은 개별적으로 빌릴 수 있었다. 예를 들어 검투사들의 혈투 등이 있을 때가 그러했다.

물론 포룸은 오랫동안 그리스 국가들의 화려한 건축 양식과는 비교거리도 못됐다. 기원전 3세기 때, 역사가 폴리비오스는 그리스인들이 포룸을 보고 얼마나 놀랐는지를 기술했다. 이곳을 방문한 다수의 사람들이 불규칙적이고 이것저것 겹겹이 쌓아 올려진 마을 광장을 보고 야유를 보내기도 했었다고 한다. 200년이 지난 다음에야 로마인들은 그리스 양식을 본받아 대대적으로 바꿔나갔다.

한 예로 대★스키피오의 집은 검열관 티베리우스 셈프로니우스 그라쿠스Tiberius Sempronius Gracchus가 매점했다. 그라쿠스는 이곳을 기원전 169년에 무너뜨리고, 대신 화려한 공회당인 바실리카 셈푸로니아Basilica Sempronia를 지었다. 이렇게 다층으로 지어진 상점 건물들이 포룸의 성격을 상당히 변화시켰다. 그사이 세워진 수도 없이 많은 기념비 및 조각상 들은 어느 날 확 줄어들었다. 로마 황제 시대의 학자 플리니우스Plinius의 기록에 따르면, 정치적 자기 표현물 가운데 공식적으로 승인되지 않은 것들은 기원전 158년에 모두 재빨리 없애졌다.

그러한 정보들, 특히 다양한 고고학적 소견들을 바탕으로 고고학자 무스가 이끄는 베를린 훔볼트 대학교 팀은 포룸의 변화 과정을 3D 모델을 이용하여 현재까지 총 7단계로 제시했다. 세계적으로 아주 유명한 이곳을 첫 번째로 복원한 것은 아니지만, 이들의 작업은 아우구스투스 시대 이전의 건축 상태를 보여주는 몇 안 되는 것들 중 하나에 속한다. 오늘날 로마를 방문하는 사람들은 주로 로마 후기 때, 황제 시대의 건축들을 접하게 된다. 그러나 포룸의 초기 면모들을 알아야만 로마 황제 시대의 독재자들조차도 이곳을 왜 완전히 바꾸지 않았는가를 비로소 이해할 수 있게 된다.

처음에는 보잘것없는 빈약한 시작이었지만 끝내 고대 강대국이 되기까지 고군분투했던 로마인들의 심장부가 바로 이곳이었다. 비아 사크라를 구성했던 거무스레한 거대한 석판들은 오늘날까지도 여전히 명확하게 알아볼 수 있다. 그렇기에 이렇게 엄청나게 오래전에 만들어진 비아 사크라가 덤불 사이로, 또 아직 남아 있는 기반들 및 고대 신전들 사이로 굽이굽이 뻗어 카피톨리노 언덕까지 이어지고 있음을 깨닫게 된다면 오늘날 로마를 찾는 사람들에게도 감동의 순간이 찾아올 것이다.

글 비그나 핑크

족보 과시

누가 누구랑 친척 관계인가? 누가 누구랑 결혼하나? 로마에서는 이러한 질문들이 시시콜콜한 뒷얘기 그 이상의 의미를 갖고 있었다. 혈연관계는 정치적으로 굉장히 중요했다.

 기원전 52년 1월 19일, 푸블리우스 클로디우스 풀케르 Publius Clodius Pulcher가 무덤에 묻힐 때는 모든 것이 보통 때와 달랐다. 클라우디아Claudia 가문은 보통 남자가 죽으면 다른 귀족들처럼 죽은 자의 집에서부터 포룸까지 이어지는 화려한 장례 행렬pompa funebris로 죽은 자에 대한 경의를 표했다. 이러한 행사 때는 모든 위대하고도 중요한 선조들이 상징적으로 함께했다. 연극인들이 선조들의 형상을 본뜬 가면, 이른바 이마고imago를 쓰고 연대순으로 죽은 자의 뒤를 따랐다. 죽은 자는 관에 실려 포룸 연단까지 들려졌다. 모든 사람들이 그를 잘 볼 수 있도록 때로는 관에 앉혀진 채 옮겨지기도 했다. 그곳에 도착하면 가족 중 한 명이 조사를 낭독했다. 그다음에서야 카피톨리노 언덕 아래에 위치한 가족 묘지에 묻혔다.

하지만 클로디우스의 경우, 이에 전혀 해당되지 못했다. 약 40세에 죽음을 맞이한 그가 신망 있는 귀족 가문의 골칫덩어리로 간주되는 데에도 그 이유는 있으리라. 클로디우스는 다른 가문의 양자로 입양을 갔다. 그렇게 해야만 트리뷴tribune, 즉 호민관이 될 수 있었다. 이미 그전에 자신은 서민들 편임을 보이고자 이름을 '클라우디우스Claudius'에서 서민 형태의 '클로디우스'로 바꿨다. 그러다 그는 정치적 라이벌과 싸우던 중 아피아 가도Via Appia에서 맞아 죽었다.

그의 장례는 강력한 메시지를 남겼다. 가문의 일원들은 사체를 원로원들의 집회실인 쿠리아 호스틸리아curia hostilia로 들고 가, 화장터로 옮긴 다음 사체에 불을 붙였다. 쿠리아의 바닥이 다 타버릴 때까지 불은 꺼지지 않았다. 도시는 며칠 동안 계속해서 소란스러웠다.

본 장례식에 관한 이야기들을 통해서는 클라우디아 가문 선조들의 이마고 또한 등장했는지는 알 수 없다. 하지만 그럴 가능성은 드물다. 선조들의 형상은 가문의 영웅들이 남긴 업적들을 상기시키면서 죽은 자가 선조들과 얼마나 밀접하게 관련되어 있는지, 또 그들 모두가 로마의 명성을 높이는 데 얼마나 기여했는지를 시민들에게 보여주는 역할을 했기 때문이다. 하지만 클로디우스는 자기 출신을 스스로 명백하게 부인하지 않았던가.

누가 누구랑 친척 관계인지는 이 세상 어디에서나 소갯거리가 된다. 그러나 로마에서는 지극히 전형적인 논제였다. 공동체인 레스푸블리카가 기능할 수 있었던 것도 전적으로 귀족들 간에 서로서로 맺은 친척 관계 덕분이었다. 더불어 귀족들 외의 시민들이 힘 있는 가문들과 맺은 사적인 연결들, 이른바 클리엔테스 관계들로 움직였다.

역사가 요하네스 켈러Johannes Keller는 로마의 정치적 로비 활동에 관한 자신의 박사 논문에서 "로마 공화국은 그들에게 없는 국가적 타당성 및 정치적 자율성을 다른 요소들, 특히 사람들 간의 관계망과 사회 체계들로 채워나갔다"고 표현했다.

최근 연구들은 특정 집안의 사람들이 특정 원로원 자리를 꾀함으로써 로마 정권을 통제했다는 예전의 견해들을 반박하고 있다. 하지만 로마의 정치는 정무관magistrate과 원로원에서만 이루어진 것이 아니었다. 적어도 그만큼은 귀족 가문 및 혈통들 안에서도 이루어지고 있었다.

이때 아버지와 아들, 삼촌과 남자 조카 또는 형제들 사이의 동맹이 생겨났다. 하지만 남매 관계에서도 없는 것은 아니었다. 같은 신분끼리 결혼을 하거나 양자로 들어감으로써 연결고리를 형성했으며, 이와 더불어 자신의 신분 및 대외적 이미지를 가꿔나갔다. 이러한 대외적 이미지는 시민들이 후보자들 가운데 선택을 내려야 할 때 쉽게 결정할 수 있도록 도와주었다.

클라우디아 가문은 콧대가 높고 귀족이라는 데 굉장히 높은 자

정치 기구
로마 공화정의 정권 체계

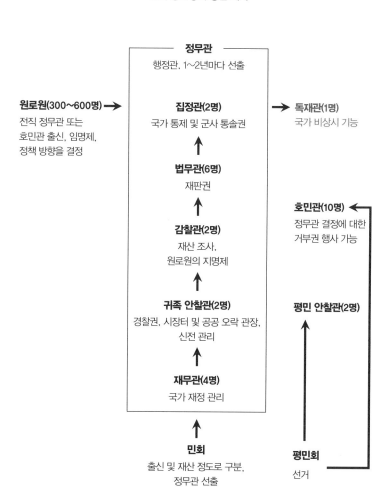

정무관
행정관, 1~2년마다 선출

원로원(300~600명) →
전직 정무관 또는
호민관 출신, 임명제,
정책 방향을 결정

→ **독재관(1명)**
국가 비상시 기능

집정관(2명)
국가 통제 및 군사 통솔권

↑

법무관(6명)
재판권

↑

감찰관(2명)
재산 조사,
원로원의 지명제

↑

귀족 안찰관(2명)
경찰권, 시장터 및 공공 오락 관장,
신전 관리

↑

재무관(4명)
국가 재정 관리

↑

민회
출신 및 재산 정도로 구분,
정무관 선출

호민관(10명) ←
정무관 결정에 대한
거부권 행사 가능

평민 안찰관(2명)

↑

평민회
선거

부심을 갖고 있다는 평이 나 있었다. 다른 귀족 가문들처럼 클라우디아 가문의 사람들 역시 한 명의 공통된 선조를 본가의 근원으로 소급했다. 이는 대체로 전설들로 덮여져 있다. 클라우디아 가문의 경우, 인접해 있던 사비니족을 이끌던 아티우스 클라우수스Attius Clausus였다. 사비니인들은 기원전 6세기 후기 무렵 로마를 침략할 계획을 세우고 있었다. 하지만 클라우수스는 화합 관계를 지향했고, 그렇기 때문에 이주를 해야만 했다. 전설에 의하면 그렇다.

클라우수스는 기원전 504년, 자신을 따르는 5000명의 사람들과 함께 로마로 건너왔다. 그는 환대를 받았으며 땅까지 받았다. 그것뿐만이 아니었다. '클라우디아 가문'은 세습 귀족 가문으로 받아들여졌고 이미 기원전 495년에 라틴어화한 이름의 아피우스 클라우디우스Appius Claudius가 집정관으로 선출되었다. 이렇게 클라우디아 가문은 세습 귀족으로 받아들여진 마지막 가문이 되었다. 더욱이 그들은 로마 공화정 반세기 동안 존속해온 14개의 씨족gens들 중 하나였다.

씨족이라는 것이 도대체 무엇을 뜻하는지, 로마 초기 시대 때 어떤 의미를 지니고 있었는지에 대해 오늘날까지도 역사가들은 계속해서 논쟁 중이다. 한 이론에 따르면, 씨족은 동일한 선조에서 기인한 부계 질서에 따른 가족들 간 느슨하게 결속된 관계였을 것이다. 그들은 어쩌면 같은 땅을 관리했을 것이고, 직접적인 부계 친족 간 유언이나 상속 재산이 없을 경우 이를 공동 유산으로 다루었을지도 모른다.

확실한 것은 어떤 귀족이든지 하나의 씨족에 속했다는 사실이다. 평민들의 가족 관계망도 이렇게 형성되었는지는 확실하지 않다. 추측하건대 같은 씨족끼리는 결혼을 할 수 없었기에 이러한 공동체 구성은 서로 다른 가문들 간의 가족 형성을 통해 일종의 동맹 사회를 확고히 하는데 도움을 주었던 것으로 보인다. 더불어 이는 사회적 관계망 형성을 보장해주었다. 이러한 사회적 관계는 전쟁이 일어나면 쉽게 손이 끊길 수 있는, 오직 부계로만 이어져 내려온 가문들보다 더 안정적이었다.

씨족은 중세 공화정 시대가 오기 전에 이미 그 의미를 급격하게 상실해갔다. 씨족은 사회적, 의례적, 관념적 역할만을 채울 뿐이었다. 하지만 예전의 씨족 형태는 로마의 성, 즉 씨족의 이름 안에서 명확하게 드러난다. '노멘 겐틸리쿰nomen gentilcum'은 기원전 700년경에 발달했다. 아버지의 이름과 첫 번째 이름인 프라이노멘praenomen이 신분을 드러내주는 반면, 가문의 이름인 노멘을 통해서는 어떤 더 큰 그룹, 즉 어떤 가문 출신인지를 구분할 수 있었다.

씨족 내에서 이름을 붙이는 데에는 특정한 관례가 있었다. 첫째 아이에게는 부친의 이름을 그대로 따라 붙였다. 둘째 아이는 할아버지의 이름으로 불렸으며, 셋째 및 그다음의 아이들에게는 다른 남자 선조들의 이름이 붙여졌다. 여자들은 대부분 노멘의 여성형으로 이름 지어졌다. 한 씨족이 네 개 이상의 서로 다른 남성형 이름을 사용한 경우는 드물었다. 심지어 어떤 경우에는 두 개만 사용되기도 했다. 더욱이 어떤 이름을 말하는지 누구나가 다 알고 있었기에 대부분 첫 글자로 줄여져 사용됐다. 예를 들자면 A는 Aulus, T는 Titus, Q는 Quintus 등의 식이다. 기원전 1세기에 역사가 마르쿠스 테렌티우스 바로Marcus Terentius Varro 는 오직 30개의 서로 다른 프라이노멘을 언급했다.

가문의 전설에 따르면, 기원전 504년에 클라우디아 가문이 로마로 이주해왔을 때에는 귀족들이 살고 있던 집이 50채에서 100채 정도였다. 이후 대가족들이 여러 갈래로 분리되어 나감에 따라 귀족들 집의 수는 훨씬 더 많아졌다. 이러한 이유에서도 공화국 중기 무렵에는 코그노멘cognomen 이라는 세 번째 이름이 등장하게 되었다. 코그노멘은 동일한 씨족 내 상이한 가문들을 서로 구분시켜 주었다. 클라우디아 가문의 대표적인 코그노멘으로는 클라우디우스 풀케르, 네로네스Nerones , 마르첼리Marcelli , 폼페이아니Pompeiani 등이 있다. 다른 예로는 율리아Julia 가문의 제일 유명한 후손, 가이우스(프라이노멘) 율리우스(노멘) 카이사르(코그노멘)가 있다.

부계 중심으로 계승된 가문들은 조직적, 정치적, 경제적 관점에서 로마 사회의 본질적인 핵심을 이루었다. 모든 가문들은 씨족장patriarch , 가장, 가장의 배우자, 아이들, 노예 및 이들과 함께 살았던 자유민들로 구성되었다. 혈통은 귀족들, 이후 평민 출신의 귀족들에게도 공식적인 신분으로써 기능했다. 집의 아트리움에는 특별한 장이 하나 있었는데, 흔히 계보의 그림들로 장식되어 있었다. 누구든 집 안에 들어서면 그 가문의 역사와 바로 마주하게 되었다.

그 자체로만 목적이 있는 것은 아니었다. 정무관 선거에 나가길 바라는 자가 자신의 선조들 가운데에서도 유능한 정무관들이 있었음을 드러내 보이면, 그 또한 정무관이 될 충분한 자격이 있다고 보일 가능성이 높았다. 후보자들은 특히 클리엔테스, 즉 평민의 지지를 빈았다. 사회적으로나 정치적으로나 더 약했던 클리엔테스들은 명망 있고 힘 있는 귀족인 파트론patron의 보호를 받았고 경제적으로도 의존했다. 대신 반대급부로써 '피데스fides', 즉 충성을 바쳤다. 하지만 본래는 사적인 관계였던 클리엔테스-파트론 관계가 대중적인 규모로 커진 지는 이미 오래였다. 한 명의 파트론이 지역 전체를 관할했고 그 지역의 사람들은 클리엔테스가 되었다. 또 어떤 클리엔테스들은 한 명이 아닌 다수의 파트론을 두고 있는 일도 비일비재했다.

점점 더 그 수가 늘어만 가는 정치 후보자들 가운데에서 관직에 맞는 자를 어떻게든 골라내려면 어떤 가문 출신인지가 중요했다. 클라우디아 가문을 한 번 뽑았으면 통례적으로 계속해서 그 가문을 선택하게 되었다. 이는 사람들이 일종의 그 가문 특유의 세습 능력을 인정했기 때문이었다. 여하튼 기원전 120년경 역사가 수에

톤Sueton이 확언한 바에 따르면, 클라우디아 가문의 계보에는 스물여덟 명의 집정관, 다섯 명의 독재관, 일곱 명의 켄소르, 즉 감찰관 그리고 여섯 명의 개선장군들이 내보여졌으며, 이때 법무관들은 전혀 헤아리지 않았다. 현대 역사학자들은 이보다는 더 적었을 것이라 보고 있지만, 조상 자랑에는 이러한 세세한 사항들은 전혀 중요하지 않았다.

결정적으로 작용하는 것은 일반 사람들조차도 잘 기억하는, 저명한 선조들의 이름이었다. 클라우디아 가문은 기원전 312년에 감찰관, 아피우스 클라우디우스 카이쿠스Appius Claudius Caecus를 배출했고 그의 명성은 시민들의 일상에까지 파고들어가 있었다. 그는 남쪽으로 뻗어 있는 간선도로, 아피아 가도와 로마에서 가장 오래된 수도 시설인 아피아 수도Aqua Appia, 포룸의 벨로나Bellona 신전까지 건설했다. 그의 직속 후손들은 다음 다섯 세대까지 계속해서 최고 관직인 집정관직에 선출되었다.

이러한 선조들은 야망 가득한 어떤 로마인이 중요한 관직을 맡고자 할 때 전적으로 도움이 되었다. 하지만 그렇다고 해서 여기에만 의존해서는 안 됐다. 그 또한 가문의 명성에 어울리는 적합한 인물임을 증명해야만 했다. 정치적, 군사적인 활동들과 더불어 선조들의 관습인 모스 마이오룸에 걸맞은, 가능한 한 진실된 행동들을 보여야 했다. 물론 그가 계속해서 가문의 명성을 이어나갈 것에 대한 기대 또한 당연히 채워주어야 했다.

이때 서로 다른 가문들 간의 동맹 및 협력 관계가 도움이 되었다. 때로는 양자로 삼거나 들어감으로서 이러한 관계를 형성하기도 했지만, 훨씬 더 일반적인 것은 혼인 관계를 통해서였다. 친족 간 결혼이 처음에는 6촌까지, 이후에는 4촌까지 금지되어 있었기에 일반적으로 혼인을 통해 서로 다른 두 가문이 연결되었다. 잘 해봐야 머나먼 친척 관계일 뿐이었다. 딸의 남편이 누구인가에 따라 본인 자신 및 아들들의 사회적 지위 또한 올라갈 수도, 내려갈 수도 있었기에 딸을 둔 아버지들은 굉장히 신중하게 사위를 골랐다. 역으로, 높은 가문의 딸을 아내로 맞이하게 되면 그 남자의 가치 또한 높아졌다.

클로디우스의 세 명의 여형제들은 결혼을 통해 이득이 되는 관계망을 만들어나갔다. 막내는 루키우스 리키니우스 루쿨루스 Lucius Licinius Lucullus 와 결혼을 했다. 첫째는 퀸투스 마르키우스 렉스Quintus Marcius Rex 와, 둘째는 퀸투스 메텔루스 켈레Quintus Metellus Celer 와 혼인을 했다. 이들 모두 집정관이었다. 그렇기에 클로디우스는 사실상 이득을 볼 수도 있었다. 하지만 친척 관계, 그것만으로는 어떠한 양해도 구할 수 없었다. 루쿨루스는 처남에게 관직을 금지했고, 이 때문에 클로디우스는 반란을 일으켜 루쿨루스의 군사들을 찔러 죽였다. 그 이유로 루쿨루스는 이혼을 했다. 렉스와 켈레 또한 클로디우스를 그렇게 좋게 보지 않았기에 클로디우스는 그들로부터 어떠한 이득도 얻지 못했다.

그렇다 해도 클로디우스는 혼인을 통해 로마 최상위층으로 신분 상승한 여형제들의 도움을 받기는 받았었다. 그녀들의 바뀐 이름이 클라우디아Claudia 등이 아닌 클로디아Clodia 라는 것만 보아도 클로디우스와 얼마나 친밀한 관계를 유지하고 있었는지를 알 수 있다. 그녀들로부터 얻은 정치적 자문들은 분명 굉장히 중요했다. 그렇지 않고서야 클로디우스의 적수였던 키케로가 클로디아 메텔리Clodia Metelli 와 클로디우스가 불적절한, 근친상간 관계라고 비방했겠는가.

지어낸 이야기임이 거의 확실했지만 이는 정치적인 의도를 갖고 있었다. 클로디아는 사회적으로 배제당하기 시작했고 모든 정치적 영향력을 상실하게 되었다. 이 이야기를 통해 키케로는 클로디우스를 가문과 로마 사회의 기반을 흔들어 놓는 자로 만들었다.

가족 및 친족 관계에 대한 경의는 로마 공화국이 계속해서 전진하는 데 결정적이었다. 때문에 이 같은 경우, 고대 로마의 귀족 사회에서는 사회적으로 매장당했다. 가족에 대한 의미는 귀족정치에서 공동체적인 관심사를 높여주었고 상호 간의 공동 의식을 갖게끔 도와주었다. 또한 한 가족 혹은 개인이 압도적인 권력을 갖지 못하도록 막아주었다. 다수의 목적이 개개인의 목적들과 굉장히 얽히고설키어 있었다. 가족을 공경하지 못하는 자는 쉽게 의심받았으며 레스푸블리카의 규칙 및 질서를 얕보는 자였다.

로마 공화국 시대의 형제 및 자매 관계에 대해 연구를 했던 역사가 앤-캐스린 하르더스Ann-Cathrin Harders는 카이사르가 집권할 당시 공화국에 대한 관계 의식이 사라졌음은 달라진 친족 관계 속에서도 찾아볼 수 있다고 말한다. 가문과 가문 간의 혼인 관계로 만들어진 넓은, 되레 수평적으로 이루어졌던 관계망은 그 의미를 상실해갔다. 남자 개개인들은 귀족적 합의 관계에서 벗어나고자 했으며 더 이상은 전도유망한 혼인 관계를 통해 조직 체계와 연결되려고 하지 않았다. "이미 아우구스 때, 혼인 전략은 다른 귀족 가문과 관계를 맺으려는 것만을 목적으로 하지 않고 본질적으로는 왕조 라인의 교육 및 집권에 목적을 두고 있었다"라고 하르더스는 이야기한다.

클로디우스는 바로 이러한 변혁의 시대에 살고 있었다. 그에게 가족은 전통적인 의미에서는 완전히 무가치한 것이었다. 그는 또한 부정적인 행실로 유명세를 탔다. 클로디우스가 카이사르의 아내와 내연의 관계였기에 여장을 한 채 카이사르의 집 안으로 들어갔던 것이다. 그래도 클로디우스의 딸, 클로디아는 적어도 황후가 될 뻔했었다. 그녀는 이후의 아우구스투스인 옥타비아누스와 아주 잠깐 결혼을 했었다. 하지만 2년 후 그들은 이혼했다.

공화정 시기 동안 클라우디아 가문은 다른 대부분의 귀족 가문들이 그랬듯이 어떤 신화적인 인물을 신의 세계 또는 적어도 트로이의 영웅들 가운데 뽑아내어 자신들의 선조로 만들어냈다. 황제 시대가 시작될 무렵에는 신을 선조들로 모시는 것이 아직은 가능했던 것으로 보인다. 출생 당시의 이름은 티베리우스 클라우디우스 네로Tiberius Claudius Nero였던 티베리우스 황제는 생전에 이미 신과 동등하게 '디부스divus'[14]로서 칭송되었다. 유감스럽게도 그는 그 당시 이미 오래전부터 클라우디아 가문을 떠난 상태였다. 기원전 4세기 때 아우구스투스 황제의 양자로 들어갔고 이에 따라 율리아 가문에 속하게 되었다.

글 에바-마리아 슈누어

---

[14] 신성하다는 의미의, 로마 황제 이름 앞에 붙는 경칭.

"가엾도다. 패자여!"

기원전 387년, 갈리아인들은 로마를 침략하고 약탈했다. 군사적 패배는 수백 년간 패자들의 정신을 쏙 빼놓았다.

그리스의 문필가 플루타르크는 한때 야만족이었던 갈리아인들이 북쪽에서 내려와 알프스를 넘어 포 강 유역으로까지 진군해온 이유를 정확하게 알고 있다고 자신했다.

갈리아인들은 당시 처음으로 이탈리아에서 건너와 그들에게 건네진 와인을 맛보게 되었고 바로 즉시 그 맛에 사로잡혀 버렸다. 새로운 맛에 정신이 뺏긴 그들은 그러한 열매가 나는 땅을 찾아 무기를 들고 가족들과 함께 알프스를 넘었다.

와인에 대한 즐거움 및 음주에 대한 욕망이 굉장하여 유럽의 가장 높은 산맥을 넘어 위험천만한 이동을 하게 만들었다는 추측은 요즘의 관점으로 봤을 때는 믿기 힘들다. 사실과 더 가까운 것은 분명 로마의 역사가, 리비우스의 이야기다. 파두아Padua 출신의 학자였던 그는 갈리아 부족이 살았던 지역인 오늘날의 프랑스, 벨기에 및 일부 스위스 지역에서의 '압박적 인구 과잉'을 그이유로 들었다.

갈리아 지역은 곡식과 과일, 사람들이 너무 많아 그 방대한 양을 통제하는 것이 거의 불가능해 보였다.

기원전 5세기 말 무렵, 세노네스Senones 와 보이족Boii 등 일부 갈리아 부족들이 새로운 거주지를 찾아 이동한 것으로 추측된다. 당시 갈리아인들과 켈트인들은 동일한 민족으로 일컬어졌는데, 어쨌든 이 켈트족들이 기원전 약 400년경 상부 이탈리아 지역에 도달하게 되었고 흔하지 않게 비옥했던 포 강에 터를 잡게 된 것이다. 그럼에 따라 로마인들의 화를 불러일으키게 된다.

그 당시 로마는 계속해서 치고 올라오는 지역 세력으로 평가되고 있었다. 세기가 바뀔 무렵, 로마는 에트루리아인들이 살고 있던 베이이와 10년 가까이 전쟁을 치르고 있었다. 티베르 강 유역의, 좁고 꼬불꼬불한 길들로 이루어져 있는 지역에서의 삶은 순탄하지 않았다. 대부분의 사람들이 깨끗하지 못한 식수를 마셨고 거의 다 허물어진 집에서 살았으며 범죄율 또한 굉장히 높았다.

이후 승리에 익숙한, 명성 높은 로마 군사들도 절대적으로 완벽하지는 못했다. 그렇기에 앞으로 닥칠 혹독한 패배를 피해갈 수 없었으리라. 기원전 387년, 로마는 중부 이탈리아 지역의 패권을 장악하려다가 군사적 실패, 극적인 패배를 맛보게 된다. 7월 18일, 이주해온 갈리아 군사들과 크게 맞붙게 된 것이다. 티베르의 지류인 알리아Allia 강변에서 벌어진 이 전투에서 최소 4만 명의 군사들로 구성된 로마군은 켈트인들에게 압도적으로 패하게 된다.

하지만 이것이 다가 아니었다. 갈리아의 장군, 브레누스Brennus 는 군대를 이끌고 순식간에 로마 코앞까지 진격했다. 그들은 침략했고 약탈했으며 집들을 불태웠다. 눈곱만큼의 자비도 없었다. 플루타르크는 갈리아인들이 "도시를 산산이 파괴했으며 붙잡힌 이들은 남녀노소 불문하고 모두 죽여 버렸다"고 기록했다.

그렇지만 전승되는 바로는 로마인들이 카피톨리노 언덕의 성만큼은 빼앗기지 않았다고 한다. 로마인들은 최고의 신인 유피테르의 아내, 유노의 신전에 있던 신성한 거위들의 도움이 없었다면 한밤중에 몰래 쳐들어온 갈리아인들을 막아낼 수 없었을 것이다. 적들이 침범하자 거위들은 엄청나게 시끄럽게 울어대면서 보초병들을 깨웠다.

이른바 반대급부로써 1000파운드를 얻어낼 때까지 갈리아인들은 약 7개월간 카피톨리노 언덕을 둘러쌌다. 리비우스에 따르면, 금의 무게를 잴 때 그들은 이득을 보고자 가짜 저울까지 사용했다고 한다. 로마인들이 속임수를 쓰는 것에 항의하자 브레누스가 검을 뽑아 저울에 던졌다. 그러고는 음흉하게, 그리고 의기양양하게 외쳤다.

가엾도다. 패배자여 Vae victis!

다행히 위협은 그렇게 오래가지 않았다. 켈트족들은 물품들을 약탈해가려고 했을 뿐, 로마를 장기간 점령하거나 그곳에 정착하려는 목적은 갖고 있지 않았다. 가치가 있는 것들을 긁어모으는 것, 그들에게 중요한 것은 그것뿐이었다. 물론 이후 연대기 편자들은 그러한 군사적 패배 속에서도 어떻게든 승리를 만들어내려고 노력했다. 그렇게 애국심으로 역사를 와전하는 데 대표 주자였던 리비우스는 갈리아인들이 퇴군할 때, 독재관 카밀루스가 그들을 살벌하게 응징했고 심지어 빼앗겼다고 믿었던 금들조차도 모두 되찾아왔다고 이야기했다.

패전 소식을 전하는 그 누구도 살아남지 못했다.

실제로 이러한 군사적 실패는 로마의 승승장구를 그저 잠시 멈추게 할 뿐이었다. 로마인들은 도시를 다시 일으켜 세웠다. 아마도 이때 처음으로 로마인들이 돌로 성벽을 쌓기 시작했던 것 같다. 지극히 훌륭한 세르비아누스 성벽의 일부는 오늘날까지도 남아 있다. 이 티베르 국가, 로마는 내부적으로는 귀족과 평민들 간 신분 싸움이 굉장히 오랫동안 이어졌지만, 그럼에도 불구하고 이후 100년 동안 이탈리아의 우위를 차지했다. 켈트족들에 관해 무엇보다 잘 알려져 있는 사실은 단 한 번도 독립된 국가를 건설하지 않았다는 것이다. 그들은 점점 동화되어갔고 역사 속에서 사라졌다.

그렇지만 역사가들 사이에서는 흔히 '갈리아 대참사'라 불리는 패전은 로마인들에게 씻어버리기 힘든 트라우마로 남았고 수백 년 이후에까지 계속해서 영향을 미쳤다. 이러한 두려움은 로마 역사 속에 '죽음의 날Dies Ater'로 기억되었다. 이후 로마인들은 흉조가 나타나거나 잊지 못할 불행들이 덮친 날들을 모두 그렇게 불렀다.

갈리아인들에 대한 두려움metus Gallicus은 최소 기원전 1세기까지 생생하게 남아 있었다. 역사학자 요헨 블라이켄은 심지어 이렇게까지 표현했다.

이 끔찍한 불행을 (로마인들은) 결코 지워버릴 수 없었다. 이 일은 그들에게 쇼크처럼 다가왔다. 수백 년의 시간이 흘러 로마가 세계적인 제국이 되었을 때에도, 저 멀리 지평선 너머로 갈리아인들의 무리가 보이면 모든 로마인들의 간담이 서늘해졌다.

『로마사』로 1902년 노벨 문학상을 수상한 테오도어 몸젠의 평은 그보다 더했다. 그가 평가하길, 침략자들에 대한 두려움은 자신들에게 굴복당한 민족들로 로마를 점점 더 둘러싸는 절박함을 로마인들에게 심어주었다. 갈리아의 침략이 그토록 오랫동안 영향을 미쳤다고 이야기한다면, 387년 7월 18일의 사건을 훗날 로마의 엄청난 확장에 대한 가장 중요한 원인들 중 하나로까지 손꼽을 수 있을 것이다.

글 요아힘 모어

위胃에 대한 반란

레스푸블리카에서 전권을 가진 자는 누구였나? 귀족과 평민들 간의 세력 싸움은
로마 역사가들에게 굉장한 소잿거리였다.

 적막한 길이었음이 틀림없다. 메네니우스 아그리파
Menenius Agrippa 는 위험을 무릅쓰고 홀로 로마의 안전한
성벽을 벗어나 도시 바깥에 위치한 요새 안으로 들어갔다. 일을
중단한 수천 명의 군인들이 사자使者로 온 그를 에워 둘러쌌고 그
의 입에서 무슨 말이 나올지를 기다렸다. 아그리파는 어떠한 무
기도 가져가지 않았다. 그저 빠르고 유창하게 돌아가는 입, 그리
고 이야기 하나만을 가져갔을 뿐이다. 어쨌든 좋은 이야기를 말
이다.

아그리파의 이야기는 이렇게 시작된다. 한때 인간의 모든 신체
기관들은 '고유의 의사'를 갖고 있었다. 어느 한날, 반란이 일어
날 때까지 양팔과 양다리, 모든 내장 기관들이 자신들의 역할을
해내고 있었다. 위는 '그에게 공급된 음식물들'을 배부르게 먹는

일 외에는 아무 일도 하지 않았다. 다른 지체들이 불만을 품기 시작했고 그들이 해야 할 일을 하지 않기로 마음먹었다. 손들은 어떠한 음식도 입으로 가져가지 않았고 치아는 더 이상 씹지 않았다. 곧 몸 전체가 잘못됐다.

이쯤에서 아그리파는 죄책감으로 사로잡힌 군사들의 얼굴을 바라보았다. 왜냐하면 위는 '먹여진 만큼' 먹어준다. 그의 우화는 이렇게 끝이 났다. 그가 이야기를 통해 전하고자 하는 메시지는 분명했다. 군사들은 무기를 다시금 어깨에 짊어지고 집으로, 로마로 돌아왔다.

로마 공화정 초기 때 맞닥뜨린 최대의 위기들 중 하나가 이렇게 끝이 났다. 기원전 494년, 로마 근교의 성산인 몬스 사케르Mons Sacer에 보루를 구축한 것은 그 어떤 적군도 아니었다. 저항하며 도시를 떠난 이들은 로마 시민, 이른바 평민들이었다. 고대 로마 귀족인 파트리키가 로마의 마지막 왕을 몰아낸 이후, 선거권을 그들만 가졌기 때문에 국가의 모든 권력 또한 그들 손에 놓여졌다. 반면 평민인 플레브스plebs들은 피를 흘려야만 했다. 그들은 투석기를 들고 말도 없이 맨발로 전쟁터로 나가 싸웠다. 하지만 그들에게는 어떠한 정치적 권력도 주어지지 않았다.

고대 역사가들의 이야기를 믿는다면, 로마 군대는 정말 계속해서 전쟁을 치르고 있었다. 평민들이 항의하며 도시 밖으로 나간 사건, 첫 번째 평민의 철수secessio plebis가 일어나기 바로 직전까지 로마 군대는 인접한 볼스키, 아에퀴Aequi 및 사비니족들을 동시에 상대하고 있었다. 군대는 승리를 거두고 로마로 돌아왔다.

하지만 이제는 말단 계급인 평민들이 들고 일어섰다. 평민들이 빚을 갚기 위해 노예처럼 힘들고 창피스럽게 일을 하는데도 귀족들은 전혀 인정하지 않았기에 군사들은 무리에서 이탈해나갔다. 말을 타고 싸우던 귀족들은 보병들 일부를 잃었다. 평민들이 반기를 든 데에는 이유가 있었다. 대부분의 로마인들에게는 귀족들을 저지할 만한 정치적 수단이 없었다. 아그리파의 이야기에서 '위'로 비유되었던 귀족들은 사제와 관료의 위지에 섰다. 반면 평민들은 '손'이 되었고 전쟁이 일어나면 '투석기를 던지기'도 했다. 농사일에서 손을 놓아야만 했고, 일을 못함에 따라 다수가 빚더미에 올라앉아 자유의 신분에서 노예로 전락했다.

시적으로 전달하고자 한 것은 그저 신체의 조화에 관한 이야기가 아니었다. 이를 통해 평민들은 어느 정도 인정을 받았다. 매년 두 차례 열렸던 민회concilium plebis에서 선출된 '호민관'들은 훗날 비非귀족들을 귀족들의 횡포에서 지켜야만 했다. 호민관들이 해야 할 일은 귀족들 앞에 방어하며 서 있기만 하면 되는 것이었다. 위협적인 폭력은 신성불가침이었다. 신성한 맹세에서 평민들은 호민관에게 해를 입히는 자는 신들의 뜻을 어긴 것으로 간주해 처벌 없이 죽임을 당해도 좋다고 맹세했다.

로마의 계층 간 싸움은 역사가 리비우스가 기록한 것이다. 인상 깊지만 분명 사실만을 순순히 담고 있지는 않다. 오늘날 전문 가들은 귀족과 평민 간의 세력 싸움이 왕정 시대의 끝자락에서부터 기원전 3세기까지 계속 그러한 형태였다는 사실에도 의문을 갖는다. 리비우스나 그와 거의 동시대에 살았던 작가 디오니시오스가 이야기한 것처럼 그렇게 드라마틱한 사건들은 그 이전의 역사가, 예를 들어 파비우스 픽토르 등은 전혀 언급하지 않았다. 어떠한 경우에서건 예전 문헌들에서 우리가 얻는 것은 해답보다는 궁금증이 더 많다.

예를 들어보자. 파트리키는 누구였는가? 간단하면서도 흔히 돌아오는 답변은 로물루스가 로마인들을 개인적으로 상류층과 하류층으로 나누었다는 것이다. 로물루스가 백 명의 우수한 사내들을 원로원으로 불러들였고, 그 남성들 및 후손들이 이후 파트리키로 발전해나갔다는 것이다. 고대 역사학자 미하엘 좀머 Michael Sommer는 로마 공화정에 관한 책에서 "그렇게 간단하게는 많은 것을 설명해내지 못한다"라고 말했다.

실제로 로마의 주도권을 쥐고 있던 가문들은 오랜 과정 끝에 비로소 자리를 꿰찰 수 있었고, 달갑잖은 경쟁 상대들을 완전히 쫓아버리고자 사제나 관직으로 나아가는 경로를 모두 차단해버렸던 것으로 보인다. 그렇지 않고서는 훗날 로마에서 이름을 아피우스 클라우디우스로 개명한 사비니인, 아티우스 클라우수스의 이주 등을 설명할 길이 없다. 분명 그는 기원전 약 500년경에 최소 5000명의 무장한 남성들을 데리고 티베르 강변에 도착했다. 이후 클라우디아 가문의 사람들은 로마의 명성 높은 귀족 가문으로 자리 잡았다.

평민들에 관해서도 믿을 만한 이야기들이 그렇게 많지 않다. 평민 계층은 부유한 농민들에서부터 굉장히 가난한 날품팔이까지 다양했으며 로마인의 주된 층을 형성하고 있었다. 분명 모두는 아니지만 몇몇의 평민들이 귀족들에게 이른바 복종의 관계, 즉 그들의 '클리엔테스'가 되었던 것으로 보인다. 이에 따라 동일한 계층 내에서도 서로 생각하는 정치적 목적들은 다를 수밖에 없었다. 돈 있는 평민들은 권력을 잡고자 했지만, 가난한 자들은 채무 관계를 바꾸는 데 오히려 더한 관심이 있었다.

기원전 494년, 첫 번째로 일어난 평민의 철수는 적어도 가난한 평민들에게는 쉽지 않았다. 정말로 일어난 사건이라면 말이다. 부채 관계는 계속해서 존속했다. 기아 및 경제 위기가 지중해 서부를 엄습해왔을 때에도 계속됐다.

몇 년 뒤, 다시금 기나긴 행렬의 사람들이 로마를 떠났는가? 기원전 449년에 일어난 두 번째 평민의 철수에 대해 리비우스는 이렇게 기록했다.

시민들은 군대를 뒤따랐다. 걸을 수 있는 자면 누구나가 다 함께 했다. 아무도 남지 않았다.

이때에는 강압적인 행위가 평민들을 시에서 몰아냈던 것으로 보인다. 리비우스에 따르면 모든 것이 새롭게 시작되었다. 기원전 451년, 아피우스 클라우디우스 크라수스Appius Claudius Crassus의 지휘 아래 열 명의 귀족들이 법률을 확고하게 다지고자 했다. 그때까지만 하더라도 로마의 법들은 귀족 출신의 사제들을 통해 구두로 전달되어졌다. 평민들은 이에 따라 인솔되었다.

이제는 모든 법들이 글로 기록되었고, 모두가 눈으로 확인하고 이해할 수 있게 되었다. 1년간의 작업 끝에 10인관인 '데켐비리decemviri'가 10개 조항의 법을 제정했다. 두 개의 조항이 필요했기에 그다음 해에 한 그룹이 더 만들어졌고, 이번에는 다수가 평민들로 구성되었다. 이때도 앞서 언급된 클라우디우스의 주재하에 이루어졌다. 하지만 흔히들 이야기하길 그는 법 제정에는 크게 관심이 없고 평민 아가씨인 베르지니아Verginia의 뒤꽁무니만 쫓아다녔다고 한다.

두 번째 데켐비리는 공포정치 속에 변질되어버렸다. 평민들과 귀족들 모두 나태하게 기다렸다. 서로에 대한 적개심으로 평민들과 귀족들은 뜻을 합하지 못했고, 때문에 모두들 무용하게 기다릴 뿐이었다. 베르지니아가 결국 클라우디우스에게 겁탈당할 위기에 맞닥뜨리자, 그녀의 아버지는 그러한 치욕에서 딸을 구해내고자 죽여버렸다고 한다. 이 사건으로 평민들은 다시금 반기를 들기로 새로이 뜻을 모은다. 어쨌든 그들은 조만간 다시 귀족들과 서로 의견을 조율했을 수도 있었을 것이다. 하지만 클라우디우스는 자신의 목숨을 끊어버렸고 체제는 다시금 원래의 모습으로 되돌아갔다.

이 이야기 또한 분명한 메시지를 담고 있다. 바로 조화로움은 강하다는 것이다. 어쨌든 첫 번째 평민의 철수처럼 두 번째 평민의 철수 또한 그 사실 여부는 의문이다. 그에 반해 법률의 성문화成文化는 역사적으로 틀림없다. 이때 친족법과 상속법이 제정되었고 절도, 화재 및 속임수에 관한 체벌도 규정되었다. 하지만 그 무엇보다 가난한 평민들을 괴롭혔던 채무 노예 제도는 계속 행해졌다.

평민들은 말 그대로 싸움을 통해 정치 참여권을 획득했다. 그러나 그들이 얻어낸 것은 대부분 로마군의 장군직이었다. 그러한 직책은 끊임없이 전쟁을 치러대는 로마에서는 좀 더 높은 임무를 수행할 수 있는 권한을 얻는다. 하지만 최고 계급인 집정관은 어떠했는가? 귀족들은 가차 없이, 모든 술수를 다 부려가면서 자신들의 특권을 지켜냈다.

기원전 367년, 호민관 가이우스 리키니우스 스톨로Gaius Licinius Stolo 와 루키우스 섹스티우스 라테라누스Lucius Sextius Lateranus 가 오랫동안 논쟁이 된 계획을 통과시키면서 전환점이 만들어졌다. 이는 분명하다. 그 결과 그들은 귀족들의 반대 의사를 모두 꺾어버릴 때까지 총 아홉 차례에 걸쳐 선거를 치러야 했다. 전해지는 바로는 그렇다. 하지만 '리키니우스 섹스티우스법Lex Licinia Sextia' 덕분에 두 명의 집정관 중 한 명은 평민에서 선출될 수 있었다.

그다음 10년간, 점점 더 많은 평민들이 최고위 관직에 오를 수 있게 되었다. 하지만 아이러니하게도 그들은 예전에 귀족들이 행했던 일들을 그대로 본받은 것 같다. 귀족들 가운데 선조들이 집정관 혹은 법무관이 아니었던 이들은 최고위 관직에 올라오지 못하도록 막아섰다. 법은 대략 기원전 387년부터 이러한 '호모 노부스homo novus'를 선거에서 방해했다. 위로 치고 올라갔던 평민들은 예전에는 그들의 적이었던 귀족들과 손을 잡고 새로운 관직 귀족을 만들어냈다. 이것이 바로 노빌레스nobiles 다.

물론 이러한 평등화 작업으로도 로마 내부의 사회적 긴장감은 전혀 사라지지 않았다. 어떠한 책략적 수단들이 먼 훗날까지도 계속해서 남아 있었는지는 최상위 귀족 가문 출신의 로마인들을 보면 뚜렷하게 알 수 있다. 요컨대 카이사르는 그의 선조들 대부분이 충격을 받았을 법한 일을 행한다. 이른바 포풀라레populare 의 노빌레스 일족이었던 그는 가난한 평민들의 물건들을 모두 제 것으로 만들었다. 그에게 이는 그야말로 권력의 문제였다.

글 마르크 폰 뤼프케

팔려간 아들

기원전 450년. 로마인들은 제일 필요한 법적 조항들을 12개의 판에 새겼다. 더 많은 법률적 보완을 위한 초반 돌파구였다.

 집은 예쁘고 견고하며 비가 전혀 새지 않을 만큼 좋아 보였다. 유감스럽게도 옆집 사람이 화가 났을 뿐이다. 인접해 있던 자신의 집의 대들보가 허락도 없이 함께 사용되었기 때문이다. 그는 대들보를 치워버려도 될까? 그렇게 하면 침해를 범한 이웃집 바로 옆으로 천장이 무너지는데도?

이러한 해괴망측하고도 우스운 싸움은 로마 공화국의 가장 오래된 법령집인 12표법에 포함되어 있을 만큼, 고대에는 매우 자주 일어났던 것으로 보인다. 특히 그곳에는 이렇게 적혀 있었다.

Tignum iunctum aedibus vineave et concapit ne solvito.
건물이나 포도밭에 고정되어 이를 받치고 있는 (남의) 대들보는
치울 수 없다.

어쨌든 손해배상은 있었다. 대들보 주인은 땅을 넘어온 이웃 주민에게 목재 값의 두 배를 요구할 수 있었다. 하지만 이는 법학자 도미티우스 울피아누스Domitius Ulpianus에 의해서 비로소 추가된 사항이다. 카라칼라Caracalla 황제 시대에 활동하던 그는 서기 3세기 초반, 점점 복잡해진 관련 조항들을 '요약문'을 이용하여 체계화시켰다.

훨씬 이후에나 이루어진 추가 설명들이지만 법률을 연구하는 역사가들에게는 행운이었다. 왜냐하면 저명한 법학자이자 정치가였던 키케로 또한 달달 외웠을 초기 로마의 법 조항들이 완벽하게 새겨진 고대 기념물들은 어디에도 전해지지 않고 있기 때문이다. 전문가들은 인용된 단편 내용들을 바탕으로 판들을 복원해보려고 했다. 하지만 여전히 많은 내용들이 알려지지 않은 채로 남아있다. 추정하건대 동판이나 목판에 새겨진 첫 세 조항은 민사소송법, 즉 집행과 관련된 내용들을 담고 있었다. 다음의 두 조항은 가족 및 상속과 관련된 경우들을, 다른 두 조항은 계약 및 이웃과의 이해관계에 관한 법규를, 또 다른 두 조항은 형법을, 그리고 열 번째 판은 경찰법을 다루고 있었다. 나머지 두 개의 판들에는 추가 설명들이 새겨졌다.

다음에 제시될 몇몇의 예시들처럼 남겨져 있는 것들은 문체에서만 고풍스럽고 간결한 것이 아니다. 요즘에 보면 흔히 낯설만한 내용 또한 담고 있다.

아버지가 자신의 아들을 세 번 팔아넘겼을 경우, 아들은 아버지의 폭력에서 자유로워진다.

한 가정의 가장이 행사한 독재적 폭력을 적나라하게 보여주면서도 세 번째 매매에서는 합법적으로 자유를 획득함을 알 수 있다. 심각한 신체적 상해를 입었을 때에도 이와 유사하게 잔인하다.

누군가 (다른 사람의) 신체에 해를 입힌 경우, (상해에 대한) 합의가 없는 한 (가해자도) 똑같은 일을 당해야만 한다.

이처럼 터무니없이 극단적인 상황에서는 고대의 '눈에는 눈' 법칙이 변함없이 적용됐다. 하지만 이렇게 함으로써 예전에는 보통 어떤 제한도 없이 계속해서 행해졌던 복수가 끝이 나게 된다.

글 요하네스 잘츠베델

12표법의 몇 가지 조항들

CVM NEXVM FACIET MANCIPIVMQVE, VTI LINGVA NVNCVPASSIT, ITA IVS ESTO.
대출 담보 및 상업 거래가 이루어질 경우, 그가 구두로 요구한 사항들은 법적 효력을 갖는다.

ADVERSVS HOSTEM AETERNA AVCTORITAS (ESTO).

타국 사람들에게는 영구적인 재산권이 적용되지 않는다. (즉 타국민은 로마 시민처럼 어떤 것을 2년 이상 소유하고 있었다 하더라도 그에 대한 재산권을 바로 획득하지는 못한다.)

VIAM MVNIVNTO: NI SAM DELAPIDASSINT, QVA VOLET IVMENTO AGITO.

길은 단단하게 고정돼야 한다. 길을 돌들로 견고하게 짓지 않을 경우, (권리인은) 가축들을 원하는 데로 몰아도 된다.

PATRONVS SI CLIENTI FRAVDEM FECERIT, SACER ESTO.

파트론이 피보호자를 속일 경우, 그는 저주받을 것이다.

HOMINEM MORTVVM IN VRBE NE SEPELITO NEVE VRITO.

도시 안에서는 매장 및 화장을 금한다.

"뭉텅이 이데올로기"

힘든 초창기를 보내고 로마는 강대국으로 자리매김한다. 그곳에서는 값비싼 선거 운동들이 정치 활동의 한 부분을 이루었고, 이는 폭력이 난무할 때까지 계속됐다.

슈피겔 브뢰젤 교수님, 공화국이라는 용어만큼 이렇게 길고도 찬란한 정치사를 담고 있는 단어도 많지 않습니다. 로마인들은 사실상 언제부터 '공공의 것', 레스푸블리카를 언급하기 시작했습니까?

브뢰젤 이 말은 아주 오래전부터 있어왔던 것으로 보입니다. 민회에서 상의됐던 모든 것이 이에 해당됐지요. 저는 기원전 480년이나 470년이 더 근거가 있다고 보지만, 어쨌든 통상적으로 기원전 509년에 모든 왕들이 추방당했습니다. 이때 사람들은 새로운 사회를 강령적 표현인 레스푸블리카를 사용하여 명명했습니다. 이렇게 함으로써 예전의 독재정치, 즉 그들이 극복해낸 암담했던 전제정치와 명확한 선을 그어버린 것이었지요.

슈피겔 주요 인물로는 폭도 브루투스와 타르퀴니우스가 대표적이죠. 그들에 관한 생생한 이야기들이 많이 전해지고 있습니다. 어떻게 그런 일들이 실제로 일어날 수 있었습니까?

브뢰젤 곤란한 질문이군요! 이에 대해서는 200년이 넘도록 계속해서 논쟁 중이에요. 옛날이야기들은 굉장히 매력적이지만 기껏해봐야 실재에 대한 표상만을 담고 있거든요. 정치적 급변이 어떻게 이루어졌는가는 사례들을 통해서나 그저 알 뿐입니다. 관련 문헌들이 너무 없어요. 유감스럽게도 브루투스는 허구 인물처럼 수상쩍어요. 두 명의 집정관이 바로 세워졌다는 점도 굉장히 의문스럽죠. 저를 포함한 다수의 독일어권 학자들은 처음에는 한 명의 '프라이토르 막시무스'가 나라의 우두머리로 있었고 기원전 367년이나 366년에 들어서서야 비로소 두 명의 집정관이 생겨났다고 보고 있습니다.

슈피겔 하지만 이 말은 브루투스부터 시작하여 모든 초기 집정관들 명단이 인위적으로 만들어졌다는 말인데요.

브뢰젤 맞아요. 하지만 이건 많은 앵글로 색슨 및 그리스 역사가들에게는 터무니없는 말이지요. 그들은 이미 공화국 초기부터 두 명의 집정관이 세워졌을 가능성이 더 높다고 보고 있습니다. 매년 새롭게 선출되었죠. 촉각을 세우며 서로서로 견제했던 귀족 가문들에게는 고위 관직이 재빨리 바뀌는 것이 장기적으로 봤을 때 가장 합법적인 해결 방법이었을 겁니다. 이렇게 해야 모두가 한 번은 고위직에 오를 수 있었죠. 하지만 분명 원로원 및 정무관 체제는 한번에 이루어지지 않았습니다. 그때그때마다, 아주 점진적으로 커나간 거예요.

슈피겔 민회, 코미티아는 언제 생겨난 것입니까?

브뢰젤 다수의 자료들이 공화국이 생겨나기 전부터, 이미 기원전 6세기 때 존재했음을 시사하고 있어요. 하지만 개개인은 중요하지 않았습니다. 공개 투표도, 비밀 투표도 아니었어요. 외부 구조는 스위스 민회와 비슷하다고 생각하면 될 겁니다. 파트론이 통제하지 않는 한, 누가 무엇에 표를 던지는가는 기록되었습니다. 국민이 원하는 것이 무엇인가가 아니라 지배 계급에 대한 합법화가 주된 사안이었으니까요. 방어력과 재산의 정도가 목소리 크기에 힘을 실어주었지요. 켄투리아회Comitia centuriata가 기원전 4세기 때 처음으로 공인되었음은 확실하게 입증되었습니다.

슈피겔 하지만 기원전 5세기 중반경에는 12표법이 이미 있지 않았습니까? 그렇게 하려면 분명 국가 규율이 확고하게 자리 잡혀 있었어야 했을 텐데요.

브뢰젤 적어도 국가 차원에서 합법적인 독점은 있었죠. 맞습니다. 이때 규정된 내용들이 아주 재미있어요. 로마인들은 개개인의 권리, 특히 재산이나 상속에 관해서는 굉장히 꼼꼼하고 세밀했습니다. 반면 법률 등에 관해서는 그렇게 엄격하지 않았죠. 원로원만이 새로운 상황에 실리적으로 반응했습니다.

슈피겔 로마인들이 정말로 엄청나게 큰 영토를 다스린 것은 그리 오래되지 않았습니다. 기원전 3세기까지만 하더라도 그들은 이탈리아조차도 완전히 정복하지 못했으니까요. 바로 옆에는 완전히 다른 언어를 사용하는 에트루리아인들이 살고 있었습니다. 그들은 서로 어떻게 소통할 수 있었습니까?

브뢰젤 이탈리아 전역에서 사용된 언어들은 서로 비슷했어요. 급할 경우, 무역상이나 외교관들은 그리스어를 썼습니다. 실제로 이탈리아는 로마, 로마 및 라틴족 식민지, 동맹 국가, 그리스 도시들 등으로 이루어진 굉장히 복잡한 조직체를 정치적으로 아주 오랫동안 형성하고 있었습니다. 일치를 이루는 데까지 아주 오랜 시간이 걸렸습니다. 하지만 로마가 이탈리아의 국방력을 통솔하면서 로마의 힘과 팽창력은 어마어마해졌지요.

슈피겔 교수님의 설명에 따르면, 이로써 로마가 '고대 강호'로 거듭나게 되는데요. 어느 정도였습니까?

브뢰젤 아무리 늦어도 로마가 카르타고를 점령했을 때는 스페인에서부터 근동 지방까지, 지중해 전 지역에서 신흥 세력의 진군을 아주 정확하게 찾아볼 수 있었습니다. 기원전 3세기 초반에 역사학자들이 로마의 초창기를 세세하게 그려내고자 할 때, 그들은 이탈리아 남부의 그리스어를 사용하는 인접 민족들에게 이 야망 가득한 제국이 누구였는지를 설명하고자 이 지역들을 따라 정확하게 관찰하며 기록했습니다. 그렇지만 많은 나라들이 굉장히 혹독한 방식으로 이를 배워나갔지요. 카르타고의 마지막 몰살, 제 표현으로 하자면 최고층에 대한 사형 집행은 명백한 신호탄이었습니다. 우리에게 머리 숙이지 않는 자는 처단하리라.

슈피겔 진군에 대한 기본 틀이 있었습니까? 얼마나 의도적으로, 계획적으로 영토를 확장했습니까?

브뢰젤 그간 우리가 알게 되었다시피 식민지들마다 그 경우는 다 달랐습니다. 번번이 라틴족이 함께했고 토착민들이 결합하는 경우도 적지 않았죠. 오스티아를 시작으로 적지 않은 식민지들이 해안 지대를 사수했습니다. 이후에는 그러한 거점들이 적군들에

로마제국의 형성과 번영

로마

500 km
DER SPIEGEL

지중해

기원전 500년(로마 공화국 초기 단계)

로마

지중해

기원전 264년(제1차 포에니 전쟁 시작)

게는 골칫거리가 되기도 했습니다. 삼니움 전쟁 당시 캄파니아의 전초 기지였던 칼레스Cales 처럼 말이죠. 하지만 무엇보다도 로마는 농민의 유복 자식에서부터 위로 치고 올라서고 싶은 도시민까지, 땅이 없는 자라면 누구에게나 새로운 삶의 터전을 만들어주기 위해 식민지를 끊임없이 만들어갔습니다. 원로원에는 통치와

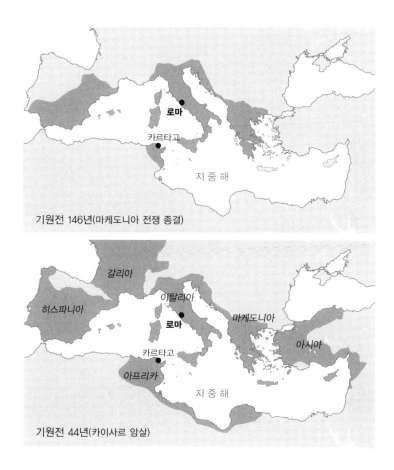

기원전 146년(마케도니아 전쟁 종결)

기원전 44년(카이사르 암살)

관련된 실용적인 정보들이 굉장히 많이 모아졌었기에 개개인이
어떤 전략적인 계획을 세우고 있는가를 알아내는 것은 그리 중요
하지 않았습니다.

슈피겔　원로원의 서로 다른 계층들 간 결합은 로마에게는 행운과

도 같았겠네요. 그렇다면 세습 귀족들과 평민들 간의 혹독한 계층 싸움에서 생겨난 '노빌레스' 안에서는 어떠한 갈등도 없었습니까?

브뢰젤 좀 더 잘 사는 비非귀족들이 정치적으로 참여하는 데에, 정확하게 말해서 집정관의 자리를 꾀하는 데에 그들의 경제적 상승세를 이용하면서 화해가 이루어졌지요. 하지만 상황이 그 후로 완전히 화기애애해졌다고는 볼 수 없습니다. 예전의 12표법에는, 그러니까 초반에는 귀족들과 평민들 간의 혼인이 금지되어 있었다고 합니다. 이 구절은 몇 년 후에 다시금 없애져버렸다고 하는데, 정말일까요? 저는 여기에 굉장한 의문을 갖고 있습니다. 전체가 다 얽히고설킨 문제들로 논쟁거리가 될 것들입니다.

슈피겔 공화국의 정치 계급에 경제적 거물들이 거의 개입하지 않았다는 것은 요즘 봤을 때는 놀라운 일이 아닐 수 없습니다. 이유는 무엇이었습니까?

브뢰젤 모든 원로원 가문들이 땅 하나쯤은 갖고 있었습니다. 여러 개를 가진 자들도 드물지 않았지요. 땅에 대한 귀족들의 생각이 어떠했는지, 뭉텅이 이데올로기가 얼마나 효과적이었는지는 루키우스 퀸크티우스 킨키나투스Lucius Quinctius Cincinnatus의 미화를 통해 잘 알 수 있습니다. 그는 한때 위급한 전쟁 상황에서 쟁기질을 멈추고 독재관이 되었던 인물이죠. 하지만 부당 이득을 방지하고자 이익을 목적으로 한 상업 행위는 기원전 218년에 제정된 법을 통해 공식적으로 원로들에게 금지되었습니다.

슈피겔 그러니 다른 이들이 그 공백을 채워라?

브뢰젤 정확해요. 농담 삼아 비즈니스 클래스라 이름 붙여도 될, 이른바 기사들이죠. 흔히 굉장한 부호였던 도매 상인들이나 제조업자들은 정계에는 직접 뛰어들고 싶지는 않아 했습니다. 오늘날 경제가 세계적으로 갖는 힘과 비교하면 당시 그들의 영향력은 그렇게 크지 않았습니다.

슈피겔 기원전 264년에 로마는 이탈리아를 어느 정도는 손에 넣게 됩니다. 기원전 201년에는 지중해 서부 지역을, 그리고 아무리 늦어도 기원전 146년에는 그리스와 일부 소아시아 지역을 점령하게 되죠. 이로써 로마 공화국은 그 정점을 찍은 것입니까?

브뢰젤 많은 이들이 그렇게 보고 있지요. 그렇게 생각하는 것도 일리가 있어요. 그 당시 승승장구하던 군주들은 노빌레스와 통합했습니다. 하지만 주의해야 할 것이 있죠. 대★카토, 마르쿠스 포르키우스 카토Marcus Porcius Cato 는 이미 기원전 2세기 초에 조직이 자기 과시 등으로 점차 분열되는 것을 눈치 채고 있었습니다. 다름 아닌 바로 카르타고에 승리한 대大스키피오가 지나친 자부심 때문에 로마 안에서 계속해서 인심을 잃어가고 있었습니다. 개인적으로 저는 로마 공화국의 가장 인상 깊었던 순간들을 그 이전에, 엄청난 고난과 역경 속에서도 그들의 젖 먹던 힘까지 다 동원하여 한니발을 결국 무찔렀던 때로 꼽고 있습니다. 아주 멀리 떨어진 지역을 통치하는 것이 얼마나 힘든가는 그다음 스페인의 넓은 지역들을 정복하면서 드러났죠.

슈피겔 뭐가 잘못된 것입니까?

브뢰젤 초기 수백 년 동안 정치적으로 출세하는 데에는 전쟁이 꼭 필요했습니다. 그런데 하필이면 로마가 세계적인 강대국이 되었을 때 노빌레스는 그들의 군사력을 점차 상실하고 있었지요. 예를 들어 스페인에서는 통솔과 관련해 계속적으로 결함을 드러냈고 당혹스러운, 때론 처참하리만큼 엄청난 패배들도 경험합니다. 심지어 전쟁에 대한 흥미도 공공연하게 사라져갔습니다. 이는 기원전 1세기 때 현저하게 드러났어요. 이때 헬레니즘의 사고 및 생활 방식들이 점점 더 많은 영향을 미치는 것을 찾아볼 수 있습니다.

슈피겔 로마의 지도층들은 멀리 떨어져 있고 생활 또한 그렇게 탐탁지 않은 군사 진영에서 주둔하기보다는 수도 안의 호화로운 생활을 더 탐닉했습니까?

브뢰젤 그건 당연하고, 그 이상의 더 많은 것들이 있었습니다. 포에니 전쟁 후, 로마 귀족들 간 경쟁은 훨씬 더 심해졌습니다. 이탈리아 전역에서 야망으로 가득한 젊은이들이 몰려들었어요. 눈에 띄려면 어떻게 해야겠습니까? 법을 시행하는 데에는 이제 인지도만으로는 부족했습니다. 전쟁을 치르는 데에는 시간과 힘이 굉장히 많이 필요했습니다. 죽지 않는다면 말입니다. 선거 및 서열 싸움에 점점 더 많은 돈이 들어갔습니다. 소송을 제기하거나 연설가로서 포룸 로마눔에 서게 되면 야심찬 노빌레스들은 훨씬 더 많은 이목을 끌 수 있었습니다. 대량 생산도 이 때문에 생겨났습니다. 이를 통해 이득을 봐야만 어쨌든 돈을 댈 수 있었던 정치적 경로들도 존재했었으니까요. 화려한 연회를 열어 점수를 얻으려 했던 자들도 있었습니다. 노골적으로 돈을 쓰는 것이 만연해 갔어요.

슈피겔 저명인사들, 특권층, 이와 유사한 부류들도 있었겠군요?

브뢰젤 두말하면 잔소리죠.

슈피겔 때때로 인정을 받고자 하는 욕망이 중요한 일들을 뒷전에 두게끔 만들었습니까? 로마 공화국에 관한 교수님의 책을 보면 로마인들을 종종 "게으르다"고 표현하셨더라고요.

브뢰젤 어떤 문제들은 실세로는 이보다 훨씬 더 빠르게 처리할 수 있었습니다. 이탈리아 본토에서만 하더라도 스파르타쿠스Spartacus의 노예 반란이 이탈리아 전역을 위협할 때까지 원로원은 상황의 심각성을 알지 못했습니다. 귀족들은 생각했죠. '그들은 그저 노예에 불과해. 저런 인간들은 전혀 만족할 줄을 몰라.' 마르쿠스 리키니우스 크라수스Marcus Licinius Crassus가 반란꾼들을 제압했을 때 개선 행렬은 로마에서 열리지 않았습니다. 답례로 오바티오ovatio[15]로 구슬려졌을 뿐이죠. 그가 얼마나 화났을지 짐작이 가지 않습니까?

슈피겔 게으름에는 완강한 속물근성도 분명 함께합니다.

브뢰젤 그럼요. 그것에 관한 재밌는 이야기들도 있습니다. 하나를 들어보죠. 스키피오 가문의 한 사람이 다른 정치인들처럼 포럼에서 어떤 농민과 악수를 나누었습니다. 그 농민의 손에는 굳

[15] 약식 형태의 고대 로마의 소규모 개선식.

은살이 굉장히 많이 박혀 있었죠. 귀족인 그는, 자기 반대편에 서 있는 자는 두 손으로 걷는 게 아니냐며 거만하게 묻습니다. 결론은 뻔했습니다. 시건방졌던 그는 다음 선거에서 떨어집니다.

슈피겔 오만한 신분 의식이 기원전 133년과 121년 사이 그라쿠스Gracchus 형제가 시도한 정치 개혁을 실패로 돌아가게 만든 것입니까? 외부로부터의 새로운 요구에 대한 고대 엘리트들의 시위?

브뢰젤 그 사건은 훨씬 더 복잡합니다. 귀족 명문가 출신의 그라쿠스 형제는 원래는 매우 완화된 농지법 조항들을 전혀 뜻밖의 대안으로 불쑥 제시합니다. 처음에는 그들이 가진 굉장히 높은 명성 덕분에 기대했던 것보다 더 많은 것을 실행에 옮길 수 있었어요. 제일 처음 그들은 자신들이 바라는 것들에 다수의 로마인들이 흥미를 갖게끔 만들었습니다. 최고 권력에 익숙해져 있던 원로들은 패자로 전락해버릴 수도 있다는 생각에 겁이 나기 시작했습니다. 그럴 수는 없었겠죠. 그라쿠스 형제의 실패와 죽음은 로마 내정에 어떠한 변화도, 어떠한 개혁도 일으키지 못했습니다. 바로 이 때문에 이후 가이우스 마리우스Gaius Marius와 같은 인물들이 오랫동안 성공을 거둘 수 있었던 것입니다.

슈피겔 설명을 해주셔야 할 것 같습니다.

브뢰젤 마리우스는 대단한 장군이었지만 내정에 있어서는 훌륭한 정치가가 아니었습니다. 모든 규정들을 깨고 그는 기원전 104년에서 100년까지 집정관직을 연임했습니다. 많은 병사들이 국가보다는 그에게 충성을 맹세하는 의용병이 되었습니다. 마리우스가 보수적인 귀족들에게 반대 입장을 표명하는 동안은 권력을 잡고 있을 수 있었습니다. 사병들을 이용해서 원로들에게 압력을 가하기까지 했지요.

슈피겔 저런 명백한 불법 행동들은 나라를 완전히 제 것으로 만들어야겠다는 생각을 더 빨리 갖게끔 만들지 않았을까요?

브뢰젤 적어도 원로원의 통치권은 그사이 심하게 무너져버렸던 것으로 보입니다. 유감스럽게도 귀족들 역시 잘못된 방향으로 탐욕을 부렸어요. 군사 보급을 각 장군들의 수완에 맡기면 능력 있는 장군들은 내부 평화를 깨트리는 무장 군인들을 자기편에서 동원하는 것은 당연했습니다.

슈피겔 공화정 말 무렵의 잔혹함은 오늘날까지도 놀라지 않을 수가 없습니다. 호민관을 돌로 쳐 죽이고 길거리의 깡패 무리들은 공무 집행을 방해하고 지체시키죠. 기원전 87년에는 5일간의 약탈이, 그다음에는 정치적 경쟁 상대를 괴롭히고 죽이기 위한 술라의 추방이, 또 공공연한 공격이나 비판 등도 이루어졌습니다. 이러한 변화를 겪으면서 고대 로마인들은 종말이라도 온 것 같은 기분이 분명 들었을 겁니다.

브뢰젤 그렇게 끔찍하게 들리지만, 대다수가 그라쿠스 형제 시대 이후 이런 일들에 익숙해 있었습니다. 당시 그라쿠스 형제의 추종자들은 순차적으로 죽임을 당했고 다수가 법적 절차 없이 폭력이나 처벌을 당했죠. 제가 봤을 때는 댐이 붕괴된 겁니다, 죄악이죠. 그때부터 시민들은 지도층을 더는 신뢰하지 않았습니다. 폭력은 체제 안으로 스며들었고 더 이상 없어지지 않았습니다.

슈피겔 아무리 늦어도 그나이우스 폼페이우스 마그누스Gnaeus Pompeius Magnus가 빠르게 치고 올라오면서부터 공화국은 의기양양한 군주들의 독무대가 되었습니다. 정치적으로 아는 바가 전혀 없던 군인 폼페이우스는 우선 첫 번째로 정치 행위에 관한 편람을 쓰라 명했다지요. 하지만 동방에서 거둔 승리 이후 폼페이우스는 정치적으로 그에게 중요한 일들을 실행으로 옮기지는 못합니다. 단지 그가 원로원의 결정에 따라 공식적으로 한 행동이 아니기 때문인데요.

브뢰젤 그의 엄청난 성공은 사실상 그가 가진 가장 큰 문제였습니다. 한 역사가의 표현을 빌리자면 "동방을 점령한 자"가 깊은 의혹을 불러일으킨 것이죠. 그렇기에 누군가는 힘을, 권력을 잃어야만 했던 것입니다.

슈피겔 강자에 대한, 신입자에 대한 귀족들의 마지막 저항?

브뢰젤 어떤 경우에서건 굴욕이죠. "멀리 떨어진 아시아에서는 돈도, 힘도 지금 우리 모두보다 더 많을지 모르겠지만, 여기 로마에서는 정중히 '제발, 제발!'이라 말해야 돼." 그 배후에는 분명 폼페이우스의 선임이자 전쟁터의 라이벌이었던 루쿨루스가 있었습니다.

슈피겔 마리우스, 술라, 그들과 다를 바 없었을 다른 군주들, 그리고 폼페이우스까지. 적어도 카이사르는 어떤 실수만큼은 범하지 말아야 한다는 것을 배우지 않았을까요?

브뢰젤 대체적으로는 그렇습니다. 후기 무렵에는 어떤 때에 어떤 권력 수단이 적합한지를 판단하기가 굉장히 어려웠습니다. 하루하루가 다를 만큼 상황은 계속해서 바뀌었으니까요.

슈피겔 카이사르가 암살된 그다음 해, 옥타비아누스, 마르쿠스 안토니우스Marcus Antonius , 그리고 마르쿠스 아이밀리우스 레피두스Marcus Aemilius Lepidus가 제2차 삼두정치를 시작하면서 예전의 국가 형태는 기원전 43년 11월을 기점으로 종지부를 찍게 됩니다. 공화국의 로마인들은 보수적이었습니까, 아니면 마지막 순간까지 변화를 꾀하고자 했습니까? 좀 더 강하게 표현하자면, 로마 공화국이 패망하는 데에 스스로의 책임은 없었을까요?

브뢰젤 근본적인 생각들을 보면 대다수가 예전부터 이어 내려온 규칙들을 마지막까지 계속해서 유지하길 본질적으로 바랐습니다. 우리들이 생각하는 정치적 혹은 사회적 발전에 대한 이상은 고대에는 없었습니다. 오래된 것이 좋은 것이었습니다. 하지만 로마인들은 상황에 적응하며 새로운 것들을 받아들였습니다. 나중에 완전히 새로 재고해보아도 됐었으니까요. 본 체제가 수백 년이 지나도록 잘 굴러갔다는 것은 정치적으로 굉장한 성과였습니다. 이것이 깨어지기 시작한 것은 전쟁과 관련된 모든 일들을 직업 군인들에게 전적으로 위임하면서부터입니다. 제가 봤을 때 이것이 나라를 망하게 한 치명적인 실수였습니다.

슈피겔 브뢰젤 교수님, 인터뷰에 응해주셔서 감사드립니다.

인터뷰어 요하네스 잘츠베델

볼프강 브뢰젤

1969년생의 고대 역사학자로, 2012년부터 독일 에센에서 출강 중이
다. 정치 조직에 특히나 큰 관심을 갖고 있는 그는 고대 그리스의 과두
정치와 민주정치, 그리고 로마 공화정 때 정치 집단과 군주들이 서로
어떻게 협의해나갈 수 있었는가에 대해 연구했다. 『로마 공화정: 포룸
과 확장Die Römische Republik: Forum und Expansion』이라는 입문서를 2015년 봄
에 발간했다.

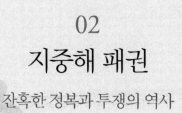

02

지중해 패권

잔혹한 정복과 투쟁의 역사

S · P · Q · R

강대국 간의 싸움

로마와 카르타고는 전략적으로 더 우세해지기 위하여 세 차례에 걸쳐 포에니 전쟁을 치른다. 두 나라 모두에게 이는 생사를 건 문제였다.

 대전으로 이어진 두 나라 간의 갈등은 처음에는 한눈에 파악하기가 그리 어렵지 않았다. 기원전 288년, 예전 로마 용병들 집단인 마메르티니Mamertini 가 시칠리아의 메사나Messana, 오늘날의 메시나Messina 를 점령하게 되었다. 그들은 약탈 집단으로 지역 내 골칫거리가 되어갔다. 그러한 이유로 당시 섬의 동쪽 해안가에 있던 도시국가, 시라쿠사Siracusa 의 왕이었던 히에론 2세Hieron II 는 기원전 265년에 전쟁을 선포한다.

도적들은 제일 먼저 북아프리카 지역의 카르타고로부터 군사적 도움을 받았다. 하지만 도적꾼들은 잘 알려졌다시피 원리 원칙을 따지는 공론가들이 아니었고, 이에 마메르티니는 금세 협력 파트너를 바꾸어버렸다. 그들은 로마로 고개를 돌렸다. 이들과 비슷한 도적 떼들과 이미 여러 차례 충돌해본 적이 있던 로마는

140

마메르티니가 소위 뒤가 구린 동맹 상대임을 알고 있었다.

하지만 로마는 그 무엇보다 자신들이 가질 지정학적 이점을 보았다. 본토와 시칠리아 사이의 중요한 해상 경로를 확보할 수 있는 기회는 굉장히 유혹적이었다. 로마는 메사나로 향했고 순식간에 시칠리아의 대부분 지역들이 로마의 통치하에 놓여졌다. 기원전 263년, 패배한 히에론 2세는 시칠리아의 동쪽 해안 일부만을 가진다는 조약에 서명하게 된다. 그런데 로마는 표면상 쉽게 얻은 승리에 뒤따를 결과들을 간과하고 있었다.

실질적인 상대는 히에론 왕이 아닌 카르타고였다. 카르타고인들은 지중해의 큰 섬들 가운데 카르타고에 가장 근접해있던 시칠리아를 로마가 집어삼킨 것에 대해 적지 않은 위협감을 느끼고 있었다. 북아프리카 제국의 왕들은 원래 레바논 및 시리아 해안에 거주했던, 상업과 항해 민족인 페니키아인들이었다. 기원전 9세기 혹은 8세기 때 페니키아인들은 역학적으로 로마와 가깝게 지내지 못했던 나라, 카르타고를 세웠다. 카르타고는 아프리카 북부와 스페인 남부 지역의 식민지 사업과 더불어 시칠리아와 사르데냐Sardegna에 대한 간접적 통치권으로 지중해의 강대국으로 거듭났다.

로마인들로부터는 포에니족이라 불리었던, 카르타고의 페니키아인들은 메사나에서 군대를 철수시키라고 자신만만하게 최후의 통첩을 날렸다. 하지만 로마인들을 물러나지 않았다. 숙련된 군대들로 카르타고는 메사나를 에워쌌다. 지역적으로 맞붙었던 싸움은 지중해 서쪽에서 우위를 차지하고 있던 지상 병력의 강대국과 최고의 해상 병력을 자랑하는 강대국 간의 지독한 싸움으로 금세 커져갔다. 이는 로마가 마지막으로 치렀던 전쟁이었으며, 이 티베르 공화국, 로마가 고대 이탈리아의 모든 동맹국들을 투입시켰던 첫 번째 전쟁이기도 했다. 본 전쟁을 피할 수는 없었던 것일까? 로마 정치인들은 원로원 회의에서 카르타고가 전진하기 시작하면 이탈리아 전역을 거의 다 둘러쌀 수 있다고 경고했다. 하지만 이는 무엇보다 자신들의 추종자들을 동원하기 위한 정치적 선전이었다.

전략적으로 위협을 받은 것은 도리어 카르타고였다. 페니키아인들은 어쨌든 우선 그들의 강점인 해상력을 발휘했다. 함대를 이끌고 반대쪽 대륙에서 전쟁을 치렀다. 이탈리아 해안 지역들을 침략하고 초토화시켰다. 그러나 이후 로마인들이 반대 공격을 해왔다. 기술적으로나 조직적으로나 절묘한 솜씨가 아닐 수 없었다. 왜냐하면 로마인들은 수개월 안에 독창적인 다리와 닻을 장착한 150척의 배들을 만들어냈기 때문이다.

역사가 폴리비오스의 이야기에 따르면 그 다리는 뱃머리에 장착된 지지대와 11미터 가량 내려질 수 있는 다리로 구성되어 있었다고 한다. 이로 인해 얻는 이점은 바로 해전을 흡사 육전으로 바꾸어, 로마 군대가 자신들의 강점을 살릴 수 있도록 한 것이었다. 단, 배가 쉽게 전복될 수 있었기에 이 기술은 그렇게 오랫동안 쓰이지는 않았다.

시칠리아 북부 앞바다에서 기원전 260년에 벌어진 밀레Mylae 해전에서 거의 서로 약 130척의 함대들을 똑같이 동원한 카르타고와 로마가 맞붙었다. 페니키아인들에게는 악몽 같은 일들이 시작되었다. 고대 이탈리아인들은 12척의 카르타고 함대들을 격파했고 그들을 지휘했던 한니발 기스코Hannibal Gisco는 결국 도망쳤다. 해전 마지막에는 50척의 카르타고 함대들이 바다 밑으로 가라앉거나 정복당했다.

이로써 반대편 해안으로까지 그들의 제국주의적 바람을 넓힐 기회가 생겼다. 여기에는 심리적인 요소도 있었다. 위로 계속해서 치고 올라가는 데에는 로마는 천하무적이라는 명성 또한 침략의 필수 불가결 요소로 작용했다. 강해진 군함들의 보호를 받으며 로마는 반대편 해안으로의 침략을 감행했다.

이렇게 하여 기원전 256년, 시칠리아 남부 앞바다에서 에크노무스Ecnomus 해전이 벌어졌다. 그곳에서 각각 네 척의 편대로 구성된 카르타고와 로마 군대는 여러 번 적전을 벌였다. 그리고 또다시 카르타고는 패배하게 된다. 적선과 연결되어 올라타도록 만든 다리를 장착함으로써 근접전을 벌인 로마인들에게 카르타고는 속절없이 당하고 만다.

이로써 해로는 뚫렸다. 로마인들은 북아프리카에 발을 디디게 되었고 진심으로 평화를 울부짖었던 적군의 성문 바로 앞까지 진격해나갔다. 어떠한 협상도 없었다. 이는 로마의 정치적 특성이 되기도 했던 로마인들의 무절제함에 원인이 있었다. 구체적으로 설명하자면, 로마인들은 피정복자들이 자신들의 패권을 인정하고 협정 조약을 따를 것을 요구했다. 카르타고에게는 받아들일 수 없는 요구 사항들이었기에 그들은 계속해서 저항한 것이다.

카르타고는 그리스 용병들의 도움을 받아 기원전 255년 투네스Tunes, 오늘날의 튀니스Tunis에서 로마 원정군들을 무찌르게 된다. 침략자였던 로마 군대가 바다에서 철수하고자 할 때, 군사적 패배와 더불어 천재까지 그들을 덮치고 만다. 시칠리아 남부 앞바다의 강한 폭풍으로 300척에서 370척에 달하는 배들이 가라앉았고 약 10만 명에 이르는 군사들이 물에 빠져 죽었다. 고대 시대 때 알려진 가장 큰 선박 사고였다. 로마인들은 강경했고 배를 다시 만들었지만, 이 배 역시 폭풍 속에서 산산이 부서져버렸다.

이와 같은 불행을 겪으면서 로마는 근 10년 동안 카르타고의 해상권을 인정할 수밖에 없었다. 기원전 242년이 되어서야 비로소 티베르 강의 군대들은 지중해 남부를 되찾을 전쟁을 치러도 될 정도로 강해졌다. 공화국의 경제 상황이 굉장히 나빠졌기에 로마의 상류층들이 그들의 애국심을 증명해보일 때가 됐다. 그들은 200척의 전함들을 짓는 데 기부했다.

카르타고 역시 250척의 군함들로 새로운 선대船隊를 진수進水

시켰다. 하지만 뱃전에는 경험이 아직 없는, 훈련조차 잘 되지 않은 군사들이 자리해 있었다. 본 결점은 기원전 241년 3월, 시칠리아 서부 앞바다의 에가디Egadi 해전에서 치명적으로 드러났다. 로마는 페니키아 함대의 절반가량을 포획하고 침수시켰다.

카르타고는 이제 약해질 대로 약해져 가혹한 조건들이 담긴 평화 협상조약에 동의해야만 했다. 이로써 1차 포에니 전쟁은 끝이 났다. 북아프리카인들은 시칠리아를 완전히 비워주어야만 했으며 10년 동안 은전인 에보이아 탤런트euboic talents로 피해 보상을 해야만 했다.

카르타고의 경제적 문제는 국내 정책상의 위기 또한 만들어냈다. 카르타고 군대는 무엇보다도 용병들로 구성되어 있었기에 엄청 비쌌다. 용병들이 전쟁을 치르는 동안 봉급이 제때 주어지지 않은 경우도 있었다. 특히 리비아 용병들은 페니키아 사회에 흡수되지 못하고 있었다. 그들은 자신들이 이류로 취급된다고 생각했고, 이는 귀족 사회가 폭력적이라 느껴지게끔 만들었다. 곧 북아프리카인들의 대다수가 참여한 용병 반란은 그전에 일어난 로마와의 전쟁보다도 더 강하게 카르타고 사회를 흔들어댔다. 기원전 241년에서 238년까지, 3년 동안 페니키아제국의 존속 여부는 살얼음판 위를 걷는 듯 했다.

카르타고가 반란 제압에 성공하는 데에는 특히 한 사람의 공이 컸다. 그는 바로 제1차 포에니 전쟁이 시칠리아에서 끝나갈 무렵 군대의 최고 지휘관으로 있었던 하밀카르 바르카스Hamilcar Barcas였다. 한때 자신이 직접 통솔했던 군사들의 목을 쳐내는 데 그는 한 치의 거리낌도 없었다.

이와 동시에 용병 반란은 페니키아 사회의 내부적 약점들을 여실히 보여주었다. 카르타고는 귀족 사회이자 과두정치 사회였다. '원로 위원회'는 되레 최고 법관직이었던 '왕'보다도 더 강한 장군들을 선출했다. 이들에 따라 '100명의 남자들'로 이루어진 위원회가 구성되었다. 고고학자 테오도어 몸젠은 이를 『로마사』에서 "카르타고 과두정치의 주요 요새"라고 표현했다.

몸젠에 따르면 관직 매매 및 "공공연한 매수 체제"는 "시민들을 무력하게" 만들 수 있었다. 카르타고의 체제는 "자본주의 체제"였고 "짐작할 수 있듯이 유복한 중간층이 없는 시민사회"였다. 과두제 집권층의 사람들은 광산 및 채석장을 점령했다. 이렇게 "가진 것 없는, 입에 풀칠하기도 바쁜 시골 사람들"이 "도매업자, 농장 지주 및 명문 태수"들로 구성된 상류층 사람들과 대립하고 있었다. 몸젠은 타락한 엘리트들의 행동들은 반역 행위와 별반 다를 바 없었다고 평가했다.

그러한 상황에서 카르타고의 국가적 운명은 하밀카르와 같은 몇몇 장군들에게 달려 있었다. 성공적인 용병 제압은 하밀카르를 강자로 만들어주었고, 그는 이러한 전승 분위기를 전략적 공세에 바로 이용한다. 그는 해상 세력으로 급부상중인 로마인들을 지상 세력으로 제압할 결심을 세웠다.

적어도 기원전 238년, 로마가 사르데냐를 집어삼키면서 241년에 체결한 협정 조약은 그저 잠깐 동안의 휴식에 불과했음은 분명해졌다. 하밀카르는 간접적으로, 그리고 전략적으로 반응했다. 그는 기원전 237년 이베리아 반도의 남부와 동부 지역을 에브로Ebro 강까지 정복했다. 그곳에는 이베리아인, 켈트족 등 다양한 민족들이 살고 있었다. 은광 및 무역 거점들을 통제하면서 카르타고의 빈 금고로 돈이 들어오기 시작했다. 페니키아의 식민 통치 중심은 당시에는 아마도 레우케 아크라Leuke Akra였던, 오늘날의 알리칸테Alicante를 형성하게 된다.

기원전 229년에 있었던 이베리아인들과의 전투에는 베토네스Vettones 족이 하밀카르와 함께하지 않았다. 이들은 양을 치는 목동들이었지만 검 또한 부릴 줄 알았다. 하지만 사위, 하스드루발Hasdrubal이 그를 따랐다. 하스드루발은 오늘날의 카르타헤나Cartagena에 해당하는 카르타고 노바Carthago Nova를 건설했다.

기원전 218년, 카르타고는 제2차 포에니 전쟁을 일으켰다. 에브로 강 남쪽의 스페인 도시, 사군토Sagunto가 갈등의 불씨가 되었다. 로마는 그곳에 돈과 호의를 베풀며 로마 친화적인 정치 집단을 만들어뒀었다. 그렇기에 이는 카르타고에게는 적신호였다. 스페인 국가들이 로마의 연합군으로 투입될 수 있었던 것이다. 카르타고는 공격을 시작하고 사군토를 지배한다. 이 때문에 로마

카르타고와 로마의 전쟁
제2차 포에니 전쟁
(기원전 218~201년)

(208)

사군토

(208)

(207)

(209)

가데스

카르타고
노바

지중해

로마   카르타고

주요 해전 및 승리

주요 군사 경로

제2차 포에니 전쟁 발발 당시의 영역

출처 볼프강 브뢰젤(2015), 『로마 공화정(Die römische Republik)』

는 이 전쟁의 발발은 위협적인 진군에 대한 방어였다고 설명했다. 권력 싸움의 새 라운드가 시작됐다.

처음에는 로마가 카르타고의 위협을 제압하는 데 성공하는 것처럼 보였다. 카르타고 군대는 에브로 하구에서의 해전에서 패했다. 하지만 곧 카르타고 힘의 전형이 될 장군이 등장한다. 바로 한니발이다. 하밀카르의 장남인 그는 기원전 237년 스페인 원정

148

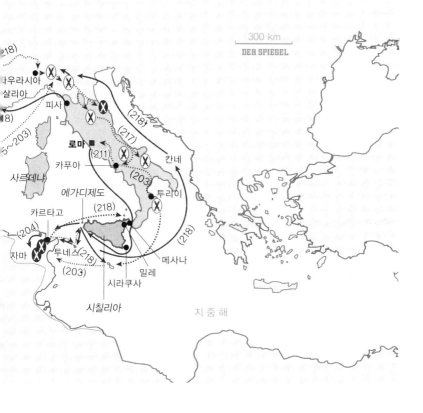

때 이미 함께했었고 221년에는 최고 지휘관으로 선출되었다.

한니발의 전략 능력과 대담함은 그를 고대 최고의 명장들 중 한 명으로 손꼽히게 만들었다. 기원전 247년 태생인 그는 이후 자신의 자문가가 될 어느 스파르타인의 손에 키워졌다. 한니발은 카르타고가 자신들이 점령하고 있는 스페인을 로마의 엄청난 공격에 맞서 지켜내지 못할 것을 분명하게 알고 있었다.

그의 급진적인 계획은 이러했다. 카르타고에게 주어진 기회는 단 하나뿐이었다. 이탈리아 영역에서 전쟁을 벌여 로마가 가진, 우유부단한 동맹국들과의 부서지기 쉬운 연합 관계를 깨뜨리는 것이었다. 이러한 전략적 공세를 펼치려면 군사적인 우세함은 물론이고, 허를 찌를 순간이 필요했다. 이에 아프리카의 동물 왕국은 그에게 기적의 무기를 선사하게 된다. 바로 코끼리다. 이 탄복할 만한 동물로 한니발은 로마제국을 넘어뜨리기로 결심한다.

폴리비오스에 따르면 한니발은 약 5만 명의 보병과 9000명의 기수들, 그리고 37마리의 코끼리를 스페인에 응집시켰다. 코끼리들은 아틀라스 산맥Atlas Mts. 아래에서부터 모로코 해안에 이르기까지, 또 카르타고 주변의 밀림으로부터 모아졌다고 한다. 이러한 기이한 대형으로 한니발은 갈리아 남부를 지나, 오늘날 프랑스 지역의 잘 알려지지 않은 고개를 넘어 알프스를 통과했다. 클라피에 고개Col de Clapie 일 수도 있고, 몽제네브르Col de Montgenèvre 나 트라베르세Col de la Traversette 일 수도 있다. 9일 동안 산을 오른 뒤에야 한니발 군대는 고개 꼭대기에 달할 수 있었다.

코끼리들은 그 수 때문이 아니라 존재 자체만으로도 여태껏 그렇게 거대한 것을 본 적이 없었던 사람들에게 엄청난 인상을 심어주었다. 그렇기에 그들을 데리고 가는 것은 모험이었다. 코끼리들은 얼음 바닥에서 미끄러졌고 골짜기로도 떨어졌다. 공포에 질린 코끼리들은 카르타고 군사들도 밟아 죽였다.

수많은 군사와 코끼리들을 잃으면서, 또 곳곳의 해당 부족들의 공격을 견뎌내면서 한니발은 기원전 218년, 약 3만 4000명의 군사들을 이끌고 포 강변에 다다르게 된다. 그곳에서 한니발은 누미디아Numidia 기병들과 함께 로마인들의 요새로 돌진했다. 기원전 218년 봄, 한니발은 아펜니노 산맥을 넘었고 군사들을 이끌고 며칠씩이나 습지대를 지나며 몹시도 고통스런 행군을 계속했다. 이때 한니발은 살아남은 마지막 코끼리에 올라타 있었다. 더군다나 그는 전염병까지 옮아 한쪽 눈이 실명하기에 이르렀다. 그렇지만 행군은 계속되었다.

　　한니발은 적군들에게 자신의 군대를 저지할 어떠한 기회도 주지 않은 채 아르노와 티베르 강 사이에 위치한 땅, 에트루리아로 돌진하는 데 성공했다. 그는 로마로부터 그들과 동맹 관계를 맺은 다른 이탈리아 국가들을 빼앗겠다는 분명한 목표를 가지고 있었다. 그러려면 상대편의 정세 및 상황이 어떠한지 세세하게 알 필요가 있었다. 그렇기에 그는 수많은 스파이를 두고 있었다.

　　영국의 군사 전문가, 나이젤 배그널Nigel Bagnall은 한니발이 "정찰꾼 및 스파이들로 구성된 굉장히 체계적인 네트워크"를 형성했다고 평했다. 이들은 한니발이 철저하게 모든 사항들을 헤아리고 분석하는 데 도움을 주었다. 고고학자 테오도어 몸젠은 "로마와 로마 군대 내 스파이들"로부터 한니발이 "끊임없이 계속해서 충분한 정보를 받았다"고 이미 결론을 내렸다. 그렇게 한니발은

"상대편 우두머리의 성향에 따라" 자신의 군대를 정비할 수 있었던 것이다.

카푸아Capua 나 브루티움Bruttium 과 같은 수많은 이탈리아 국가들은 절대 원해서 로마에게 복종하고 있었던 것이 아니었다. 그렇기에 한니발은 그들에게 로마에 반기를 들자고 호소했다. 이는 티베르 국가의 생존에 대한 위협이었다. 기원전 216년 8월, 한니발은 로마인들에게 비참할 대로 비참한 군사적 패배를 안겨주었다. 아풀리아Apulia 고원, 칸네Cannae 에서 그는 족히 8만 명에 달하는 로마 군사들 가운데 대략 7만 명을 죽였고 1만 명을 인질로 잡아들였다. 이때 그가 지휘한 군사들은 5만 명에 불과했다. 수적으로 열세했던 그가 이끈 승리는 그야말로 전설적이었다.

로마는 카르타고 군대를 중앙에서 공격해서 무너뜨리고자 했다. 하지만 스페인과 누미디아 기병들은 로마의 계획을 뒤엎어버렸다. 그들은 로마 군대 뒤쪽에서 그들을 더 크게 에워싸면서 공격해왔던 것이다. 결국 둘러싸인 것은 로마인들이었고, 이로 인해 군대에서는 포위라는 말을 사용하게 되었다. 이 싸움으로 카르타고가 잃은 병사들은 약 6000명밖에 되지 않았다.

무모하게 이탈리아로 돌진한 장군이, 대략 30세 정도밖에 안 된 그 장군이 엄청난 승리를 가져온 것이다. 그럼에도 불구하고 그가 얻어낸 승리를 전략적으로 탁월했다고 해석하기에는 무리가 있었다. 메타폰툼Metapontum 과 타란토 만Gulf of Taranto 의 투리이Thurii 등을 포함한 몇몇의 이탈리아 남부 지역들이 로마로부터 떨어져나갔지만, 한니발의 계산은 틀렸다.

로마의 연합 관계는 중부 이탈리아에 계속해서 남아 있었다. 다음 몇 년간 카르타고는 여러 전투들과 포위 공격들로 정복에 나섰지만 돌파구를 찾지는 못했다. 더군다나 한니발 역시 잘 알고 있었다시피 그의 군대는 상대 진영을 포위하고 돌진할 만큼 강하지는 않았다.

그와 반대로 티베르 공화국, 로마는 그들의 마지막 보루를 동원했다. 기원전 217년, 로마인들은 혈통 귀족인 퀸투스 파비우스 막시무스 베루코수스Quintus Fabius Maximus Verrucosus를 독재관으로 선출했다. 만 17세 이상의 모든 청년들이 징집되었다. 여기에는 범죄자 및 8000명의 노예들도 포함되었다. 한니발은 계속해서 방어해나갔다. 그때에 퀸투스 파비우스는 조심스러운 전략들로 꾸물대는 사람을 뜻하는 '쿵크타토르Cunctator'로 불렸고 오랫동안 논란의 대상이 되었다. 칸네 전투에서 통례적인 공격전을 펼치다 굴욕적인 참패를 당한 후에야 비로소 정치계는 그를 통치적 인물로 받아들였다.

파비우스가 했던 것처럼 한니발을 그저 작은 교전들로만 계속해서 끌어들이는 것이 현명한 전략이었음을 로마인들은 그제야 깨닫게 된다. 그렇게 해야 적군을 장기적으로 괴롭힐 수 있었던 것이다. 이렇게 쿵크타토르는 새로운 방식으로 지난 200년간 쌓아올린 무적의 로마 신화를 구현해나갔다. 하지만 공격을 크게 가할 기회가 점점 더 많아짐에 따라 그의 영향력은 희미해져 갔다. 어린 대★스키피오에게 때가 왔다. 원로원은 카르타고와의 전투에서 아버지와 삼촌을 잃은 귀족의 후손인 그를 스페인 군대의 최고 사령관이자 프로콘술proconsul에 임명했다. 당시 그의 나이는 불과 24세밖에 되지 않았다.

어린 나이에도 그는 자신의 능력을 발휘해나갔다. 한니발은 비록 수년간 이탈리아를 점령했지만 로마를 변절한 연합국들로부터 도움은 거의 받지 못한 채, 북아프리카 함대의 지원에 의존했다. 이탈리아 동맹국들의 군사적인 지원에는 그들의 자유의지에 맡겼다. 하지만 몇몇의 나라만이 그와 함께 싸울 뿐이었다.

이때 한니발이 용병들에게 의존한 것이 중요하다. 고대 이탈리아인들에게 용병들은 해방가가 아닌 낯선 탄압자로 보였다. 고대 역사학자 볼프강 브뢰젤은 "로마인들과 인종적으로, 또 문화적으로 동족 관계라는 점"은 고대 이탈리아인들에게 "한니발의 자유 정책에도 불과하고 로마에 대한 근본적으로 흔들리지 않을 충성심을 갖게 해주었다"고 평했다.

그런 상황에서 한니발은 기원전 211년 절망적인 행보를 시작했다. 성급하게 로마로 진격한 것이다. 그곳에는 금세 "Hannibal ad portas(Hannibal at the gates)!"라는 소리가 울려 퍼졌다. 이 말은 종종 "Hannibal ante portas(Hannibal before the gates)!"로 잘못 인용되기도 한다. 하지만 수도를 함락시키기에 카르타고의 힘은 역부족이었다. 카르타고의 이 같은 진격은 특히 남부의 카푸아를 자유롭게 해주기 위함이었다. 이곳은 기원전 212년에 카르타고가 점령했지만 계속해서 로마의 괴롭힘을 받고 있었다. 하지만 이 또한 실패로 돌아간다. 기원전 211년, 카푸아는 로마에 정복당한다.

2년 후, 로마의 보복 공격은 또 다른 성공을 불러온다. 육군과 해군을 함께 동원하여 카르타고 노바를 로마가 점령하게 되고, 또다시 3년이 흘렀을 때에는 스키피오가 전 스페인 지역을 차지하게 되었다. 한니발의 동생, 마고Mago 가 카르타고의 남은 스페인 군대들을 데리고 제노바Genova 에 도착했지만, 한니발은 어떠한 가망도 없이 이탈리아에 구금된다.

게다가 한니발 편에 서서 100척의 배들을 이끌고 나타난 페니키아의 지원 병력은 사르데냐에서 로마 함대에게 패배한다. 오직 5분의 1에 달하는 배들만이 겨우 바다를 건너 고향으로 도망갈 수 있었다. 스페인에서의 패배는 카르타고의 주된 동맹 관계를 무너뜨렸다. 누미디아의 기병들은 카르타고 군대의 핵심이었는데, 누미디아의 왕인 마시니사Masinissa 가 한니발을 더 이상 신뢰하지 않게 된 것이다. 스페인에서의 오랜 파병을 마치고 마시니사는 북아프리카로 돌아갔다. 이와 함께 카르타고의 효과적인 기병 공격력이 상실된다. 그다음으로 카르타고가 맞이할 참변은 그리 오래 걸리지 않았다.

이탈리아의 점점 더 많은 나라들이 로마로 다시 넘어가고 있었다. 한니발은 이제 어떠한 가망도 없다는 것을 파악했다. 알 수밖에 없었다. 그가 이탈리아로 들어온 지 13년째 되던 기원전 203년, 한니발은 자신의 군대를 이끌고 이탈리아의 전쟁터를 떠나게 된다. 한니발의 전기 작가인 야콥 사이베르트Jakob Seibert는 "로마의 정신력을 잘못 판단함으로서" 카르타고의 장군은 적군이 "끈기를 갖고 포기하지 않을 것"임을 간파하지 못했다고 평했다.

로마는 자신들에게 온 기회를 알아차렸고 북아프리카를 공격하기 시작했다. 순식간에 그들은 투네스를 함락시켰다. 그리고 2년 뒤 로마는 자마Zama에서 카르타고와 결정적인 전쟁을 벌이게 되었다. 누미디아의 왕, 마시니사는 편을 완전히 바꾸어버렸다. 이로써 로마는 카르타고보다 대략 세 배 가량 앞서는 8700명의 기병들을 거느리게 되었다. 거의 10만 명에 달하는 군사들이 참여한 이 전쟁에서 2만 명의 군사들이 죽거나 다쳤다. 한니발은 수도로 도망칠 수밖에 없었다. 일방적으로 강력했던 해군국은 자신의 영역에서 패하고 말았다. 제2차 포에니 전쟁에서 그들은 해상에서의 패권을 되찾기 위한 시도조차 해보지 못했다.

카르타고가 패한 주된 원인들은 페니키아의 사회 구조 속에서 찾아볼 수 있다. 카르타고는 동양 사회의 모습을 드러내보였지만, 페니키아인들에게 크나큰 영향을 미쳤던 고대 그리스의 헬레니즘 문화로 그럴싸하게 모습을 감추고 있었다. 카르타고는 정복당하거나 의존적인 민족들을 자신들에게 결속시킬 만한 여건을 갖추고 있지 않았다. 용병들로 구성된 군대는 이들보다는 제법 더 잘 동기가 부여된 로마군을 결국 견뎌내지 못했다.

한니발은 자신들이 가진 약점들을 파악하고 시민들에게 로마와의 화평을 제의했다. 그리고 기원전 201년, 평화조약을 체결하게 된다. 카르타고는 최대 10척만을 남기고 모든 함대를 내놓아야만 했다. 패배한 적군들의 기를 죽이고자 스키피오는 카르타고 앞에서 100척의 배들을 불태웠다. 페니키아인들은 북아프리카를 제외한 모든 재산들을 상실했다. 로마는 변절한 마시니사가 통치하던 누미디아의 독립을 인정할 것을 카르타고에게 강요했다. 카르타고는 수년에 걸쳐 피해 배상을 해야만 했고 이는 로마의 차관을 받지 않고는 불가능했다. 이와 더불어 로마의 허락 없이는 어느 곳에서도 전쟁을 벌여서는 안 됐다.

이러한 쓰디쓴 평화조약 체결 이후, 한니발은 내정을 재정비함으로써 나라가 가진 취약점들을 극복하고자 노력했다. 그는 로마를 본받아 최고 법정에 교대제를 도입했고, 이 때문에 과두제 집권층과의 싸움을 시작했다. 또한 한니발은 조세 관리를 검토하면서 여기저기 만연한 비리들에 맞섰다.

하지만 과두제의 집권층들이 반격해왔다. 그들은 한니발에게 패전에 대한 책임을 물어 법정에 세웠다. 기원전 195년, 내부 반대 세력은 한니발을 유배 보냈다. 유배된 한니발은 지중해 곳곳에서 여러 군주들에게 망명을 요청했다. 결국 그는 오늘날 터키의 북동쪽 먼 곳에 위치한 비티니아Bithynia에 머무르게 되었다.

그러나 이미 예전에도 그러했듯이 그곳에도 로마의 복수가 그를 기다리고 있었다. 비티니아의 왕은 결국 한니발을 넘겨주게 된다. 한니발은 자살을 선택했는데 독약을 이용한 것으로 추측된다. 약 65세의 나이였다. 기원전 183년, 한니발이 죽은 후 카르타고의 수명 역시 그리 길지 않았다. 카르타고의 과두제 집권층들이 로마가 원하는 것들을 모두 순종적으로 들어주겠다고 했지만, 이 역시 로마가 섬멸전을 일으키는 것을 막지 못했다.

마시니사 군대의 강탈 행위에 맞서 카르타고가 로마의 허락 없이 무기를 들었고, 이때 로마는 제3차 포에니 전쟁의 구실을 찾아내게 된다. 원로들은 기원전 150년부터 대大카토가 공포하는 방향대로 따라가고 있었다. 카토는 카르타고를 "여전히 우리들의 적"이라고 표현했다. 카르타고인들은 체결한 협정들을 깨버릴 수 있었고 잔혹해질 수 있다는 것이었다. 이에 그는 카르타고를 완전히 파괴하는 길만이 안전하다는 결론을 내린다.

기원전 149년, 로마가 3만 5000명에 달하는 군사들로 구성된 강한 군대를 이끌고 카르타고에 상륙함으로서 카르타고와의 마지막 전쟁이 시작됐다. 2년 뒤, 로마의 장군 소小스키피오가 최고 지휘관직을 맡게 되었다. 그는 147년에 카르타고를 내륙으로부터 고립시켰고 항구를 점령했다. 가을에는 도시의 성곽을 공격하기 시작했다. 수천 명의 군사들이 다룬, 커다란 공성퇴battering ram[16]로 로마는 보호벽을 무너뜨렸다. 이밖에도 로마는 무역항의 보초들을 제압하고 카르타고 안으로 쳐들어왔다. 시내에서 새로운 방어 라인을 구축하고자 했던 카르타고의 노력들은 며칠이 채 지나지 않아 모두 실패로 돌아갔다. 로마가 도시의 중심 및 광장을 점령하면서 군사들은 곳곳의 집들로 몰아쳤다. 그들은 약탈하고 사람들을 죽여댔으며 도시를 불태웠다.

기원전 146년 4월, 전쟁이 일어난 지 일곱째 되던 날 카르타고는 항복을 선언했다. 완전히 파괴되어버린 카르타고 제국 수도의 잔해 속에서 5만 명에 달하는 사람들이 나왔다. 로마는 고대 관습에 따라 그들을 노예로 팔아 넘겼다. 로마는 그곳에 아무도 살지 못하게 했으며 모든 건물들을 파괴했다.

약 100년이 지났을 때에야 비로소 카이사르에 의해 새로운 거주 촌이 그곳에 만들어졌다. 카이사르는 그곳에 콜로니아 율리아 콘코르디아 카르타고Colonia Julia Concordia Carthago라는 이름을 붙였다. 서기 2세기경, 이 새로운 카르타고는 30만 명의 주민들이 거주하는, 로마제국에서 네 번째로 큰 도시로 거듭난다. 하지만 예전의 페니키아 제국의 수도와는 그저 이름만이 같을 뿐이었다.

글 우베 클루스만

---

16 적의 성문을 부수기 위해 사용된 공격형 무기.

평행 사회

고대 로마 사회에서 노예는 당연한 것이었다. 그렇지만 노예들 사이에도 엄청난 차이가 존재해, 어떤 이들은 심지어 시민으로까지 계급을 상승해나갔다.

12월 17일부터 일 년에 한 번씩은 예외적인 모습들이 로마에서 펼쳐진다. 사투르누스를 기리는 제사 때는 모든 계급 간의 경계가 무너졌다. 노예들은 자신이 모시던 주인들을 희화화했고 그들로부터 대접을 받았다. 하인들은 풍자 시구들로 주인의 결함들을 우스꽝스럽게 표현했다. 하지만 원칙상 집에서 시중을 드는 하인들만이 참여할 수 있었다. 또한 그렇다 한들 어떠한 경우에도 모두가 다 그럴 수 있지는 않았다. 교육을 받고 재능이 있으며 호감형의 외모를 가진 하인들만이 부분적으로 상연 가능한 공연 무대에 올랐다.

이러한 전통 축제는 분노와 실망감이 계속해서 더해가던 노예들의 숨통을 트여주었다. 하지만 사투르누스 축제 때 그렇게 대담한 행동을 한 데에 아무런 대가도 치르지 않을 거라는 보장은 없었다. 당연히 주인들은 노예들이 범한 방종 행위에 대해 그 뒤 계속해서 화풀이를 할 것이었기 때문이었다. 사회의 가장 아래 계급에는 어떠한 권리도 주어지지 않았다. 법적으로 봤을 때 노예들은 '말하는 도구instrumentum vocale'에 지나지 않았다. 그들의 아이들 역시 똑같이 취급되었다.

예로 기원전 286년 호민관이었던 아킬리우스Aquilius가 가결시킨 법안은 예속된 자들이 실제 맘껏 부릴 수 있는 소유물에 불과했다는 것을 보여준다. 아킬리아법Lex Aquilia에 따르면 이렇다.

다른 사람의 노예나 네 발 달린 군서 동물을 불법적으로 죽인 자는 이들이 당년 최대로 매겨진 값의 네 배에 달하는 돈을 그 주인에게 동화로 지불해야만 한다.

이 '말하는 도구'는 물건으로서 광장에서 거래되었다. 주인들은 그들을 착취하거나 소인을 찍어도 괜찮았으며, 죽인들 후원한들 아무런 상관없었다. 횡포였지만, 돈 있는 자들이 인정을 베푸는 데에도 제한되는 게 없었다.

기원전 3세기 이후부터 패전국에서 노예가 된 수만 명의 사람들이 로마로 끌려 들어왔고, 로마를 여러 상이한 문화들의 도가니로 변화시켰다. 공화정이 막 끝났던, 아우구스투스의 독재 시대에는 어림잡아 세 명 중 한 명이 노예였다. 황제 시대 때는 로마제국이 정복 전쟁을 덜 일으켰기에 집에서 태어나고 자란 노예들vernae의 가치가 훨씬 더 높아졌다. 그들은 로마의 언어 및 관습에 능통했기에 특히나 값어치가 있었다. 또한 그들은 다른 문화에 대한 경험이 거의 없었기에 자신의 노예 신분에 대해 그렇게 의문을 갖지 않았다.

어쨌든 노예들이 모두 똑같이 다루어진 적은 한 번도 없었다. 출신, 언어, 교육, 활동 분야 및 생활 조건들이 제각각 달랐다. 산이나 밭에서 땀을 뻘뻘 흘리며 일해야만 했던 이들은 주인dominius의 가족 단위에 속했던 가노家奴보다 분명 더 취약한 상황에 놓여 있었다. 어떤 이들은 죽을 만큼 뼈 빠지도록 일하면서 더 나은 삶에 대한 어떠한 바람도 갖지 못했다. 반면 어떤 이들은 적어도 자신이 자유로워질 기회가 있다는 것에 희망을 품을 수 있었다. 이는 노예 역사에 있어 유례없는 일이었다. 터널 끝의 빛줄기, 가능한 자유의 몸. 이것이야말로 그렇게 오랫동안 노예 제도가 로마제국에 남아 있을 수 있었던 이유였다.

심지어 전문가들은 고대 로마를 억압적인 '노예 사회'로 부를 수 있을지에 의문을 갖는다. 돈 있는 로마인들의 풍요로운 생활은 강제 노역에 흔히 그 바탕을 두고 있다. 하지만 이른바 자유로운 시민들 가운데 대다수가 사회적으로는 노예들과 크게 다르지 않은 처지에 놓여 있었다. 유사한 일들을 했으며 똑같은 권리를 누리고 있었다. 어떤 노예들은 농작민이나 수공업자들보다 더 나은 생활을 누렸다. 게다가 노예는 더 큰 물질적인 보증이었다. 노예는 원래 저가품으로 여겨지지 않았다. 그 반대였다. 돈 있는 자들은 그들의 특출한 능력들을 가치 있게 생각했다.

사실 노예들의 다양성을 모두 조망하기란 어렵다. 적합한 기초 교육을 받은 노예들은 그리스어 등을 가르치는 교사로, 하인으로, 개인 비서로 혹은 의사로도 고용되었으며 인정도 받았다. 운이 좋으면 상인, 수공업자, 사서로 일하며 어느 정도의 독립성 또한 가졌다. 여자 노예들은 무용수, 음악인, 연극인 등을 할 수 있었다. 또 요리사나 급사로 일하기도 했다. 방직공이나 미용사로 일할 수도 있었고, 산파나 보모로도 이용 가능했다.

물론 노예들의 삶을 너무 낙관적으로만 생각해서는 안 된다. 어떤 이들은 대농장이나 포도 재배, 은광, 혹은 갈레선船의 노를 젓는 곳에서 평생토록 강제 노동을 해야만 했다. 특히 힘이 센 남자들은 검투사로 목숨을 걸어야만 했다. 또한 퇴폐적인 주인이 기괴한 일들을 시켜도 이러한 일들로부터 노예들을 지켜주는 이는 아무도 없었다. 그들은 주인보다 앞서 걸으며 땅이 울퉁불퉁 고르지 않은 것 등을 주인에게 말해주어야 했다. 때때로 여자 노예들은 자신들의 긴 머리로 손님들이 식탁에서 입과 손을 닦을 수 있도록 했다. 똑똑한 노예들은 문학 작품들을 모조리 외워 주인들이 깜짝 놀랄 말한 인용구들로 다른 이들의 이목을 끌 수 있도록 만들어주었다. 한마디로 걸어 다니는 탐색기였다.

어떤 로마인들은 노예들을 데리고 성적인 탐닉을 만끽했다. 고대 특권층의 이상적인 미의 기준에 부합하는 이들 대부분이 이른바 쾌락 노예로 들어갔다. 이들은 강제적으로 내연 관계를 맺기도 했다.

요즘에 보면 이러한 모든 행위들이 두 눈을 의심하게 할 만큼 굉장히 혐오스럽게 여겨진다. 하지만 고대사회에서는 일상이었다. 수백 년간 모든 경제 분야의 활동들이 노예들의 노동력으로 이루어졌다. 반란은 잘 일어나지 않았다. 기원전 73년에 일어난 유명한 스파르타쿠스 반란과 같이 폭동이 일어나면 참여하는 이들 대부분이 농장의 노예들이었다. 이 불쌍한 자들은 종종 다른 노예들의 감시를 받았으며 일터에서 맞기도 했다. 이렇게 노예들 사이에도 자유로운 시민들의 계층 관계와도 유사한 평행 사회가 곳곳에 존재했다.

로마 군대가 어떤 지역을 점령하게 되면 두말할 것도 없이 그 지역의 상류층들을 일반 시민들과 분리시켰다. 지도층 및 교육을 받은 이들은 로마의 돈 있는 자들에게 팔려갔다. 이들은 지위를 드러내 보이는 상징적 역할이었다. 대부분 집에서 시중을 드는 노예들로, 그들은 통상적으로 잘 먹었고 괜찮은 보살핌을 받았으며 말끔하게 옷을 입었다. 일반 시민들과 거의 분간할 수 없을 정도였다. 그들 가운데 몇몇은 놀라울 정도로 편한 삶을 누렸다. 주인이 그들을 가치 있는 재산으로 여기면서 조심스럽게 다뤘던 것이다. 일을 잘하면 그에 대한 대가도 대게 좋았다. 하지만 노예들이 점점 더 많이 광장에서 사고 팔리면서 주인에 대한 개인적인 예속 관계 또한 한층 더 강해져갔다. 학대의 위험도 이에 따라 높아졌다.

노예들의 운명은 주인의 지위와 성향에 따라 달라졌다. 어떤 노예들은 주인이나 그들의 아이들과 친밀한 관계를 형성해나갔다. 하지만 가장 중요한 것은 경제성이었다. 대大카토에 따르면 더 이상 필요가 없는 노예는 바로 팔아야 했다. 저명한 작가이자 정치인이었던 그는 심지어 사신의 노예들에게 돈까지 빌려주었다. 이들이 그 돈으로 다른 젊은 노예들을 고용하고 교육하며, 나중에는 그 이득으로 다시금 돈을 빌려줄 수 있도록 함이었다. 물론 자신도 이득을 챙겼다.

거의 자본주의 시스템과 같았던 이 체계는 노예들이 자신만의 재산peculium을 모으고 운이 좋으면 마지막에는 자유의 신분도 얻을 수 있도록 만들어주었다. 특히 이는 그들이 주인과 신뢰적인 관계를 형성했을 때 가능했다. 사회의 최말단층 또한 이득 분배 및 자유에 대한 희망을 품고 있는 동안에는 이러한 체제가 잘 굴러가고 있다는 생각이 공공연히 퍼져 있었다.

예전에 노예였던 이들 중 몇몇은 선주나 군사령관, 지방의 자문가로까지 진출했다. 루키우스 리비우스 안드로니쿠스Lucius Livius Andronicus는 타란토 정복 때 포로로 붙잡혔고 마르쿠스 리비우스 살리나토르Marcus Livius Salinator의 노예가 되어 그의 아이들을 가르쳤다고 한다. 감사의 뜻으로, 또 그의 화술 덕분에 그는 자유의 몸이 된다. 이후 그는 학교를 열었고 시인으로 유명해진다.

정치가이자 작가였던 키케로의 가장 중요한 노예였던 티로Tiro 역시 운이 좋았다. 주인과 함께 자랐던 티로는 이후 키케로의 개인 비서이자 심복으로 거듭난다. 키케로가 죽은 다음에는 유산 관리인으로서 그의 작품들을 세상에 풀어놓았고 그에 대한 전기를 집필한다. 본 예는 자유로워진 이들인 리베리liberi가 신분 상승의 기회를 얻을 수 있었던 것은 대게 주인들이 은혜를 베풀었을 때에만 가능했음을 시사해준다. 일반적으로 그리스나 근동 사람들이 자유의 몸이 되면 예전에 주인들을 시중하면서 벌어들였거나 그들로부터 물려받은 돈을 마음대로 쓸 수 있었다. 이는 많은 귀족들을 불쾌하게 만들었다. 한껏 뽐내며 부끄러워할 줄 모르는 벼락부자들에 대한 조소가 여기저기 터져 나왔다.

때때로 주인들은 누가 더 많이 자유로운 신분을 허락하느냐에 열을 올리기도 했다. 몇몇 지역에서는 4년에서 5년마다 노예 한 명을 충실한 업무의 대가로 자유롭게 풀어주는 관습이 있었던 것으로 보인다. 이는 파트론에게도 이득이었다. 감사함과 충성심, 그리고 비밀 엄수의 의무를 갖고 있던 리베리들 대부분이 다른 신분을 얻고도 예전 주인들을 위해 일을 했기 때문이었다.

노예들이 자유로운 몸이 되는 것은 아이들이 그의 역할을 해낼 수 있을 때까지 미뤄지는 일이 비일비재했다. 기원전 1세기 중반 이후부터는 너무도 많은 노예들이 자유의 신분을 얻었기에 아우구스투스는 서기 3세기 때 '나라가 온통 시민들로 채워지는 것을 막기 위해' 30세 미만의 노예들에게 자유의 신분을 허락하는 행위를 금지했다. 그럼에도 묘비에 새겨진 비문들은 나이 제한이 거의 없었음을 보여준다.

전체적으로 봤을 때, 당시 사회는 노예들의 신분 상승 기회로 이득을 보았다. 접시 닦이에서 백만장자가 되는 현대판 아메리칸 드림을 노예들은 수백 년 동안 고분고분히 따랐다. 많은 가사노예들이 주인들에게 충실했고 그들을 위해 목숨을 바칠 준비까지 되어 있었다. 또한 요즘의 의미에서의 인권은 당시 철학자들 사이에서 단 한 번도 논의된 적이 없었기에 노예들도 노예 제도 자체에 거의 의문을 품지 않았다. 그 반대였다. 자유로운 신분을 얻은 이들의 가장 큰 바람은 흔히 자신만의 노예를 부리는 것이었다.

글 페트라 클라이나우

스파르타쿠스 반란 – 십자가형의 최후

기원전 73년, 반란들 가운데 가장 큰 반란이 일어난다. 대략 70명의 노예들이 카푸아의 검노劍奴 양성소를 탈출하면서 로마 공화국에 가장 위협적인 반란이 시작됐다. 반란은 엄청난 규모로 커졌다. 남녀노소 불문하고 1만 명에 달하는 사람들이 이탈리아 남부에서부터 무티나 Mutina, 오늘날의 모데나Modena로 이동했다. 검투사 스파르타쿠스와 네 명의 장수들의 지휘를 받으며 노예들은 수차례의 전투에서 승리했다. 하지만 기원전 71년, 그들은 이탈리아 남부에서 패하고 만다. 6000명의 살아남은 자들은 아피아 가도를 따라 십자가형에 처해졌다.

두 명의 주인을 둔 노예

초기 로마 시대에는 극본이라는 것이 거의 없었다. 하지만 이후 라틴족들은 그리스의 희극 작품들을 배워왔다. 플라우투스와 테렌티우스가 지금까지 가장 유명하다.

 적어도 무대에서는 두 가지 방식으로 넘어질 수 있다. 동정심을 유발하거나 아니면 미치도록 웃기거나. 이는 상황에 따라 달라진다. 또한 넘어지는 것을 어떻게 연기하는가에 따라서도 달라진다. 두 발로 겨우 자신의 몸을 지탱하는 쇠약한 노인이 넘어지는 것을 보고 우습다고 생각하는 사람은 거의 없다. 오히려 비참해 보인다. 하지만 희극 배우의 아이러니한 넘어짐이라면, 더군다나 그가 결정적인 대목처럼 정교하게 움직임을 천천히 늘어뜨리면서 넘어지면 우스꽝스럽다.

희극은 긴 역사를 가지고 있으며 연극사와 같이 처음에는 유랑민들이나 곡예사, 익살꾼 등에 의해 길바닥 위에서 시작됐다. 이를 고대 그리스인들이 연극의 대표적인 두 유형, 희극과 비극의 예술 형식으로 발달시켜나갔고, 다른 많은 분야에서처럼 로마인들은 그리스인들의 연극 역시 활용한다. 오늘날 가장 잘 알려져 있는 희극 작가들은 단연코 아네테 풍의 티투스 마키우스 플라우투스와 푸블리우스 테렌티우스 아페르Publius Terentius Afer 이다.

두 사람 작품의 주요 원천이 되어준 것은 로마인들에게는 메난데르Menander 라 불렸던 그리스의 희극 작가, 메난드로스Menandros 의 작품들이었다. 기원전 290년경 목욕탕에서 불운의 사고로 숨진 그는 아리스토파네스Aristophanes 의 경직된 구조에서 벗어난 희극 작품 〈새〉를 구성했는데, 그의 작품에서 코러스chorus 는 정해져 있는 형식적인 역할만을 담당했다.

메난드로스는 기껏해야 코러스를 막과 막 사이에 음악 연주로만 집어넣을 뿐이었다. 그가 쓴 100편 이상의 작품들 중 96편은 지금껏 제목만 알려져 있다. 로마인이었던 플라우투스는 그의 작품들에서 모티브와 라인업을 모방했다. 메난드로스가 이미 구상했었던 상황 코미디를 플라우투스는 번번이 노골적으로 극대화했다. 그의 작품들은 되레 투박스러웠고 대중적이었다.

대부분의 작품들은 착오, 오해, 배반 및 기만에 관한 내용이거나 진정한 혹은 잘못된 사랑, 그리고 마지막 순간에 이르러서야 비로소 모든 것이 밝혀지는 숨겨진 가족 관계를 주로 다루었다. 이러한 방식들은 오늘날까지도 확실하게 써먹히고 있다. 비극 작품에서 문제의 매듭은 늘 너무 늦게 풀린다. 적어도 극에 등장하는 인물들에게는 그렇다. 희극 작품에서는 관중들에게 가장 효과적인, 바로 그 순간에 딱 일어난다.

플라우투스는 요즘에 봐도 꽤 복잡한, 이리저리 얽히고설킨 연극론을 지향했다. 그의 희극 작품 〈에피디쿠스Epidicus〉는 어떤 노예가 가족들과 얽힌 비밀들을 남발한 덕분에 꽤나 난처한 상황에 빠지는 이야기를 다루고 있다. 에피디쿠스는 주인의 아들로부터 전쟁에 돌아오는 길에 결혼을 마음먹은 아크로폴리스티스Acropolistis라는 노예를 몸값을 주고 데려오라는 부탁을 받는다. 에피디쿠스는 사실상 그 계획에 대해 절대 알아서는 안 될 집의 최고어른을 찾아간다. 그는 집주인이 오랫동안 찾아 헤맸던 딸, 텔레스티스Telestis의 몸값을 지불하는 데 돈이 필요하다면서 급전을 얻어내게 된다. 텔레스티스는 집주인이 내연 관계로 낳은 딸이었다.

유감스럽게도 전쟁에서 돌아온 주인의 아들은 아크로폴리스티스에 대해 더 이상 아무것도 알고 싶어 하지 않는다. 그사이 다른 여인에게 마음을 빼앗긴 것이다. 희극을 즐겨보는 노련한 관중들 대부분이 눈치챘겠지만 새 여인은 바로 그의 이복동생인 텔레스티스였다. 상황은 점점 더 복잡해져갔지만, 결국에는 거의 모두가 행복해진다. 두 주인을 모셨던 에피디쿠스는 이런 행복한 결말이 다 자기 덕분이었음을 암시한다. 그는 벌을 받는 대신 보상을 받고, 마지막에는 자유의 신분을 얻는다.

주인과 노예 간의 이런 복잡한 관계는 전형적인 희극 소재다. 본 주제는 카를로 골도니Carlo Goldoni나 몰리에르Molière에 의해

확대 발전되었고, 또 볼프강 아마데우스 모차르트Wolfgang Amadeus Mozart 의 〈후궁으로부터의 탈출The Abduction from the Seraglio 〉〈피가로의 결혼The Marriage of Figaro 〉 등의 18세기 오페라 극본에도 재차 등장했다. 이들 거의 대부분은 고대 시대의 원작에서처럼 시중을 들던 자들이 늘 그렇듯 모든 기지를 발휘하여 정해져 있던 특정 세력 관계를 뒤바꿔버리고 이를 통해 이득, 즉 관중들의 기쁨을 이끌어낸다.

많지 않은 문헌 자료들을 바탕으로 추측해보면 플라우투스 자신도 제법 굴곡 많은 삶을 살았던 것으로 보인다. 그는 처음에는 유랑하며 이곳저곳 다니는 희극인, 다음에는 군인, 마지막에는 상인으로 살아갔다. 그의 삶을 이야기하자면 이렇다. 그는 전 재산을 투자해서 배를 한 척 샀으나, 그 배는 침몰하고 만다. 이와 함께 부자가 되고 싶다던 그의 모든 꿈들도 가라앉는다. 결국 그는 제분소의 일꾼으로 고용되어 일을 해야만 했다. 배의 난파 그리고 제분소에서 일한 경험들은 그의 희극 작품들에 자주 등장하는 소잿거리였다. 사후에 어떤 누군가가 그의 일생을 그의 작품들에 맞춰 짜깁기했을 가능성도 있다. 정확한 것은 그 누구도 모른다.

로마 공화국에서 두 번째로 가장 유명한 희극 작가인 테렌츠Terenz 는 플라우투스보다는 좀 더 세련된 표현 양식을 구사했다. 그의 작품들은 그렇게 장엄하지도 않았고 전혀 상스럽지도 않았다. 오히려 세련됐으며 언어적으로는 섬세했다. 한때 노예였다가 작가가 된 그로 봤을 때는 주목할 만한 실력이었다. 훗날 극작가가 된 테렌츠는 원로 테렌티우스 루카누스Terentius Lucanus의 시중을 들었었다. 집필 노예였던 테렌츠는 당시 통상적이었듯 주인의 이름을 따와 푸블리우스 테렌티우스 아페르라는 이름을 갖게 된다. 아페르는 '아프리카에서 온 자'를 의미한다. 아마도 그는 리비아 출신이었을 것이다. 하지만 테렌츠의 원래 이름이 어떠했는지는 알 수 없다.

테렌티우스의 희극 작품들은 결혼 및 일상의 문제들을 주로 다루었으며 교육에 대한 질문도 던졌었다. 그렇기에 그는 세련된 교양 넘치는 작가로서 모습을 드러낼 수 있었을 것이다. 하지만 그 역시도 그리스 작가, 메난드로스의 기본 양식을 빼고는 생각하기 힘들다. 테렌티우스는 표절자라는 비난에 대해 부인하지 않으면 안 될 정도로 메난드로스를 굉장히 모방했던 추종자였다.

플라우투스처럼 서민적이든, 아니면 테렌티우스처럼 오히려 우아하든 두 사람의 작품은 극작가들 사이에서 세대에 세대를 거쳐 하나의 교본으로 통하고 있다. 그리스인들에게 생동적이고 발랄한 시 문학을 관장한 여신, 뮤즈 중 한 사람이었던 탈리아Thalia를 라틴어로 받들었던 첫 번째이자 가장 주된 인물로 플라우투스와 테렌티우스를 손꼽아도 좋다. 어떤 누군가가 그들의 작품에서 발에 걸려 넘어진다면 관중들은 익살스러운 무대 효과에 킥킥거리며 웃게 될 것이다.

글 요아힘 크론스바인

테르미누스의 그물

로마의 측량사들은 간단하면서도 효과적인 도구를 사용해서 땅을 개척했다. 고대 시대에 이루어진 토지 분할과 관련된 흔적들은 요즘에도 볼 수 있다.

사형 집행에 관한 것이면 인간은 이미 예전부터 풍부한 상상력을 자랑해왔다. 1647년 7월 6일, 힐데스하임 Hildesheim 법정은 죄를 저지른 한 피고인을 살아 있는 채로 땅에 묻으라는 형벌을 내린다. 단 그의 머리만은 밖으로 내밀도록 했다. '고삐를 묶지 않은 성난 네 마리의 말들'이 그의 머리와 함께 땅을 갈아버리기 위해서였다. 그가 범한 잘못은 어떤 경계석의 위치를 바꿔놓은 것이며, 사형이 집행된 곳은 그 돌이 예전에 있었던 구덩이였다.

경계석. 이는 그저 평범한 돌덩어리가 아니었다. 경계석은 사람들이 손대서는 안 될 경계선들을 표시해둔 것이었다. 힐데스하임 사람들은 잔인한 판결을 내리면서 로마가 아직 왕들의 통치를 받던 시절에 행했던 관습들을 소급해냈다. 어떤 농부가 제멋대로

174

경계석을 옮겨버리면 그는 신의 노여움을 사게 되었고, 그렇기에 어떠한 법적 보호도 받지 못했다. 한마디로 누구나 그를 죽여도 괜찮았다.

토지 측정 및 경계 표시와 관련해서 로마인들은 에트루리아를 롤 모델로 삼았다. 에트루리아인들 역시 경계선에 관한 범법 행위에서는 굉장히 엄격했다. 로마의 토지 측정에 대한 문헌모음집 Corpus Agrimensorum 에는 에트루리아의 요정, 베고이아Vegoia 의 예언이 전해저 내려왔다. 여기에서 그녀는 경계석을 옮기는 행위가 초래할 수 있는 일들을 경고했다.

그런데 다른 이들의 땅을 좁히고 자기 땅을 넓히기 위해서 경계석들을 만지고 그것들의 위치를 바꾸는 자는 그가 저지른 행위로 신들의 노여움을 사게 될 것이다. 노예가 그렇게 했다면 더 힘든 노예 생활에 처하게 될 것이요, 주인이 그 행위를 좋게 본다면 집안은 풍비박산이 나고 가문 전체는 몰락하게 될 것이다. (⋯) 경계석을 옮긴 자는 끔찍한 질병들을 앓고 상처들을 입을 것이며 몸에서 힘이 다 빠져나갈 것이다. 땅은 계속되는 악천후와 폭풍우로 결국 황폐해질 것이다. 경작물들은 번번이 썩어 문드러져 못 쓰게 되고 비와 우박으로 망쳐질 것이다. 사람들 사이에는 많은 불화가 생겨날 것이다. 네가 경계석을 옮기면 이러한 벌들을 받을 것임을 알고 있어라.

심지어 로마인들에게는 경계를 관할하는 신도 있었다. 바로 테르미누스Terminus 다. 그를 기리는 축제, 테르미날리아Terminalia 는 2월 23일에 열렸다. 이날이 되면 이웃 주민들은 자신들의 경계선에 함께 모여 제물과 좋은 음식들을 마련하고 신을 칭송했다. 그렇기에 경계석을 세우는 것에는 기술적인 목적만 있는 게 아니었다. 이는 하나의 종교적 행위였다. 새로운 돌이 위치를 잡게 되면 산 제물을 여기에 바쳐야만 했다. 재는 다른 것들과 함께 구덩이 속에 넣어졌다. 이때부터 이 돌에 손을 얹는 자는 법에 어긋나는 행위를 했을 뿐만 아니라 신의 뜻을 거역한 것이기도 했다.

로마인들에게 경계는 토지 소유와 불가분의 관계였다. 닭 없이는 달걀도 없고 달걀 없이는 닭도 있을 수 없다는 원리처럼, 로마 문화에서 땅을 소유한 자는 경계가 필요했고 토지 소유주는 경계를 통해 정해졌다. 그런데 이는 로마 공화국 때에도 전혀 새로울 것이 못 됐다. 로마인들은 그들이 사용하고 있는 경계 표시나 토지 측정에 관한 지식 등은 본래 에트루리아에서 비롯됐다고 말했다. 하지만 이것이 실질적으로 어떻게 이루어지는가를 보여준 사람들은 특히 그리스인들이었다. 새로운 땅을 점유하게 되면 제일 먼저 경계를 만들고 분할해야 했다. 이미 〈오디세이아Odysseia 〉에서 호메로스Homeros 가 이를 이야기했다.

기원전 5세기, 밀레투스Miletus 출신의 히포다모스Hippodamos 는 격자형 도시 계획의 대가로서 명성을 얻게 된다. 기원전 479년,

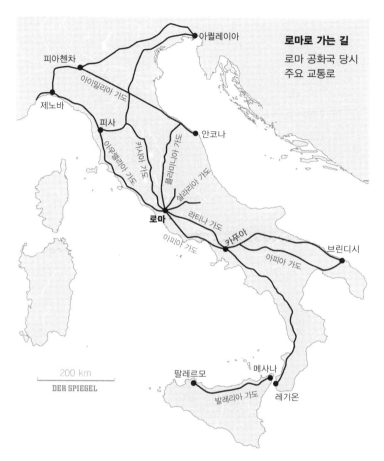

로마로 가는 길
로마 공화국 당시
주요 교통로

아퀼레이아

피아첸차

아이밀리아 가도

제노바

피사

안코나

아우렐리아 가도

카시아 가도

플라미니아 가도

로마

살라리아 가도

라티나 가도

아피아 가도

카푸아

브린디시

아피아 가도

200 km
DER SPIEGEL

팔레르모

메사나

발레리아 가도

레기온

페르시아Persia의 공격으로 고향이 폐허가 되자 도시 재건에 그가 힘을 보탠다. 이때 사용된 배열 방식은 오늘날까지도 그의 이름을 따라 히포다모스 시스템Hippodamos System으로 불린다. 이는 주요 대로들, 그리고 이들과 직각으로 교차되는 좁은 이면 도로들을 바탕으로 토지를 모두 똑같은 모양의 장방형으로 나누는 방식이다. 수백 년이 지난 다음에도 뉴욕 및 만하임의 도시 계획자들은 그를 지향했다.

로마는 식민지를 만들어나가면서부터 삶에 대한 아이디어를 장방형 구조 속에 완벽하게 구현해냈다. 어떠한 설립 위원회든 그 중심에는 건축 기사인 아그리멘소르Agrimensor가 포함됐다. 그들은 직사각형의 경계선들을 표시하는 책임을 지고 있었다. 이 경계선 안에서 새로운 거주 지역에서의 삶이 시작됐다.

새롭게 만들어지는 곳의 중심은 두 개의 주요 도로, 데쿠마누스 막시무스Decumanus Maximus와 카르도 막시무스Cardo Maximus의 교차점에 늘 형성되었다. 모든 구획별 명칭들은 이 교차점에 맞춰 동쪽 방향으로 지어졌다. 이는 모두 똑같은 크기의 사각형들 사이에서도 이후 주소를 찾을 수 있도록 하고자 함이었다. 예를 들어 누군가 친구에게 "오늘 저녁에 우리 집으로 밥 먹으로 와. SD IX VK VII에 살고 있어"라고 말한다면, 그 친구는 약속 시간에 데쿠마누스 왼쪽 SD Sinistra Decumanum 아홉 번째, 그리고 카르도 건너 VK Ultra Cardinem 일곱 번째 교차로에 놓여 있는 땅으로 가야 함을 알고 있었다.

측정 기사들은 구획별 토지 크기를 재는 데 특히 두 가지의 도구들을 사용했다. 가장 중요한 도구는 그로마groma로, 나무와 철로 만들어진 조준기였다. 1912년 폼페이Pompeii의 아본단차 거리 Via dell' Abbondanza에 있던 대장공 베루스Verus의 작업장에서 그로

178

마 하나를 고고학자들이 발견했다. 이는 동을 이용해서도 그로마를 만들 수 있었음을 보여주었다. 지금껏 알려진 것들 가운데 가장 잘 보존된 표본이기도 하다.

그로마의 중심부는 스텔라stella로, 회전이 가능한 십자가 모양이다. 십자가형의 스텔라는 그 중심과 네 갈래의 끝자락에 모두 연추를 매달고 있다. 반면 스텔라는 이른바 스윙 암swing arm을 통해 기다란 막대에 받쳐져 있었는데, 이 막대를 이용해 스텔라를 땅에 박거나 삼각대에 고정시켰다. 가장 먼저 할 일은 스텔라 중심에 달린 연추로 측량 지점을 표시하는 것이었다. 이미 표시가 되어 있다면 그 지점 바로 위에 정확하게 위치를 잡아야만 했다.

그로마가 고정되면 회전형 십자축의 위치를 잡는 일을 했다. 십자축의 한 면은 계량의 주축이 되는 것을 따라 놓여졌는데, 보통 도로나 이미 그어놓은 경계선이 그 주축이 되었다. 그런 다음 건축 기사들은 스텔라를 회전시켰다. 건축 기사의 시점에서 서로 마주하고 있는 두 개의 연추들이 서로서로 겹쳐져 앞의 연추 줄이 뒤의 연추 줄과 포개질 때까지 스텔라가 돌아갔다. 이제 건축 기사들이 그로마 주변으로 둘레를 두르고 남아 있는 두 개의 연추들로 각도를 맞추기만 하면 장방형의 네 측면들이 정확하게 측량되는 것이다.

로마인들은 이렇게 훌륭하게 토지를 측량해냈다. 또한 로마인들은 건축물들도 자주 계획했었는데, 어떤 때에는 엄청난 높이 차이도 고려해야만 했다. 예를 들자면 수도나 터널 등이 그러했다. 이때 로마 측량사들은 수준기水準器의 초기 형태인 코로바테스chorobates를 사용했다. 코로바테스는 그로마와 달리 오늘날까지 보존되고 있는 것이 없다. 나무로 만들어졌기에 원판들은 이미 벌써 썩어 없어졌다.

다행히 서기 1세기 때 건축가 마르쿠스 비트루비우스 폴리오Marcus Vitruvius Pollio가 건축에 관한 열 권의 저서에서 이러한 도구들이 어떻게 생겼는지, 어떻게 작동했는지를 굉장히 자세하게 기록해두었다. 기본적으로 코로바테스는 약 6미터 길이의 나무 판때기 하나로 구성되며, 양 끝에는 연추가 달려 있고 윗면에는 홈통이 나 있다. 연추들이 각목 하단의 가로대에 표시된 지점들과 정확하게 맞닿을 때까지 균형을 잡은 다음, 이 나무판을 놓는 게 중요했다.

바람이 너무 강하게 불면 측량사들은 홈통에 물을 채워 넣어 코로바테스를 특대형 수준기로 그 기능을 바꿀 수 있었다. 위치가 잡히고 값이 측정되면 측량사는 코로바테스를 180도로 돌려, 첫 번째 측정 때 뒤쪽에 있었던 다리를 이제는 앞쪽 다리로 하여 먼저 자국으로 남겨두었던 자리에 고정시켰다. 코로바테스의 길이는 각각의 측정 지점들 간 정확한 거리를 말해준다.

로마 측량사들은 총 거리를 재는 데 발을 이용했다. 놀라운 점은 측량사들이 그들의 발의 크기를 얼마나 크게 측정했느냐다.

로마인들의 발 사이즈 평균은 29.6센티미터로 요즘 우리나라 신발 크기의 310밀리미터 정도에 해당된다. 넓은 땅을 측정할 때는 악투스Actus라는 단위를 사용했는데, 이는 매 120번째 발걸음에 해당된다. 악투스라는 말은 '가축들의 움직임'이라는 뜻으로 한 쌍의 황소가 일구는 밭고랑 하나의 길이를 나타냈다.

정방형에 맞춰 악투스는 실용적인 방식으로 그 이름을 유지했다. 두 개의 악투스로 이루어진 사각형은 유게라jugera를 형성한다. '요흐joch'는 한 쌍의 황소가 하루 동안 갈 수 있는 밭의 넓이에 대한 옛날 단위로 '모르겐morgen'과 견주어볼 수 있다. 두 개의 유게라는 세습지라는 뜻의 헤레디움heredium을 형성한다. 로물루스가 예전에 공포했다고 알려졌듯이 헤레디움은 로마 시민 한 명에게 충분한 재산 규모였다. 땅에 대한 나머지 바람들은 국유지ager publicus에서 채워나갈 수 있었다. 이에 따른 결과로 100유게라는 100명의 소작인들에게 충분한 공간인 켄투리아centuria를 형성하게 된다.

후기 로마인들은 신화 속 건국 시조가 봤으면 좋았겠다 싶을 정도로 굉장한 우월감에 젖어 있었다. 특히 제2차 포에니 전쟁이 끝난 다음에는 눈에 띌 만큼 땅이 커졌다. 로마가 매번 새로운 식민지를 건설할 때마다 측량사들은 유게라와 켄투리아로 구성된 로마식 그물망으로 유럽이나 북아프리카의 영토를 확장해나갔다. 기원전 200년과 190년 사이, 딱 10년 동안에만 어림잡아

100만 유게라가 측정되었으며 대략 10만 명 정도의 거주민 가족들이 정착해서 살게 되었다.

땅을 분할받을 이들은 충분했다. 형제들 중 더 어리거나 상속권이 없는 아들들 역시 새로운 땅이 필요했다. 로마 군대 안에서 군사 의무를 끝낸 병사들도 마찬가지였다. 그 예로 옥타비아누스는 기원전 41년에 빌립보Philippi 전투에 참가한 10만 명 이상의 군사들과 5000명의 기사들에게 포상을 내리고자 16개의 새로운 식민지를 개척해야만 했다. 이를 위해 평방 2만 킬로미터의 땅을 표시해야 하는 측량 기사들에게는 가혹한 주문이 아닐 수 없었다.

공화국은 무너졌으며 로마제국 자체도 그 끝을 향해 점점 치닫고 있었다. 하지만 경계의 신이 인간들에게 물려준 것은 그러한 시간들을 모두 버텨냈다. 요즘 날씨가 화창한 때에 하늘 위에서 비행기를 타고 서부 이탈리아의 캄파니아나 프랑스 라카마르그La Camargue의 론Rhône 강 유역을 바라보면, 아니면 북아프리카 튀니스의 내륙 지역이라도 바라본다면 땅들이 여전히 규칙적인 정방형으로 배열되어 있다는 것을 볼 수 있다. 고대 로마식 유게라와 켄투리아 사이에 놓인 들길, 행로 및 도로들. 바로 테르미누스 그물의 질기도록 질긴 가닥들이다.

글 안젤리카 프란츠

금발에 몸집도 좋고!

카토는 고대 로마인들의 덕목을 보수적인 언변으로 옹호해나갔고 '위험천만한 민족'인 그리스인들에 대해 경고했다. 말 한마디가 그를 불멸의 존재로 만들었다.

 그는 정말로 수많은 후세대들이 스승으로 받아들일 만큼 '좋은 성품의 모범적인 로마인'이었을까? 아니면 이러한 이야기들은 그저 교활한 정치 활동에 의해 속아 넘어간 것들인가? 역사학자 마틴 예네는 대★카토를 "자칭 대표 로마인"이라고 평한다. 역사가 리비우스는 "부패"한 자는 아니었지만, "자기가 한 일들을 겸손하게" 말하는 자도 아니었다고 평가했다. 그렇다면 그는 허풍쟁이였을까?

카토에 관한 몇몇의 사실들은 잘 알려져 있다. 그는 기원전 234년 부유한 지주의 아들로 태어났다. 기사인 에쿠에스의 신분을 갖고 있었기에 혈통 귀족 가문이 아닌 벼락 귀족에 속했다. 그들은 군대에서 기사의 책임을 다할 의무가 있었다. 게다가 카토는 그의 가문에서 제일 첫 번째로 원로원에 들어갔었기에 사람들은 당시 으레 그러하듯 그를 '호모 노부스'라고 불렀다. 그는 아무것도 모르는, 정치계의 햇병아리였다.

카토는 원래 사비니의 튀스쿨룸Tusculum 출신인데, 이곳은 굉장히 전원적인 도시로 지금의 프라스카티Frascati 남쪽 언덕에 위치해 있었다. 이후 어기에 살았던 정치가이자 작가였던 키케로는 책 한 권 전체를 자신의 추억들로 채워나갔다. 바로『노년에 관하여Cato Maior de Senectute』이다. 카토에 관한 인물 평론은 이처럼 심오한 문학적인 오마주보다는 그리스 역사가 플루타르크의 것이 현재 더 신뢰를 받고 있다. 플루타르크가 서기 120년경 무렵에 작성한 전기 모음집을 살펴보면, 이 풍족한 지주의 어린 아들은 "영리한 자"라는 뜻의 "포르키우스 카토"로 그가 바꾸어 부르기 전까지는 "엄격한 자"라는 의미의 "포르키우스 프리스쿠스Porcius Priscus"로 불렸었다. 카토는 힘도 세고 건강한 사람이었다고 한다. 그에 관한 짧은 시는 더 많은 것을 알려준다.

금발, 완전 무뚝뚝한 타입, 파란 빛깔의 눈;
사후 세계의 페르세포네Persephone도 분명 포르키우스를 받아들이
지 않으리라.

익명의 작가는 지옥의 여왕조차도 북방 게르만인 같은, 이 낯선 자를 '위험한 들개'로 생각하여 사후 세계의 문 앞에서 돌려보

낸다고 말했다.

카토는 유년 시절에 자신이 "사비니의 바윗덩어리를 모래로 산산조각 내버렸다"고 자랑스럽게 이야기하고 다녔다. 시간이 흘러 그는 집정관 루키우스 발레리우스 플라쿠스Lucius Valerius Flaccus 의 후원을 받게 된다. 17세의 나이로 제2차 포에니 전쟁에 참가한 그는 수년 동안 여러 차례 전쟁을 치른다. 그리고 기원전 195년, 카토는 자신의 후원자인 플라쿠스와 함께 집정관에 들어간다. 기원전 184년, 플라쿠스와 함께 다시금 감찰관 최고위 관직에 선출되었을 때 그의 경력은 최고위 세무관, 사회 풍기 단속, 임대 관리 및 국가 공무 수행 등 절정을 이루었다.

감찰관 카토는 관직 매매 방지를 위해 싸웠고 사치스런 의복에는 높은 조세를 부과했으며 농업을 소홀히 하는 데에는 호통을 쳤다. 자신의 말을 제대로 돌보지 않는 기사가 있으면 말을 빼앗아버렸다. 그가 관직에 있는 동안 일곱 명의 원로들이 내쳐졌다.

상상하기 힘들 만큼 엄청난 일들도 벌어졌다. 명성 높은 원로, 루키우스 퀸크티우스 플라미니누스Lucius Quinctius Flamininus 가 연회에 사람들을 초대했다. 초대받은 이들 가운데 어떤 젊은 청년이 자기는 사실 집에서 검객들이 싸우는 시범 경기를 보며 사람을 어떻게 죽이는지를 보고 싶었다고 말했다. 그럼에도 루키우스의 초대에 응했다는 것이다. 이 말을 들은 루키우스가 "그 점에 대해서라면 내가 네 아쉬움을 달래주지"라고 말하며 사형 선고가 내려진 자를 데려오도록 했다. 그러고는 그의 머리를 손도끼로 내려치라 명했다. 보여주기 식의 사형 집행이 아닌가? 이 일을 접한 카토는 퀸크티우스의 원로원 직을 박탈하게끔 만들었다. 이를 플루타르크는 잘된 일이라고, "자업자득"이라고 평가했다.

키케로가 말한 카토의 150개 이상의 법정 및 원로원 연설 중 남아 있는 것은 오직 단편들뿐이다. 대부분의 책들에서도 마찬가지다. 『농업에 대하여De Agri Cultura』라는 교본 서적만이 보존되었다. 이것은 완벽하게 보존된 라틴어 산문 작품 중 가장 오래된 것이다. 전형적인 딱딱한 문체로 '땅을 어떻게 사들여야 하는지', 지주들이 해야 할 과업들, 아스파라거스 재배, 비료 주는 법, 포도주 짜는 법 및 '돼지 뒷다리를 소금에 절이는 법' 등을 소개하고 있다. 170개의 작은 장들은 귀족들의 관습인 '모스 마이오룸'을 지킬 의무에 대한 엄격한 사고방식을 드러내고 있다.

로마가 지중해의 전 지역을 거의 다 재패했던 3세기 말경, 헬레니즘의 사고방식과 스타일이 로마인들에게 점점 더 매력적으로 다가왔다. 이를 카토는 고대 로마의 활력과 용맹함, 즉 비르투스virtus의 측면에서 거부했다. 그는 장식에 인색했다. 그의 건물들은 당시 일반적으로 통용되던 회반죽이 사용되지 않았다. 또한 그는 검소하게 먹었다. 그리스인들의 감각적인 즐거움에 반하는 것이었다.

그는 아들에게 그리스인들의 작품들을 "보는 것"은 괜찮으나 그들은 "위험한 민족"이라고, 또 로마가 그들의 학문을 습득하면 "모든 것이 더럽혀질 것"이라고 경고했다. 심지어 소크라테스Socrates도 카토의 눈에는 '떠버리'였다. 기원전 155년, 아테네의 철학자들이 화려한 언변술로 로마를 휘저었을 때, 카토는 그 지식인들 무리가 빨리 떠나도록 노력했다.

카토는 다음과 같이 두 가지 뜻으로 해석이 가능한 표현법을 좋아했다.

rem tene, verba sequentur.
행동에 착실해라. 떠벌려질 시간은 여전히 충분하다.
주제를 고수하면 언어는 저절로 따라온다.

연설가들에게 꼭 필요한 말이지 않은가? 카토는 또한 구절 형식으로 표현하는 것을 즐겼다고 한다.

소小도둑들은 사람에게 미적거린다. 대大도둑들은 황금과 자포에 움직인다.

이를 포함한 여러 문장들이 서기 3세기 이래 『디스티카Disticha』혹은 『딕타 카토니스Dicta Catonis』로 전해져 내려왔다. 사실상 다수는 그가 직접 쓴 것들이 아니었다. 그렇지만 중세에는 그의 책들이 문법 시간에 사용되는 기본서로 애용되었다.

정말로 카토는 훌륭한 연설가였고, 그가 주관한 일들 가운데 안 된 게 없었다. 플루타르크에 따르면 대략 50개 정도에 달한다. 악평이 자자한 그의 탐욕들에 의견이 갈리기도 했다. 돈을 빌려주는 대가로 그는 폭리를 요구했다. 남자 노예들은 본능 조절 차원에서 하녀들과 잠자리를 해도 괜찮았으나 집주인에게 그에 대한 값을 지불해야 했다. 카토가 지불하는 거라고는 최저 임금밖에 없었다. 손님을 초대한 식사 자리에서 순종하지 않은 시중꾼에게는 마구 채찍질을 가했다. 그는 "자신의 노예들을 짐승처럼" 대했다고 플루타르크는 표현했다.

그의 가족들 상황은 훨씬 좋았다. 기원전 192년 카토는 리키니아Licinia 와 혼인했다. 그녀는 예전에 집정관이었던 어느 귀족의 딸이었다. 기원전 190년에 그들의 유일한 아들이 세상에 태어났다. 카토는 좋은 아버지이자 자상한 남편이었다. 물론 그는 점잔을 빼기도 했다. 한 집정관을 친딸 앞에서 자신의 부인에게 입맞춤을 했다는 이유로 관직에서 쫓아냈다. 카토는 자기는 창피해서라도 천둥 번개가 쾅쾅 치는 날에만 아내와 잠자리를 가진다고 떠벌리고 다녔다. 유피테르가 천둥을 내리치면 그는 물론 행복해했으리라.

기원전 168년, 리키니아는 세상을 떠났다. 그녀가 죽은 지 약 17년 후, 80세의 카토는 훨씬 더 어린 사로니아Salona 와 결혼했다.

그녀는 카토의 내연녀로 노예 출신이었다. 그의 아들은 왜 지금 자기가 새엄마 때문에 벌을 받아야 되냐며 투덜거렸다. 정말로 그녀는 얼마 지나지 않아 남동생을 낳았다. 훗날 카이사르의 반대파로 유명해진 소小카토, 마르쿠스 포르키우스 카토 우티첸시스Marcus Porcius Cato Uticensis의 조부가 바로 이 남동생이다.

대大카토에 관한 가장 유명한 이야기는 원로원에서 어떠한 연설을 했든 늘 마지막에는 똑같은 경고를 했다는 것이다.

ceterum censco Carthaginem esse delendam.
어쨌든 내 생각에 카르타고는 반드시 망해야만 합니다.

키케로와 플루타르크의 저서 등에 따르면 그렇지만, 이렇게 유명한 라틴어 표현에 대한 실제 근거는 그 어디에도 없다. 그런데 이 말은 정말로 사실처럼 들린다. 거칠고 무뚝뚝한 그가 아니라면 누가 이런 말을 생각이나 할 수 있었겠는가?

글 마티아스 슈라이버

그리스의 기품과 더불어 나아가다

로마가 대제국이 된 이래 귀족들은 헬레니즘 문화를 점점 더 지향하게 된다. 그 중심에는 스키피오 장군 무리가 있었다.

자유 시간이 필요한 것은 장군도 마찬가지다. 기원전 129년 봄, 소小스키피오는 3일간 자신의 영지를 비웠다. 전쟁의 영웅이자 정치인이었던 스키피오는 숨 가쁘게 돌아가는 로마로부터 거리를 좀 두고 싶었다. 로마에서는 매년마다 열리는 라틴족의 축제 기간 동안에 정치적 활동들도 잠시 중단되었다.

스키피오는 휴일을 온전히 혼자서는 보내고 싶지 않았다. 그는 친한 이들 여덟 명을 초대했다. 그들 모두 로마의 상류층 사람들이었다. 이 중에는 성공을 거둔 정치인이거나 장군들도 있었지만, 철학자와 법학자들도 있었으며 역사가도 포함되어 있었다. 차례차례로 그들이 도착했고 봄 햇살 아래 자리를 잡고는 토론을 시작했다.

대화는 보통 광대한 주제로 이루어졌다. 한 국가의 최고 법률은 어떠한 모습을 갖추는가? 정의는 국가에 어떠한 의미인가? 이상적인 정치인은 어떤 성격을 갖추어야 하는가?

스키피오와 더불어 그의 총명한 지인들은 당연하다는 듯이 그리스의 교육 및 문화를 그 기준으로 삼았다. 그들은 철학이나 예술, 문학뿐만 아니라 세계상 등에도 관심이 있었다. 로마의 일상 문제에 대한 그들의 전반적인 시각으로 이른바 스키피오 그룹은 유명하게 되었다. 다수의 자료들이 티베르 강의 군사 국가가 이 스키피오 그룹 덕분에 정신적 그리고 문화적으로 중요한 자극을 받을 수 있었음을 보여준다.

오늘날에는 유명한 희극 작가인 테렌티우스 등의 예술가들, 로마의 귀족 계급들을 실천 윤리학의 문제와 포괄적으로 연결시킨 로도스 출신의 파나이티오스Panaitios 등의 그리스 철학자들, 또 로마가 강대국으로 거듭나는 이야기를 대단히 높은 영향력을 가진 그의 역사 이야기 속에서 풀어나갔던 폴리비오스 등의 역사가들도 스키피오 그룹에 포함시키고 있다.

하지만 이러한 학자들 집단의 대표적 인물은 그 당시 가장 중요했던 로마 장군 및 정치가들 중 한 명으로 손꼽히는 스키피오였다. 그는 기원전 185년, 영향력이 센 귀족 가문 중 하나인 아이밀리Aemilii 가문에서 태어났다. 어린 시절, 그는 기원전 202년 자마 전투에서 카르타고의 한니발을 무찔렀던 대★스키피오의 양

손자로 들어가게 되었다.

이미 17세의 나이로 전쟁에 참가한 그는 엄청난 열정 덕분에 눈에 띄기 시작했다. 아버지 루키우스 아이밀리우스 파울루스 마케도니쿠스Lucius Aemilius Paullus Macedonicus의 전두 지휘 아래 로마 공화국은 기원전 168년, 피드나Pydna 전투에서 마케도니아 왕국을 함락시키게 된다. 이로 인해 그리스 전 지역에 대한 패권을 결정적으로 장악하게 된다.

아이밀리우스 파울루스는 아들 교육을 굉장히 중요하게 생각했다. 그는 마케도니아 왕인 페르세우스Perseus로부터 빼앗은 도서관을 아들 스키피오에게 선물하고 그리스 출신의 폴리비오스를 가정교사로 삼았다. 이렇게 어린 스키피오는 헬레니즘의 정신생활을 일찌감치 접하게 된 것이다. 근엄 및 원칙과 같은 로마의 이상은 정신적 활동 및 교육에 대한 갈망과 같은 그리스 원리들로 순화되어갔다.

스키피오가 헬레니즘 이상 속에서 자란 유일한 귀족은 아니었다. 인접 국가의 문화에 대한 관심이 로마 상류층들 사이에서 싹트기 시작했다. 이미 그전부터 건축물이나 조형 예술 등은 그리스 영향을 받고 있었다. 또한 헬레니즘은 에트루리아인들로부터 전해지기도 했다. 하지만 로마가 기원전 2세기 초 무렵 대제국으로 거듭나기 시작하면서 헬레니즘 문화에 대한 붐이 본격적으로 일기 시작했다.

이미 오래전부터 그리스어는 지중해의 동쪽 지역에서 공용어로 사용되었으며, 로마 작가들은 그리스 문학의 소용돌이 속에서 빠져나올 수가 없었다. 라틴 문학의 태조 격인 리비우스 안드로니쿠스는 수업 시간에 사용하고자 호메로스의 〈오디세이아〉를 번역했다. 문필가였던 퀸투스 엔니우스Quintus Ennius는 그리스어로 된 원문들을 다시 라틴어로 바꿔 전달했고 라틴어로 된 민족 서사시를 제일 처음 작성했다. 플라우투스와 같은 시인들은 늘 그리스 원작들을 바탕으로 극본의 초안을 잡았다.

기원전 155년, 철학자 카르네아데스Carneades가 로마를 방문했고 그의 강연들은 젊은 귀족들에게 굉장히 매력적으로 다가왔다. 아테네 학파이자 회의론자였던 그는 학자들에게 변증법적으로 어떻게 토론을 이끌어나가야 하는지를 제시했다. 또한 그는 로마군이 탐욕과 불의에 기반을 두고 있기에 그들이 다른 민족들에 대해 갖는 당위성에 의문을 대담하게 제기했다. 카르네아데스는 약탈한 모든 것들을 돌려주고 "그들의 움막"으로 되돌아갈 것을 로마인들에게 결국 강력하게 주장했고, 그 즉시 로마에서 추방되었다. 하지만 직면한 주제들을 다루는 그의 방식은 로마인들에게 오래도록 큰 영감이 되었다.

이와 동시에 점점 더 많은 이들이 스토아학파Stoicism를 따랐다. 지혜, 검소, 정의 등 스토아학파가 기본적으로 추구는 덕목들은 현명함을 의미하는 '사피엔티아sapiéntia', 겸손함을 의미하는 '모데스티아modestia', 정의를 의미하는 '유스티치아justitia' 등 고대 로마가 지녔던 이상들과 쉽게 조화를 이루었다. 하지만 삶에 대한 광대한 문제들은 여전히 토론에 붙여졌다. 인간은 어떻게 하면 '행복한 존재'가 될 수 있는가? '영혼의 건강함'이란 무슨 의미일까? '신의 섭리'는 어떤 역할을 하는 것일까?

윗세대의 몇몇 로마인들이 그리스의 '다변多辯'에 욕을 퍼부음에도 불구하고 헬레니즘 문화의 고공 행진은 더 이상 막아낼 수 없었다. 티베르 강 유역에는 금세 문화적 자부심이 생겨났다. 그리스인들은 교육에 굉장한 자부심을 갖고 있었지만, 상류층 로마인들은 그들을 '미개인'이라 표현하며 그들과 동급이 되기를 바라지 않았다. 도덕적 강단을 형성하는 쾌활함, 공손함, 신중함 등은 로마 귀족들도 할 수 있는 것들이었다.

스키피오는 군사적, 정치적 성공 또한 정신적인 관심사와 똑같이 목표 지향적으로 쫓았다. 기원전 151년, 그는 군사 호민관으로서 자발적으로 스페인에 갔다. 그곳에서 그는 반란을 일으키던 민족들을 두 번의 전투로 제압했고, 이로써 두각을 나타내기 시작했다. 그로부터 2년 뒤, 로마제국이 북아프리카의 오랜 숙적이었던 카르타고에게 전쟁을 선포하자 스키피오는 다시금 전쟁에 참가한다.

전쟁에서 그가 보여준 신중함, 용기 그리고 성실함은 굉장한 인상을 남겨주었다. 이에 그는 기원전 147년, 최소한 만 43세 이상이어야 한다는 법적 기준에 부합하지 않음에도 불구하고 집정관으로까지 선출된다. 얼마 있지 않아 스키피오는 로마 군대의 최고 지휘관으로서 자신의 멘토인 폴리비오스와 함께 아프리카로 향한다. 그는 1년 동안 카르타고를 포위했고 끝내 완전히 파괴해버린다.

이제 스키피오의 명예는 최고점을 찍게 되었다. 조부처럼 '아프리카누스'라는 별칭을 갖게 된 것이다. 카르타고로부터 승리를 얻어내면서 문학을 애호하던 장군은 로마를 고대사회의 중심으로 끌어올렸다. 용기, 신뢰, 성실 등 고대 로마가 추구하던 덕목들을 스키피오는 관용, 처세술, 공감 등의 본질적 특성들과 연결지었다. 사실이 어쨌든 그렇게 전해지고 있다. 더 크나큰 명성은 생각하기 힘들 정도였다.

스키피오는 계속해서 그리스 문화에 대한 애착을 보였다. 기원전 140년경, 그는 외교 사절단으로 동양에 파견되었고 특히 이집트, 로도스, 소아시아를 대표적으로 방문하게 된다. 이때 스토아학파였던 파나이티오스가 함께하게 되었다. 몇 년 전부터 두 사람은 친밀한 관계를 유지하고 있었다. 동양으로 떠나면서 두 사람은 법 이론 및 윤리적, 정치적인 문제에 대해 이야기를 나눴다. 파나이티오스는 그 후 몇 년간 스키피오의 자문관으로 활동하기도 했으며, 로마에 있는 동안에는 종종 스키피오의 집에서 머물고는 했다.

파나이티오스와 같은 그리스인들은 로마의 패권에 대한 도덕적 정당성을 로마인들에게 제시했다. 이보다 앞서 카르네아데스가 제국주의적 요건들에 공식적으로 의문을 제기했다면, 파나이티오스는 자연의 섭리를 바탕으로 논쟁을 벌였다. 더 강한 힘을 가진 자가 약자를 지배하는 것은 그만한 이점이 있기에 유익하다는 것이다. 약자들이 자신만의 힘만으로는 잘 조직화된 공동생활을 할 수가 없다는 게 이유였다. 따라서 로마는 모든 '미개인들'을 정복하고 이들을 문명인으로 교화시킬 역사적 의무를 가지고 있다는 것이다. 이러한 논리들이 스키피오와 다른 지인들에게 잘 들어 먹힐 것은 자명한 일이었다.

폴리비오스 또한 그의 유명한 『역사Historia』에서 이러한 유익한 형상을 그려냈다. 여기에서 그는 장군들이 용감하고 원칙적일 뿐만 아니라 사욕이 없고 감수성도 예민한 이들이라고 표현했다. 스키피오는 끝내 아버지로부터 받은 상속권을 자신의 동생에게 넘겨주었다. 카르타고로부터 약탈한 물품들 중 그에게 배당될 몫은 아예 거절해버렸다. 또한 기원전 133년 스페인 북부의 누만시아를 점령했을 때는 포로로 잡힌 여인들의 운명을 마주하면서 눈물을 보였다고 한다.

약 100년 후, 정치가이자 작가 키케로는 스키피오를 당시 "가장 인간적"이고 "가장 기품 있는" 사람으로 표현했다. 그는 스키피오 그룹을 로마인들이 그리스 문화와 한데 섞이는, 일종의 "생각 공장"으로 묘사했다. 이후 고대 학자들은 이 학자들 집단을 그 당시에는 획기적인 정신 상태, 즉 그리스를 본받아 교육 및 인애를 자기 안에서 받아들이는 '휴마니타스 로마나Humanitas Romana'의 발상지로 설명했다. 이러한 관념들에서 근대의 인도주의가 영감을 받게 되었다.

그사이 많은 전문가들이 기원전 129년에 로마에서 죽음을 맞이한 스키피오의 역할에 대해 냉정한 평가를 내렸다. 분명 장군 스키피오와 그의 지인들은 로마인들이 헬레니즘 문화를 정신적으로 받아들이는 데 일조했다. 하지만 주된 증인인 키케로는 인간 스키피오에 대해서는 심하게 미화시켰다. 왜냐하면 그는 두 세대가 지난 다음에야 비로소 작품들을 집필했고, 이는 시민전쟁 및 로마 공화국의 멸망을 결과적으로 보기 전이기 때문이다. 그렇기에 키케로는 스키피오를 지난 세기의 영광스러운 이상형으로 잘못 그려낸 것이다.

요즘의 관점으로 봤을 때, 이 교양 있는 장군의 사교성 및 자애로움에 너무 큰 환상을 만들어내서는 안 될 것이다. 스키피오는 정복한 국가들을 완전히 파괴해버렸다. 탈영한 로마군은 야생동물들에게 뜯어 먹히도록 던져버렸다. 또한 스페인에서는 약 400명 정도로 추정되는 반란군들의 손을 한번에 다 잘라버렸다. 겁을 주기 위해서 말이다.

글 펠릭스 보어

퀸투스 엔니우스 – 로마의 호메로스

처음으로 라틴어로 된 6운각의 시구를 작성한 인물이다. 그의 역작은 카르타고 및 마케도니아와 싸워 이긴 전쟁들을 3만 개의 시행들로 칭송한 영웅 서사시로, 호메로스의 작품들을 모델로 삼았다.

하지만 칼라브리아Calabria 출신의 그는 선구자이기도 했다. 그가 사용한 어휘들이나 의성어들은 자주 인용되었다. 비극 작품들은 이상적인 예시로 간주되었다. 그러나 유감스럽게도 로마 문학에 있어 선구적이라 평가되는 그의 작품들은 단편들로만 부분적으로 알려져 있다.

독점 승부

놀라울 정도로 짧은 시간에 로마는 지중해 주변으로 주를 형성했다. 새로운 군주들은 능수능란하게 관계를 돌보면서 자신의 자리를 구축해나갔다.

 강대국의 후원을 받고 있다는 것은 정말로 기분 좋은 사실이다. 에페수스Ephesus 까지 실리시아Cilicia 사람들은 그를 마중했다. 외교 사절단이고 일반 사람들이고 할 것 없이 모든 이가 새로운 통치자에게 인사를 건네고 싶어 했다. 라틴 세계의 끝자락이자 소아시아의 남동부에 위치한, 이 황량한 실리시아를 통치하기 위해 멀고 머나먼 로마에서 온 그 사람, 바다 건너 수많은 나날을 거쳐 이곳에 온 그 사람에게 말이다.

사람들이 내가 오기를 얼마나 고대하고 있었는지, 나를 얼마나 진심으로 반겨주던지 몰라.

정치가이자 작가였던 키케로는 친구 티투스 폼포니우스 아티쿠스Titus Pomponius Atticus에게 보낸 편지에서 멀리 떨어진 외딴 주의 총독으로 오게 된 것을 열광하며 이야기해댔다. 기원전 51년, 키케로는 로마제국의 외교 업무를 수행하고자 파견되었다. 하지만 그렇게 원했던 일은 아니었다('포룸의 철학가' 참고).

그러나 시작과 동시에 키케로는 고향에서 항상 말하던 '로마에서 2인자가 되는 것보다 지방에서 1인자가 되는 것이 더 낫다'라는 말이 옳았다는 것을 깨달았다. 실리시아의 1인자는 거의 왕과 다름없었다. 무엇보다 화려하게 빨간 제복을 입고 회초리 묶음 다발을 든 경호원들, 릭토르가 함께했다. 다음에는 가장 중요한 관직인 재무관 및 특사들이 있었다. 여덟 명의 노예들이 비싸게 장식된 가마를 들었다. 그 누구도 아닌 '그'가 탄 가마다. 그 뒤로는 예술가, 음악가, 요리사 그리고 제빵사가 따랐다. 길가에는 그 지역의 유명 인사들, 정무관 및 하얀 옷을 입고 화관을 쓴 사제들이 자리했다. 제사에 쓰일 희생 제물이 등장했고 새 통치자들을 위한 연회가 벌어졌다. 그 지역의 모든 주요 인사들은 기나긴 식탁에 가득 차려진 음식들을 대접받았다. 시민들도 구경할 수 있었다. 돈을 많이 낼수록 구경하기에 좋은 자리를 차지했다.

강대국을 대표하는 것은 정말 좋은 일이다. 순종적으로, 허나 대담하게 자신의 관심사를 표명할 청원자들에 대한 기대감으로 키케로는 이른 아침부터 옷을 거의 입지도 않은 채 자신의 침실 앞에서 왔다 갔다 했다. 진지함과 상냥함, 강인함과 태만함, 이것

200

이 바로 로마인들이었다.

한 나라를 이렇게 지배할 수도 있는 것인가? 강한 언변술로 낯선 이방인들에게도 힘을 가질 수 있었던 키케로만 그런 것은 아니었다. 그 당시에는 거의 어디에나 총독들이 파견되었다. 그들은 강인함Gravitas과 선량함Facilitas을 내보이며 내부적으로는 평화를, 외부적으로는 안전을 지켜주었다. 이와 함께 호강에 넘치는, 탐욕스럽고 사치스러운 로마로 곡물, 기름, 와인 등이 끊임없이 들어왔다. 스페인, 이탈리아 북부, 갈리아, 북아프리카 및 근동 지방, 이 모든 곳에서 흘러들어왔다.

다른 지방들은 로마 시민의 꿀통이다.

이 또한 키케로가 한 말이다. 그렇지만 중심지인 로마에서 퍼진 이런 말들이 다른 지방으로까지 새어 들어갈 위험은 없었다. 외부 민족들이 보기에 멀리 떨어진 로마의 힘은 신이 부리는 마술과도 같았다. 아, 신. 그렇다. 로마에서 온 신이 하나 더 있었다. 로마에게 정복당한 이들은 로마 공화국 혹은 도시 로마를 신격화한 '데아 로마Dea Roma'에게 제물을 갖다 바쳤다. 어떤 총독들은 그에게 개인적으로 봉헌된 성전 또한 갖고 있었다.

어떻게 그런 일들이 가능했을까? 로마의 마력은 위태로운 혼합 관계 속에서 피어났다. 옹호와 위협, 보호와 약탈 간의 불안정한 균형 속에 자리매김해 있었다. 원로원이 로마 장군들에게 부여한 임무이자 다른 민족들에 대한 위임 통치권인 최고 명령권 '임페리움imperium'은 그저 그냥 근대 강대국들의 정치적 핵심어가 된 게 아니었다. 특히 19세기의 '제국주의'에서 명확하게 드러난다. 러시아 대통령, 블라디미르 푸틴Vladimir Putin은 자신의 권력적 기반을 확장하고자 고대 로마의 전술을 시도했었다. 만족하지 못하고 있던 자들이나 홀대받던 자들이 보호를 요청하도록 만드는 전술로, 우크라이나 동부 지역과 크림 반도Crimean Pen가 그러했다.

로마는 기원전부터 이미 오랫동안 그렇게 해왔었다. 시칠리아의 마메르티니는 카르타고의 통치 세력에 저항하기 위하여 로마 원로원에게 도움을 요청했다. 로마는 그 기회를 이용했다. 기원전 241년 말, 시칠리아의 마메르티니는 더 이상 할 말이 없었다. 카르타고 역시 마찬가지였다. 시칠리아는 이제 로마에 종속됐다.

로마의 정치인들이 이탈리아 반도 이외의 다른 지역을 지배한 일은 이때가 처음이었다. 우선은 두말할 것도 없이 그 지역에 이미 나가 있던 장군들에게 책임을 맡겼다. 그런 다음, 원로원은 세금 및 곡물 징수를 위해 몇몇의 대리인들을 파견했다. 원로원의 고위 관직 중 하나인 법무관이 시라쿠사의 총독으로 최고 지휘권을 곧장 위임받게 된다.

이것이 바로 로마가 지방을 다스리던 원리였고, 이는 금세 전 지역으로 퍼져나갔다. 사르데냐, 코르시카, 카르타고 등은 강압적인 지배를 받았고 로마에서 보낸 법무관들을 맞이했다. 로마는 이제 해상 패권도 손아귀에 넣었다. 그렇기에 동쪽의 그리스인들이 도움을 필요로 할 때는 아주 기꺼이 자신들의 군함들을 제공했다. 이때 아드리아 해의 건너편에서 일리리쿰Illyricum 의 해적들이 그리스의 선적 및 항구들을 괴롭혀왔다.

순식간에 일리리쿰은 로마의 '피보호자'가 되었다. 미인이었지만 해적들에 우호적이었던 일리리쿰의 여왕 테우타Teuta 는 추방되었다. 물론 해적들도 마찬가지였다. 로마는 일리리쿰을 세 개의 통치 관할 지역으로 구분했다. 로마에 조세를 내야 했음에도 불구하고 그곳의 시민들에게는 장엄하게 '자유'를 선포했다. 이제 동쪽 지역의 왕국도 확실해졌다. 일리리쿰이 광물 천국이라는 사실은 완전 별개의 문제였다.

그리고 계속해서 나아갔다. 이탈리아 북부, 갈리아 및 서쪽의 히스파니아Hispania 까지 로마는 쭉쭉 뻗어나갔다. 그러면서 이곳에도 로마의 관할 지역들이 점차 형성되었다. 서부로의 확장은 커다란 군사적 활동이었지만, 로마로 봤을 때는 그렇게 복잡한 일이 아니었다. 그곳에는 정치 조직이 전혀 마련되어 있지 않았기에 로마가 이를 구축해나갈 수 있었다. 또 보호하거나 통합해야 할 어떠한 문화적 기반도 마련되어 있지 않았다. 그렇다고 로마는 판단했다.

로마 공화국의 주
기원전 2세기경

갈리아 키살피나

일리리쿰

피사

코르시카

로마

사르데냐

이탈리아

마케도니아

비잔티움

아시아

메사나

코린트

에페수스

카르타고

시칠리아

시라쿠사

아카이아

아테네

아프리카

누미디아

지중해

■ 로마의 통치 구역 　■ 기원전 121년까지 정복 　■ 로마의 감시 구역

동쪽 지역은 훨씬 더 복잡했다. 그곳에는 그리스의 도시국가들이 자리해 있었다. 그들의 정치 문화는 로마인들에게 계속해서 깊은 인상을 남겼으며 멸망한 알렉산더 왕국의 다민족문화는 로마의 제국주의자들에게 높은 경외심을 불러일으켰다. 많은 로마인들이 그리스의 넘쳐나는 헬레니즘 문화를 상당히 퇴폐적이라 생각했다. 반면 그리스 가정교사를 두지 않고 아들들을 교육할 수 있던 귀족 가문은 로마에 거의 없었다.

일리리쿰 다음으로 소아시아가 도움을 요청해왔다. 페르가몬 Pergamon의 왕은 그리스 북부 지역 및 에게 해Aegean Sea 방향으로 점점 영토를 확장해나가는 마케도니아에 위협을 느끼고 있었다. 통례적인 모습들이 펼쳐진다. 로마는 진군했고 마케도니아를 정복했으며 네 군데의 관할 지역으로 구분했다. 이제 그들은 로마에 조세를 바쳐야 했고 지역의 세력권자들은 추방당했다. 이런 식으로 마케도니아 역시 기원전 148년, 일리리아Illyria 의 일부 지역들 및 에피루스Epirus 와 더불어 로마의 행정 구역으로 들어가게 된다.

그다음에는 그리스 차례였다. 수많은 호의들과 맞바꾸며 로마는 한때 너무나도 찬란했던 이 도시국가들을 부합 계약과 함께 복종시켰다. 그리스인들이 반항하자 보호 세력이었던 로마는 즉각 신호를 보냈다. 곧 코린트Corinth 는 폐허가 돼버렸고 그리스 도시국가들은 자주권을 상실하면서 마케도니아 주에 속해졌다.

어떤 왕들은 싸우지 않고 자신의 왕국을 되레 로마에게 맡기기도 했다. 놀랍지 않은가! 에게 해 건너편의 페르가몬 왕국의 아탈로스 3세Attalos III 는 유서를 통해 '로마 시민'에게 왕국을 상속했다. 로마는 이를 받아들였다. 기원전 129년 이래 소아시아의 대부분이 로마제국에 종속되었다. 만약 원로들이 자신에게 부여된 나라들을 중앙집권적으로 통치하려고 진심을 다해 노력했다면 로마가 유럽, 아시아, 아프리카, 이 세 대륙 너머로 폭발적으로 확장해나가며 강대국으로 거듭나기란 결코 불가능했을 것이다.

비유하자면 로마는 굉장히 듬성듬성하게 매듭지어진 권력의 그물을 자신들의 통치 구역에 던져두었다. 각 지방의 총독들이 그 매듭이다. 중앙에서 보내진 원로 및 장군들이 모든 것을 획득했다. 대부분이 법무관 계급이었으며 때때로는 집정관 직급도 있었다. 정치 경험이 있으면서 로마에 영향력을 크게 미칠 수 있던 이들이었다. 소수로 구성된 굉장히 작은 지도부는 귀족들이 자신의 소임을 다하는 데 도움이 됐다. 돌봐줄 몇몇의 특사들, 한 명의 요리사, 한 명의 서기, 그리고 자문을 해줄 몇몇의 친한 기사들. 이것으로 충분했다.

이렇게 로마는 최소한의 통치 비용으로 최대한의 이득을 내며 세계를 거느렸다. 일상적인 문제들, 평온 및 질서 유지, 경제생활 등 모든 것들이 그 지역민의 몫이었다. 통치를 당하는 이들은 스스로 통치하는 법을 배워야만 했다. 모든 이들에게 각자의 역할이 주어졌다. 동쪽 지역이 특히 잘 운영됐다. 이곳에 로마는 그리스의 자치 문화를 자신들의 욕구에 맞춰 구축해나갔다. 그리스 국가들은 민주주의가 없어지고 과두정치의 집회들로 대체되었다.

새로운 군주들은 지방 도시들 간에 서열 또한 만들어냈다. 가장 위에는 총독들이 내내 거처하며 공판일을 열던 집회 집행 도시가 자리했다. 바로 다음에는 자신들만의 법무관이 있었던 자치 도시들이, 그리고 가장 아래에는 시골 마을들이 존재했다. 총독들의 명령은 집회 집행 도시들로 보내졌고, 이는 자치 법무관에게로 이어졌으며 마지막에는 작은 시골 마을로까지 전달되었다.

지방 도시들의 가장 중요한 업무인 세금 징수를 위해 로마는 행정 기구를 하나 마련했다. 지방 도시들로부터 약탈하는 방식은 악마같이 지독했다. 세금 징수권은 개인 사업가들에게 빌려주었다. 세금 차지인이 되려면 우선은 원로원이 규정한 금액을 모두 지불해야만 했다. 지역민들로부터 자신의 돈을 다시금 돌려받는 일은 세금 차지인들에게 모험일 수도, 또 기회일 수도 있었다.

이 독점 승부 내기에는 엄청난 자금 능력이 있는 사업가나 은행인 혹은 상인들만이 끼어들 수 있었다. 그들은 지방 도시들에서 돈을 받아낼 수 있는 충분한 인력과 권력 수단을 갖고 있었다. 흔히 그들은 이떠한 통제 없이, 강압적으로 잔인하게 행동했다. 특히나 힘겨웠던 지역은 아시아와 마케도니아였다. 그곳의 약탈자들은 체계적으로 시의 재정을 속여 빼돌렸으며, 지역민들에게 새로운 과업을 부여하면서 강행해나갔다. 이렇게 해서 한때 의기양양했던 그리스가 유럽의 빈민촌이 되는 일을 2000년 전에 이미 한번 겪었던 것이다.

로마에게는 이 모든 것이 전혀 상관없었다. 머나먼 타국에서 벌어지는 세금 징수꾼들의 탐욕을 티베르 강변에 살고 있는 자들이 뭘 어떻게 할 수 있었겠는가? 더불어 각 지방의 주민들이 항변하지 않도록 하는 일은 결국에는 그 지역의 총독으로 파견된, 존경스런 원로들의 책임이었다. 일반적으로 로마는 당근과 채찍질, 호의 표시와 호의 철회로 그 지역의 엘리트들이 연루된 체계가 잘 굴러갈 수 있도록 만들었다. 로마가 포룸, 공중목욕탕, 도로 및 말 교환 장소 등을 형성하여 각 지방 도시들에 자신들의 인프라를 형성해나갔음은 역사서들을 통해 알 수 있다. 하지만 로마 통치권의 비밀인 보이지 않는 인프라 체계가 훨씬 더 중요했다. 바로 좋은 인간관계들로 맺어진 세밀한 그물망이다.

'피데스'는 굉장히 부족하지만 아쉬운 대로 '신뢰'로 번역되고 있는 로마 단어이다. 총독들은 자신의 피보호자들에게 신뢰적이었으며 피보호자들 또한 감사의 표시를 할 때에는 신뢰적이었다. 그러나 사실상 피데스는 부정 부패였다. 지방에서는 벼락부자가 된 지역민들과 로마 대표인들로 구성된 집단들이 형성되었다. 그들은 서로가 원하는 바를 들어주었고 끼리끼리 돈을 벌어들였다. 경찰이나 정보원, 법을 집행하는 사람들도 필요하지 않았다. 총독이 개최하는 다음 연회 때 적격인 대지주가 적격인 자리에 앉으면 그걸로 충분했다. 그리고 태수의 아내를 위한 어느 정도의 패물들, 그러면 끝이었다.

세금 징수꾼들이 소위 잘못된 이들을 골라 괴롭히지 못하도록 통제되었다. 대지주들이 그들의 평상시 모습대로 돈을 넉넉하게 뿌리고, 거부감이 심하게 들지 않을 정도로 자신들의 재산 규모를 조작해서 평가하는 게 더 낫지 않았을까? 필요한 총 액수는 시골 지역의 다른 수많은 소작농들로부터 거둬들이면 되는 것이었다. 그렇다. 대지주가 세금 징수꾼이 되는 것이 가장 쉬웠다.

로마에는 그 지역 총독으로서, 그저 몇몇의 좋은 말들로 이 모든 것들에 대해 둘러댈 수 있었다. 각 지방의 총독은 동시에 그들의 파트론이 아니었던가? 피데스의 가장 세밀한 형태인 후견인 제도는 로마가 지방 도시들을 다루는 방법에 깊은 영향을 주었다. 파트론이 가지는 힘은 인간관계 및 지식의 총합으로부터 비롯된다. 각 지방 조직의 내부 사항을 안다는 것은 로마에 있는 원로들에게 유용하게 작용했고, 로마와의 관계는 각 지방의 클리엔테스로부터 확고한 신뢰감을 형성해냈다. 모든 중요 사안들을 통제할 수 있을 거라고 모두가 바라고 있었다.

후견인 관계는 관직을 마쳐도 끝나지 않았다. 심지어 상속되기도 했다. 원로원에서는 원로 모두가 어떤 지역이건 한 지방의 파트론으로 실제 기능하고 있었다. 논쟁이 붙으면 그에 따른 생색도 부렸다. 늘 넘친 활력으로 생활하는 것, 클리엔테스에게 은혜를 베푸는 것, 많은 돈을 뿌려대는 것. 명예로운 파트론의 역할이 아니던가.

한 클리엔테스가 다수의 파트론을 두면서 일은 복잡하게 꼬이기 시작했다. 서로의 계획에 차질이 빚어지기 시작한 것이다. 총독들은 순식간에 바뀌었기에 후견인 관계 및 이자 계산은 불명확하게 변경되거나 늘어났다. 숙명적인 불운은 기원전 73년, 시칠리아의 가이우스 베레스Gaius Verres에게 들이닥쳤다. 그는 시라쿠사에서 제일 부자였던 헤라클리오Heraklio라는 대지주를 재판에 넘기고자 했다. 헤라클리오가 피데스에 따른 업무, 요컨대 시라쿠사의 체조장에 약속된 입상들을 세워놓는 일을 소홀히 하고 있었기 때문이었다.

헤라클리오는 법정에 모습을 드러내는 대신 로마로 갔다. 그러고는 예전 파트론의 가족들, 바로 권세 가문인 메텔루스Metellus에게 이 사실을 급히 알렸다. 메텔루스 가문의 한 사람이 시라쿠사의 총독으로 오는 데에는 그리 오랜 시간이 걸리지 않았다. 그는 헤라클리오와 관련된 모든 소송 문제들을 끝내버렸다. 더불어 자신의 클리엔테스인 헤라클리오가 미리 작성해둔 블랙리스트의 사람들을 모두 감옥에 넣어버렸다.

시라쿠사 체조장에는 아무런 입상도 세워지지 않았다. 정말 유감이다. 하지만 로마의 가장 오래된 식민지에 살던 부유층 및 상류층 사람들은 안락하게 등을 기대고 누울 수 있었다. 강대국을 배후에 두고 있는 것, 얼마나 기분 좋은 일인가!

글 토마스 다른슈테트

210

티베르 강 아래 사체들

그라쿠스 형제들은 원로원의 보수주의자 및 부자들에 맞서며 로마 공화국의 개혁을 꿈꿨다. 결과는 좋지 못했다.

 로마를 이리저리 가로지르며 추격전이 벌어졌다. 그리스 작가 플루타르크는 이렇게 기록한다.

가이우스가 도망가는 데에는 필로크라테스Philokrates라는 노예 한 명만이 유일하게 그를 따르고 있었다. (…) 필로크라테스는 가이우스를 죽였고, 자신도 가슴에 칼을 꽂아 그 뒤를 따랐다.

두 사람은 더 이상 도망칠 곳이 없었다. 기원전 121년, 사회 개혁가였던 가이우스 그라쿠스는 원로원의 보수주의 반대파들에 의해 그렇게 죽음을 맞이했다. 12년 전, 그의 형 티베리우스 그라쿠스가 이미 같은 운명에 처했었다.

로마 곳곳으로 가이우스를 쫓았던 무리들 중의 한 명이 그의 머리를 잘라 창에 꽂고는 집정관 루키우스 오피미우스Lucius Opimius에게로 가져갔다. 루키우스는 죽은 가이우스의 가장 막강한 반대 세력으로 가이우스의 목을 가져오는 자에게는 금으로 보상하겠다고 약속했다.

그리고 이 사건이 터진 것이다. 전승되는 많은 이야기들에 따르면 그 당시 굉장한 살의가 느껴졌다고 한다. 플루타르크는 당시를 이렇게 기록한다.

3000명의 사람들이 처형당했고 그들의 재산은 국가가 몰수했다.

수많은 사체들이 티베르 강 아래로 잠겼다. 로마 공화국은 그라쿠스 형제가 추진한 개혁들을 둘러싸고 벌어진 잔인한 싸움들 때문에 이전의 견고한 상태로는 더 이상 되돌아갈 수 없었다. 되레 폭력과 독재의 악순환 속으로 빠져들어버렸고, 이는 근 100년이 지난 후에 아우구스투스 황제가 등장하면서 비로소 끝이 났다.

티베리우스와 가이우스, 그라쿠스 형제는 부유한 자와 가난한 자 간의 차이를 없애고자 노력했다. 하지만 로마 귀족들의 이기주의에 실패하고 만다. 그라쿠스 형제는 높은 귀족 가문 출신이었지만, 귀족 계급의 관심사보다 공공복지가 그들에게는 훨씬 더 중요했다. 그들은 시민들 편에 서서 보수주의자들인 귀족파 옵티마테스optimates[17]의 권력을 원로원 내에서 무너뜨리고자 했다. 시민들의 편에 선 그라쿠스 형제를 사람들은 평민파 포퓰라레스 populares[18]라고 불렀다.

그라쿠스 형제의 아버지는 영향력이 센 정치인이었다. 그는 두 번이나 원로원의 최고 관직인 집정관직을 역임했으며 군사적으로 거둬들인 성과로 승전 행렬도 가졌다. 그들의 어머니는 한니발을 무찌른 대★스키피오의 딸이었다. 티베리우스는 정확한 날짜는 알 수 없지만 기원전 169년에서 162년 사이에 태어났다. 로마의 숙적인 카르타고의 성벽 꼭대기에 가장 처음으로 올랐었기에 젊은 나이임에도 불구하고 코로나 무랄리스corona muralis[19]라는 성벽관을 수여받았다.

재무관이자 총독 대행으로 그는 스페인 지역에서 집무를 보았고, 이후 로마로 돌아와서는 공화국의 개혁이 절실하게 필요하다고 생각하는 진보적인 귀족들 무리에 합류하게 된다. 농업이 중심인 사회에서 보통 그렇듯 그들의 주요 안건은 농경지가 결국에는 누구의 것이냐 하는 것이었다.

---

17 원로원 주도의 정치 체제 유지를 도모하였던 이들을 일컫는 말로, '좋은' 또는 '최상의'를 의미하는 라틴어 옵티머스(optimus)에서 유래.
18 로마 공화정 말기에 원로원에 반발하여 평민의 지지를 기반으로 정치를 하려고 한 이들을 일컫는 말로, 민중파라고도 불림.
19 성의 흉벽 모양이 새겨진 금관으로, 로마가 적군의 성벽을 가장 먼저 올라 넘어간 군사에게 주는 훈장.

토지 소유는 불평등할 대로, 또 불공정할 대로 나뉘어져 있었다. 기원전 2세기 무렵, 자유 농경민의 수는 점점 더 줄어들었다. 그러는 한편 돈 있는 로마인들은 점점 더 넓은 경작지를 노예를 부리며 관리했다. 플루타르크는 이렇게 기록한다.

금세 자유민들의 수는 줄어들고 농지는 타지의 노예들로 가득 채워졌다. 돈 있는 자들이 경작지에서 동족들을 내쫓아버리는 광경을 이탈리아 전역에서 찾아볼 수 있었다.

정복한 지역에서 땅을 계속해서 얻어낼 수 있었기 때문에, 땅을 가진 부유한 자들은 로마제국의 계속적인 영토 확장 속에 이득을 챙겼다. 반면 만 46세까지 병역의 의무를 져야만 했던 자유농민들은 점점 더 오래 군대에 머물러야 했고 점점 더 멀리 떨어진 지역으로 투입되었다.

기원전 2세기 초반까지는 그래도 농민들과 어느 정도 합의하면서 군사 배치를 할 수 있었다. 그러나 스페인처럼 고향에서 멀리 떨어진 곳으로 장기간 출전함에 따라 농민들은 크나큰 어려움에 봉착했다. 대지주들은 특히 이탈리아 남부에서 노예들을 부리며 와인과 올리브를 생산했다. 자유농민들은 자신의 생존을 걸고 싸워나갔다. 점점 더 많은 사람들이 그들의 행복을 찾아 로마로 들어왔다. 기원전 2세기 무렵에는 로마에 살고 있는 사람들이 이미 25만 명에 육박했다.

　사회적으로는 확연한 차이를 보였다. 병사들은 매년 450 또는 480세스테르티우스Sestertius를 받는 반면, 특별하게 부유하지도 않았던 이전 집정관조차도 대게 1500만 세스테르티우스를 남기는 게 가능했다. 티베리우스는 이러한 현상들이 계속되면 계속될수록 로마 공화국의 견고함뿐만 아니라 군사적 전투력도 무너지리라는 것을 감지했다. 때문에 그는 더 많은 병사들을 징집할 수 있도록 자유농민의 수를 철저하게 늘려나가고자 했다. 정복한 땅인 국유지는 땅이 없는 가난한 자들과 제대병들에게 무료로 나눠주었다.

　원칙적으로 국유지는 농지법Lex de modo agrorum에 따라 규제되었다. 법에 따르면, 어느 누구도 국유지에서 500유게라 이상 취할 수 없었는데, 당시 1유게라는 4분의 1헥타르에 달했다. 국가 소속의 초원에서는 100마리 이상의 큰 가축 혹은 500마리 이상의 작은 가축들에게 풀을 먹이지 못했다. 하지만 어디까지가 사유지이고 어디까지가 국유지인지 불명확할 때가 허다했다. 법이 제대로 지켜지고 있는지를 감시하는 관료가 한 명도 없었기에 돈 있는 자들은 활기를 띄며 국가 재산을 자기 것으로 만들었다.

　티베리우스는 기원전 133년에 호민관으로 선출되면서 이러한 폐해를 바로잡고 싶었다. 그는 저명한 자문가를 구해 새로운 농지법을 만들어냈다. 초안은 개혁적인 성격을 전혀 띠고 있지 않았다. 오히려 굉장히 적절했다. 그런데 티베리우스가 원래 본인 소유지보다 더 많은 땅을 갖고 있는 자들에게는 땅을 되돌려 받아 땅이 필요한 자들에게 나누어주겠다고 제안했다. 당연히 대지주들은 반대했다. 그들의 논리는 이러했다. 이미 자신들은 그 땅에 많은 투자를 했고, 자신들이 땅을 일구어 집을 지었다는 것이다. 더불어 가족 무덤도 그곳에 자리해 있기에 불가능하다는 논리였다. 플루타르크는 이렇게 기록한다.

그러나 부유한 소유주들은 탐욕 때문에 법을 지켰고 분노와 질투 때문에 입법자들을 미워하면서도 그들을 따랐다. 그러고는 시민들의 마음을 돌리려고 애썼다.

훌륭한 연설가였던 티베리우스는 이에 맞서 대응해나갔다. 그는 포룸에서 시민들에게 다음과 같은 연설을 했다.

이탈리아에 살고 있는 야생동물들은 자신만의 동굴을 가지고 있다. 모든 동물들이 어디에 등을 뉘어야 할지, 또 어디로 기어들어 가야 할지를 알고 있다. 하지만 이탈리아를 위해 싸우고 죽은 자들, 그들은 공기와 햇빛 말고는 아무것도 가진 것이 없다. 그들은 집도 없이, 이리저리 쫓겨 다니며 처와 자식들을 데리고 이 나라를 헤매고 있다. 장군들은 전쟁에 나가 싸울 병사들을 모을 때면 그들의 성전과 무덤들을 적군들로부터 지켜내기 위한 것이라고 말을 한다. 이는 거짓말이다. 왜냐하면 그들 가운데 어떤 로마인도 부친으로부터 물려받은 성전도, 조상들이 잠들어 있는 무덤도 가지고 있지 않기 때문이다. 오히려 그들은 다른 사람의 부와 사치를 위해 싸우고 있다. 그들은 세상의 주인이라 불린다. 하지만 그들에게 떨어지는 것은 흙 한 줌도 없다.

티베리우스는 원로원에서 법에 대한 귀족파의 승인을 먼저 받는 절차 없이 이를 곧장 민회에서 제안해버렸다. 이로써 그는 어떤 법에 대한 표결을 붙이기 전, 우선은 원로원에서 의견 일치를 봐야 한다는 로마 공화국의 불문율을 깨버렸다. 그의 동료이자 호민관이었던 마르쿠스 옥타비우스Marcus Octavius는 시민들보다 귀족파의 관심사를 더 지지하고 있었기에 반대표를 던졌다. 이는 금세 세력 싸움으로 번졌고 티베리우스가 이에 불을 더 지폈다. 원로들의 반대에 화가 난 티베리우스는 법률안을 더 강하게 수정했고 암살당할 두려움에 단도를 허리에 차고 공개 석상에 나섰다.

그의 동료인 옥타비우스가 계속해서 강하게 나가자 티베리우스는 국민 투표를 벌여 그를 해임해버렸다. 민회는 드디어 농지법을 채택하게 된다. 이 농지법을 실행시킬 위원회에는 티베리우스 외에도 그의 장인과 또 한 명의 개혁가가 선출되었다. 그렇지만 토지 분배가 천천히 진행되었기에 호민관 티베리우스는 1년의 재직 기간이 끝날 무렵 또다시 재임해야겠다고 생각한다. 이런 방식으로 재선되는 것은 로마 공화국의 불문율에 반하는 것이었다. 이러한 티베리우스의 계획을 보수적 원로들은 전쟁 선포로 받아들였다.

민회가 열리는 동안 보수파와 그들이 고용한 싸움꾼들은 몽둥이와 막대기로 무장했다. 그들은 티베리우스와 그의 추종자들을 공격했다. 티베리우스는 처음에는 도망칠 수 있었지만 끝내 어떤 호민관이 내리친 의자 다리에 맞아 쓰러졌다. 귀족파 및 지지자들은 개혁을 도모했던 약 300명의 남자들을 모두 죽였다. 이 정도 규모의 정치 폭력은 왕정 시대 이래 더 이상 없었다.

고고학자 테오도어 몸젠은 그라쿠스 형제의 사회 개혁 시도에 반감을 가지고 있었다. 그는 19세기 중반 자신의 저서 『로마사』를 통해 티베리우스를 상당히 공격적이고 파괴적으로 평가했다. 그의 평에 따르면, 티베리우스는 '단지 유능하고 지극히 호의적인 보수 귀족'에 불과했다.

그야말로 그가 뭘 시작했는지, 무엇이 그를 기다리고 있는지 알지 못하고 있던 자였다. 왕좌를 거머쥐기 위하여 시민들을 선동했고, 그가 불러 모은 시민들과 폭도들에 붙잡혀 죽음을 맞이했다.

플루타르크는 이와 반대로 티베리우스를 훨씬 더 긍정적으로 평가했다. 그는 티베리우스를 가난한 이들의 권리를 위해 싸운 용감한 전사로 묘사했다. 이 끔찍한 정치적 살인이 일어난 지 약 200년 뒤, 플루타르크는 그라쿠스 형제에 대해 다음과 같은 평가를 내렸다.

티베리우스는 현명하고 침착했으며 가이우스는 격렬하고 다혈질이었다. (…) 적군 앞에서는 용맹함을, 아랫사람들에게는 공정함을, 직무를 수행하는 데에는 신중함을 보였으며 모든 쾌락적 요소 앞에서는 자제할 줄 알았다.

그보다 아홉 살 어린 가이우스가 처음부터 정치판에 뛰어든 것은 아니었다. 그는 사르데냐에서 군인으로 활동하고 있었다. 정치가이자 작가였던 키케로 또한 가이우스는 처음에는 모든 관직들을 꺼려했었다고 기록하고 있다. 한날 자신의 형인 티베리우스가 꿈에 나타나 다음과 같은 말을 건네기 전까지는 말이다.

무엇을 주저하느냐, 가이우스. 빠져나갈 곳은 없다. 우리 둘 모두 같은 운명을 갖고 태어났다. 시민들을 위해 일하고 죽는 것!

기원전 123년 가이우스는 호민관직을 지원했고 네 번째로 가장 많은 표를 얻으면서 선출된다. 그는 아름다운 팔라티노 언덕에서 포룸 근처 지역으로 거주지를 옮겼다. 그곳은 주로 가난한 자들이 살고 있는 곳이었다. 그러고는 바로 자신의 형 티베리우스가 추진했던 개혁 정치를 이어나갔다. 예를 들어 나라의 가난한 자들이 적은 보조금으로도 계속해서 곡물을 받을 수 있게끔 만들었다. 또한 민회에서 비리 부패에 반한 법률을 가결시켰다. 보수주의의 원로들을 가장 괴롭혔던 이 법은 지금껏 원로원 사람들만으로 채워졌던 법관직을 이제는 기사들로 그 반을 채워야 한다는 규정이었다.

가이우스가 호민관으로 재선되자 원로원의 반대파들은 그를 대적할 상대로 마르쿠스 리비우스 드루수스Marcus Livius Drusus를 앞세웠다. 그의 책략은 놀라웠다. 한마디로 시민들에게 더 많은 것을 약속하는 것이었다. 가이우스가 가난한 이들에게 땅을 나눠주고자 이탈리아에 두 개의 식민지를 만들어내기 시작하자 드루수스는 열두 개의 새로운 식민지를 요구했다.

가이우스는 시민들의 총애를 점점 잃어갔다. 호민관에 세 번째로 선출되고자 했지만 실패로 끝났다. 집정관 오피미우스는 지금이야말로 그를 완전히 몰아낼 수 있는 기회임을 알아차렸다. 가이우스 추종자들이 도발을 받아 집정관의 친위병들 중 한 명을 죽이자, 이에 오피미우스는 원로원이 국가 비상 상태senatus consultum ultimum를 선포하게 했다.

이제 오피미우스와 귀족파가 전권을 위임받게 되었다. 그들은 가이우스 및 추종자들과의 결정적인 싸움을 벌인다. 용감했던 개혁자, 가이우스가 패거리들을 피해 이리저리 도망 다닐 때 그를 도우러 달려온 자들은 단 두 명밖에 없었다. 결국 가이우스는 자신이 부리던 노예에게 자신을 죽이라 명했다. 그의 나이는 불과 33세 안팎 정도였다.

영국 출신의 데이비드 스톡턴David Stockton은 티베리우스와 가이우스, 이 두 명의 포퓰라레스에 대한 가장 중요한 전기를 발표했었다. 그는 그들이 벌인 싸움과 실패에서 '로마 개혁의 시작'을 보았다고 말한다.

그 이후 로마 정치는 더 이상 예전 같지 않았다.

장기간 계속되는 내전이 시작된 것이다. 가이우스를 죽음에 이르게 한 집정관 오피미우스는 얼마 지나지 않아 로마에 적대심을 품고 있던 어떤 왕에게 매수당했고, 이로 인해 유죄 판결을 받고 갖가지 욕과 치욕 속에서 죽었다.

이와 달리 티베리우스와 가이우스는 곧 수많은 로마인들로부터 영웅 대접을 받게 된다. 그들을 찬미하던 자들은 두 사람에 대한 입상을 만들어 로마에 세웠다. 플루타르크는 다음과 같이 세세하게 기록했다.

그들이 죽음을 당한 곳을 사람들은 신성시 여겼고 사계절 내내
첫 번째로 거둬들인 모든 수확물들을 공양물로 바쳤다. 많은 사
람들이 매일같이 그곳에 제물을 바쳤고 신전에 있기라도 한 듯
그들 앞에 무릎을 꿇고 머리를 조아렸다.

글 미하엘 존트하이머

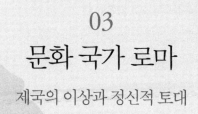

03

문화 국가 로마

제국의 이상과 정신적 토대

S·P·Q·R

포룸의 철학가

엄청난 실력의 연설가였던 키케로는 집정관이 되었고, 지성인으로서 로마인들에게 그리스의 사고방식에 관해 들려주었다. 그렇다. 그는 우쭐댔다. 하지만 그렇게 자신만만한 데에는 그만한 이유가 다 있었다. 바로 변론이다.

로마에게는 불행한 해였다. 그러나 유럽 정신사에서는 행운의 해였다. 한니발 이래로 로마의 가장 위협적인 적군이었던 폰토스Pontos의 왕, 미트리다테스Mithridates는 기원전 88년, 로마와 연합 관계였던 아테네까지 그의 추종자들을 포섭해뒀다. 라리사Larissa 출신의 철학자이자 플라톤이 세운 아카데미의 책임장을 맡고 있던 필론Philon은 그들을 피해 로마로 도망을 왔다. 그리고 그곳에서 필론은 계속해서 학생들을 가르칠 수 있었다.

이때 한 젊은이가 그를 찾아오게 된다. 그의 지적 능력 및 업적들로 2000년이 훨씬 넘어서까지 전 세계인들을 감흥 속으로 빠트린 자, 바로 키케로였다.

이후 키케로는 그의 스승에 대해 다음과 같이 말했다.

철학에 대한 놀라우리만큼 엄청난 애정에 감동하며 나는 그에게 내 모든 것을 전적으로 바쳤다.

대부분 아테네에서 들어온 철학은 로마인들에게 흥미로운 교양 지식과도 같은 것이었다. 철학은 하나의 생활력이 되었다. 키케로가 그의 본질적인 과업, 즉 에르곤ergon 은 철학이며 변론술은 그저 도구, 즉 오르가논organon 에 불과하다고 말할 정도였다.

그가 받은 교육 과정은 그렇게 특별나지 않았다. 기원전 106년 1월 3일, 기사의 아들로 태어난 키케로는 바로 정치판에 뛰어들게 된다. 라틴계 교사들과 함께 고대 로마 문학에 대해 공부하는 동시에 시인 아르키아스Archias 를 통해 그리스 시학 세계에 입문하게 된다. 키케로는 평생토록 아르키아스에게 감사하는 마음을 가졌다. 또한 키케로는 이때부터 그리스어를 배워 거의 제2의 모국어처럼 구사해냈다.

그다음은 웅변 학교였다. 그곳에서는 제일 처음 소재를 발견하는 것에서부터 마지막으로 유창한 강연을 하는 것까지, 총 5단계로 구성된 체계로 학습했다. 데모스테네스Demosthenes 와 같은 거장들의 전형적인 연설법을 배웠으며, 특히 정치나 법정에서 실질적으로 일어날 수 있는 사례에 대비하여 연설 연습이 이루어졌다. 예를 들면 '오레스테스Orestes 는 아버지에게 복수하고자 자신의 어머니를 죽였다. 그를 기소하라! 그를 변론하라!' 이런 식이었다. 이 모든 과정들은 그리스인들과 함께 이루어졌고 그리스어로 진행되었다.

　하지만 학문에 대한 키케로의 열정은 일반적인 것들에 머무르지 않았다. 그는 이미 일찌감치 철학에 대한 열정을 품고 있었다. 철학은 지난 300년간 학습 규율로서의 수사학과 각축을 벌이고 있었다. 키케로의 첫 번째 교사인 파이드로스Phaidros는 에피쿠로스학파epicureanism를 지지하고 있었다. 이에 스토아학파인 디오도토스Diodotos가 더해졌다. 이 두 스승의 공존만으로도 생활 지식보다는 지적인 시각의 확장에 더 주안점이 두어졌다는 것을 알 수 있다. 그러나 플라톤의 후임자였던 필론은 키케로에게 또 다른 새로운 것을 보여주었다. 그는 평생토록 플라톤을 '신적인' 철학가로 존경했다.

　되돌아보면 키케로가 특히 읽었던 작품들이 무엇이었는지를 파악할 수 있다. 수사법의 위태로운 면모들을 다루었던 『고르기아스Gorgias』는 그에게 삶의 주제와도 같았다. 그다음 감동을 선사했던 작품은 『파이돈Phaidon』으로, 사형을 선고받은 소크라테스는 숨을 거두는 마지막 순간까지 영혼의 불멸성을 논했다. 하지만 이보다 더 중요한 것은 플라톤의 대표 작품인 『폴리테이아Politeia』였다. 그 책 속의 한 문장이 키케로의 내면 깊은 곳을 울렸다.

　철학자가 나라의 왕이 되지 않거나, 지금 이 순간 왕 또는 통치자로 불리는 자가 진정한 철학가가 아니라면 (…) 그 나라에는 불행이 끝나지 않으리라. 인간에게도 마찬가지리라.

철인 황제에 관한 키케로의 이상은 하나의 계획으로 자리 잡는다. 플라톤은 그가 정치적으로 계획했던 것을 현실로 옮기는 데에는 실패했다. 키케로는 그중 무엇을 실현시킬 수 있었을까?

정치적 압박, 내란, 그리고 비참한 법률 체계는 키케로가 일반적인 방식을 통해 연설가로 데뷔할 기회는 주지 않았다. 이후에도 종종 그러했지만 키케로는 제일 먼저 작가로 활동했다. 키케로는 지금까지 그 어떤 로마인도 감히 시도하지 못했던 것, 바로 수사법에 관한 그리스의 전 이론들을 라틴어로 옮기는 작업을 용감하게 감행했다. 작지만 오늘날 이보다 더한 가치를 평가하기는 힘든 걸작,『착상에 대하여De Inventione』가 두 권에 걸쳐 탄생하게 된다.

이 작품에서 플라톤의 제자들은 이미 첫 번째 장에서부터 비방의 대상이 됐다.

화술이 득이 될지 아니면 해가 될지를 묻는가? 화술이 지혜와 결합하면 유익하지만, 그렇지 않으면 끔찍하다. 말솜씨가 굉장히 좋은 악한 자들이 힘을 얻게 되면서 불행한 역사가 계속됐다. 이제 그들로부터 말의 힘을 다시 빼앗을 때가 됐다.

어린 나이임에도 불구하고 그렇게 분명하게 자신의 삶을 계획한다는 것은 흔하지 않은 일이었다. 키케로는 어떤 의견이든 너무 급하게 동의하지 말고 에포케epoché, 즉 판단을 중지하고 훨씬 더 진중하게 모든 것을 확인해볼 필요가 있다는 것을 필론으로부터 배웠다. 이는 연설에 대한 키케로의 관심사와 잘 맞아 떨어졌고, 끝내 키케로는 필론의 회의론을 회상하며 두 번째 작품을 써 내려간다.

> 어떠한 확실한 견해 없이 (…) 그 어떠한 것들도 경솔하게, 독단적으로 찬성하지 않고자 (…) 나는 그저 구물거리며 모든 것들을 이야기할 것이다. 그러나 나는 이 원칙을 지금뿐만 아니라 내 평생 동안에도 할 수 있는 한 최대로 따를 것이다.

키케로는 이 또한 충실히 지켜나갔다. 그다음은 결국 정치였다. 기원전 82년 술라가 승리하고 무서울 정도로 엄청난 추방 사건들이 벌어진 다음, 법적 제도만큼은 다시금 온전한 상태로 돌아갔다. 키케로는 책을 집필하는 일을 그만두고 민간 변호사로 활동하기 시작했다. 민간 변호사 활동 당시 유일하게 보존된 연설문, 『퀸티우스 변론Pro Quinctio』에서 키케로는 술라의 혁명으로 피해를 입은 자들의 권리를 변호했다.

이와 비슷하긴 하나 더 큰 규모의 사건을 키케로는 기원전

80년, 그의 첫 번째 형사 소송 사건으로 다루게 된다. 『섹스투스 로스키우스 변론Pro S. Roscio』의 연설을 통해 키케로는 한 남자를 변호하게 되는데, 그는 추방 사건들로 사회가 어수선한 틈을 타서 유산 상속을 위해 자신의 아버지를 죽였다는 혐의를 받고 있었다. 키케로는 하필이면 독재관 술라의 한 측근이 재산의 소유권을 갖고 있다는 사실을 알게 된다. 이때 '누구에게 이득인가'라는 의미의 키케로의 "퀴 보노Cui bono?"는 하나의 격언처럼 남겨졌다. 당시 힘 있는 자들에 대항하며 보여준 용기 덕분에 키케로는 법정 연설가들 중 엘리트로 손꼽히게 된다. 철인 황제로의 길이 열려지는 듯 했다.

하지만 이제는 그의 건강 상태가 발목을 잡았다. 연설 활동을 벌인 처음 2년 동안 목을 너무 혹사시킨 탓에 의사들은 키케로에게 정치에서 손을 떼라고 할 지경이었다. 하지만 키케로는 포기하지 않았다. 우선 그는 아테네에서 6개월간 공부를 하며 잠정적인 휴식의 시간을 가졌다. 키케로는 세계적인 교육의 중심지, 아테네를 너무도 사랑했다. 이따금씩 포럼을 떠나 이곳에서 학문에 정진하며 살면 어떨까 하고 생각할 정도였다. 하지만 그는 그보다 더 높은 뜻을 품고 소아시아의 언어 치료사들 및 로도스의 저명한 몰론Molon 의 도움을 받아 목소리를 회복하고 로마로 돌아왔다.

이제는 경력 쌓기였다. 명문가의 자손들은 시민 선거를 통해 새롭게 경력을 쌓아야만 했다. 키케로는 특히 민사 소송들로 많은 친구들을 그의 주변으로 다시 모았다. 그들은 자신들의 유서에까지 키케로를 언급할 정도였다. 기원전 75년, 키케로는 재무관의 신분으로 시칠리아의 곡물 매점을 책임졌고 많은 사랑을 받았다. 그의 활약상들을 로마에서는 거의 접하지 못한다는 사실에 키케로는 실망하고는 했었다. 그러나 그렇게 얻게 된 국가 정세에 관한 지식들은 이후 그가 최고의 성공 가도를 순조롭게 달릴 수 있도록 도와주었다.

시칠리아의 프로프라이토르propraetor[20]였던 가이우스 베레스는 그를 저지하기 굉장히 힘들 정도로 통상적인 양, 그 이상으로 자신의 재산을 불법적으로 불려나가고 있었다. 키케로는 기소권을 얻어냈고 50일 만에 시칠리아 안에서 그의 죄를 증명한 자료들을 모두 찾아냈다. 즉결 재판을 통해 능수능란하게 고소를 진행함으로서 베레스가 판결이 내려지기도 전에 바로 병가를 내고 자진해서 유배를 떠나도록 만들었다. 동시에 키케로는 상대 변호를 맡았던 퀸투스 호르텐시우스 호르탈루스Quintus Hortensius Hortalus도 이기게 된다. 그때까지 호르텐시우스는 최고의 연설가로 평가되고 있었다. 키케로는 수일에 걸친 가상 연설의 형태로 본 기소 내용들을 다섯 권의 두꺼운 책들로 묶어냈다. 이는 아마도 전 시대

---

20 법무관인 프라이토르로 근무한 사람이 지방 장관이 되었을 때의 명칭.

를 걸쳐 가장 방대한 분량의 연설집이 아닐까 싶다.

키케로는 법무관의 신분으로 기원전 66년 시민 회의에도 참석하게 된다. 여기서 그는 어떠한 위험거리도 만들지 않았다. 여전히 위험스러운 존재였던 미트리다테스를 상대하는 최고 지휘권을 뛰어난 실력의 소유자, 폼페이우스에게 넘겨주는 변호를 키케로가 맡게 된다. 그는 감미로운 말솜씨를 발휘하여 성공적인 협상을 유유히 이끌어냈으며, 이는 오늘날까지도 호평을 받고 있다.

하지만 성공 가도의 최고 정점이자 키케로가 그토록 얻고자 했던 집정관직을 둘러싸고는 모든 것을 내걸어야만 했다. 귀족 신분 또한 마찬가지였다. 선조들 가운데 귀족이 없던 '호모 노부스'였던 키케로에게는 난관에 봉착한 순간이었다. 키케로의 동생인 퀸투스 툴리우스 키케로Quintus Tullius Cicero는 시대를 초월한 훌륭한 선거용 편람을 써서 키케로에게 보냈다. 기원전 63년, 키케로는 모든 계급별로 표를 얻으면서 집정관에 선출되게 된다.

지혜와 웅변술을 겸비한 철인 황제를 현실화시킬 때가 가까워왔다. 위태위태한 농지법을 어떻게든 시민들의 불만을 만들어내지 않고 끝까지 관철시켜야만 했다. 키케로는 네 번의 연설을 통해 루키우스 세르기우스 카틸리나Lucius Sergius Catilina 및 그의 추종자들을 모두 저지해냈다. 동시대 사람들은 오바티오를 열어 키케로를 '국부國父'로 칭송했다. 더 이상 바랄 것이 없었다. 키케로는 기원전 61년부터 아시아 지방의 총독으로 나가 있던 동생에게 보낸 편지에서 플라톤의 바람이자 '어쩌면 나라 전체'에도 일어날 수 있는 것, 바로 힘과 통찰력의 조화가 현실로 이루어질 수 있음에 굉장히 만족해했다.

유감스럽게도 키케로의 커다란 약점, 자만심이 그에게 즉각 벌을 내렸다. 제제가 안 되는 자화자찬으로 키케로는 많은 공감대를 잃었다. 기원전 60년에 폼페이우스, 크라수스 그리고 시민들에게 사랑을 받던 카이사르는 제1차 삼두정치를 체결했다. 이때 그들은 키케로가 선전원으로서 함께하길 바랐다. 하지만 키케로는 이를 거절했다. 카이사르가 집정관으로 있던 기원전 59년, 키케로는 큰소리로 정세에 대한 불평불만을 늘어놓았고 결국 카이사르는 키케로의 입을 막아야겠다고 결심하게 된다.

사적인 문제로 키케로와 적대 관계였던 푸블리우스 클로디우스를 카이사르는 수상쩍은 방법으로 호민관에 오르도록 만든다. 그 즉시 새로이 선출된 호민관 클로디우스는 '어떤 판결도 없이 로마 시민을 죽인' 자는 추방을 당해야만 한다는 법을 발안한다. 카틸리나 무리들의 죽음을 겨냥한 것이다. 비겁함 혹은 책임감에 키케로는 어떠한 무력도 행사하고 싶지 않았다. 내란은 더더욱 일으키기 싫었다. 이에 그는 그 법이 통과되기 전에 그의 신변이 그나마 안전한 그리스로 피해갔다.

그의 일생에 있어 가장 힘든 6개월이 시간이 흘러갔다. 키케로는 도망가도 됐을까? 어떻게 그에게 그럴 수 있었을까? 키케로의 기소장들을 살펴보면, 필론의 제자였던 그는 철학에서 어떠한 위로도 바라지 않았다. 여태껏 철학은 키케로에게 윤리적 방향을 제시해주었다. 이후에는 고난 속에서 이를 이겨내는 하나의 힘이 되어주었다. 공식적으로는 줄곧 그의 친구였던 폼페이우스의 도움으로 키케로는 시민 판결을 거쳐 다시 로마로 돌아올 수 있었다. 키케로의 말이 사실이라면, 이때 진정한 개선 행렬이 전 이탈리아를 거쳐 카피톨리노 언덕까지 이어졌다. 굴욕에서 영예로움이 피어났다. 그렇다. 그는 이렇게 나라를 두 번 구하게 된다.

키케로는 금세 다시 경솔해졌다. 키케로는 폼페이우스를 삼두정치에서 끌어내고자 카이사르가 집정관으로 있던 당시 주된 법률 하나에 대한 반대 여론을 조성하기 시작했다. 이는 실패로 끝이 났다. 세 명은 더 끈끈하게 결합력을 다져갔고 모든 책략들을 통해 위협적인 존재로 자리매김해갔다. 결국 키케로는 고개를 숙였다. 기원전 56년, 키케로는 잘못을 알고 있으면서도 갈리아에서 카이사르가 총독으로 연임하는 데 동의표를 던진다. 그럼에 따라 그는 앞으로 일어날 내란에서 의도하지 않게 카이사르의 힘을 키워주게 된다.

철인 통치에 실패한 키케로는 광범위한 친구들 무리에게 장문의 편지를 보낸다. 그는 세상과 플라톤에 앞서 자신을 변명하고자 애썼다. 스승은 사회의 안녕을 위해 폭력적이어서는 안 된다고, 서로 타협점을 찾을 준비가 되어 있어야만 한다고 가르치지 않았던가?

죄책감에 괴로웠던 그는 작가로서 대형 프로젝트를 벌이며 위안을 얻었다. 『연설가에 대하여De Oratore』라는 세 권의 책은 플라톤의 『고르기아스』에 상응하는 것이었다. 여섯 권에 달하는 『국가론』은 『폴리테이아』와 짝을 이루는 것으로 보인다. 그리고 미완성 작품인 『법률론De Legibus』은 플라톤의 만년의 작품인 『노모이Nomoi』와 경쟁 구도를 만들어냈다.

여기 모든 대화들에서는 과거의 사람들이 어떤 중요한 주제를 하나 두고 토론을 벌인다. 플라톤의 작품들도 같다. 연설가들에 관한 책은 적어도 내용 면에서 키케로가 가졌던 예전 플라톤 원칙들과는 분명 구분된다. 정치적으로 영향력을 행사하기 위하여 지혜로운 사람이 웅변술을 습득해야만 한다는 원칙 대신 연설가들이 효과적으로 논쟁을 벌이기 위하여 철학을 마음대로 장악하는 일을 하지 말아야 한다는 것이었다. 철학은 이른바 수사학의 시녀가 되어야 한다.

이는 용감무쌍한 사설이었지만 키케로의 생활상을 잘 비춰주는 것이기도 했다. 당장은 철인 황제가 될 수 없었지만 키케로는 여전히 주도적인 연설가였다. 하지만 『국가론』에서 키케로는 다시금 예전에 가졌던 이상理想으로 근접해나갔다. 서문에서 그는 어째서 교육을 받은 자가 정치를 해야만 하는지를 이야기했다. 이는 아마도 키케로가 철학과 관련하여 작성한 가장 개인적인 글

이 아닐까 싶다. 어쨌든 결론은 교육을 받지 않은, 질 나쁜 자들에게 주도권을 넘겨서는 안 된다는 것이었다. 자신의 운명이 어떻든 키케로는 그 어느 것도 후회하지 않았다.

숙적 클로디우스를 죽인 밀로Milo를 변호하면서 키케로는 다시 한번 더 진심 어린 연설을 할 수 있게 되었다. 그러나 공판은 방해됐고 밀로에게는 판결이 내려졌다. 키케로는 변호 연설문을 공개했다. 이는 키케로가 직접적으로 연설한 적은 없지만 오늘날까지도 그가 한 변호 연설문 가운데 최고로 평가되고 있다. 이는 또한 아직까지는 자유로운 모습의 로마에서 가진 마지막 변호 연설들 중 하나였다. 폼페이우스와 미래의 독재자, 카이사르 간의 내란이 일어날 조짐이 이미 나타나고 있었다.

키케로는 머나먼 실리시아 지방의 총독으로 나가 있었기에 그 내란의 서막을 멀리서나마 경험할 수 있었다. 기원전 50년, 키케로가 로마로 돌아왔을 때 평화를 향한 모든 노력들은 헛수고였다. 금세 루비콘Rubicon 강은 건너졌다. 폼페이우스는 대부분의 원로들과 그리스로 피해갔다. 그러자 카이사르는 언변술이 뛰어난 원로들의 호의를 얻고자 노력했다. 하지만 소용없었다. 스스로 시인했듯이 키케로는 여차하면 둘 중 그나마 좀 더 나은 폼페이우스에게 가야 된다는 것을 알고 있었고, 그렇게 키케로는 폼페이우스를 따라 떠났다.

키케로는 파르살로스Pharsalos에서 폼페이우스 무리가 겪은 굴욕적인 패배를 직접적으로는 경험하지는 않았다. 당시 몸이 좋지 않았던 키케로는 소속되어 있던 당을 떠나 이탈리아로 돌아왔다. 그사이 폼페이우스는 죽임을 당했다. 이탈리아로 돌아온 키케로는 브린디시움Brundisium에서 카이사르가 사면해주기를 기다리고 있었다.

고통스런 1년의 시간이었다. 자기비판과 우울감이 그를 재차 괴롭혔다. 카이사르가 인자를 베풀기까지 기다림의 시간이 필요했지만 결국 그 시간이 왔다. 키케로는 로마로 돌아왔고 원로원 회의에 다시 참석할 수 있게 되었다. 물론 모든 흥미를 잃은 상태였다. 많든 적든 간에 그가 공식적으로 연설을 한 것은 오직 세 번 뿐으로, 카이사르의 적이자 오랜 친구들을 조심스럽게 대변하기 위함이었다.

이 대신 키케로는 기원전 46년부터 다시 한번 더 저술 활동에 집중한다. 계기가 된 사건은 수사학 논쟁이었다. 젊은 연설가들 무리가 키케로의 방식은 문약文弱하고 과장스럽다고 악평을 늘어놓았다. 그들은 이러한 키케로의 방식을 그가 소아시아에서 공부했던 시절과 연결시켰고, 이에 키케로를 아시아 주민이라는 의미의 '아시아누스Asianus'라 불렀다. 그들 스스로는 아테네풍의 호리호리한 연설 방식을 따르는 '아티키Attici'가 되고 싶었다.

키케로는 두 권의 책을 집필하면서 이에 바로 대응했다. 브루투스라는 인물과의 문답 형태로 이루어진 『브루투스Brutus』는 로마식 연설의 역사를 다루고 있다. 브루투스라는 인물은 이러한 로마식 연설을 최고로 해낼 수 있는 자로 소개되었다. 키케로는 이 이야기를 통해 그의 과장된 표현에 대한 비평들을 암묵적으로 모두 반박해냈다.

좀 더 심오하게 다룬 것은 『연설가에 대하여』라는 작품이다. 여기에서 키케로는 완벽한 연설가를 양식style에 국한시켜 설명했다. 그는 전통적으로 나뉘는 상, 중, 하 세 가지 수준의 방식들을 연설가의 세 가지 과업으로 새롭게 연결시켰다. 이는 바로 가르치는 것, 기뻐하는 것, 그리고 감동을 주는 것이었다. 무엇보다 감동을 주려면 자신의 수사적 방식을 동원하는 고난위도 방식이 꼭 필요하다고 키케로는 설명했다. '아티키'들은 틀림없이 낮은 수준의 방식만을 구사해왔고, 그렇기에 그들에게 주어진 과업들을 올바르게 해내지 못했음이 분명하다는 것이었다. 굉장히 미묘하게 들리지만 오늘날까지도 깊은 인상을 주고 있다.

하지만 정작 키케로가 더 많은 에너지를 쏟아 부은 곳은 다른 데였다. 키케로는 당시의 모든 철학들을 소개하는, 철학 백과사전과 같은 모음집을 계획하고 있었다. 그리고 그는 계획을 실행에 옮겼다. 하지만 이때는 그리스어가 아닌 로마어로만 표현했다. 어떠한 학설도 우선적으로 취급되지 않았다. 이때 키케로의 회의론이 주된 역할을 했다. 균형이 서로 잘 맞춰진 찬반 속에서 각각의 견해들이 표현되고 서로 비판되게끔 만들었다.

키케로는 체계적으로 일을 하는 자였다. 첫 번째 대담인『호르텐시우스Hortensius』에서는 연설가 호르텐시우스에게 철학을 영위하는 일은 중요하다는 것을 설득했다. 유감스럽게도 본 대담문은 거의 대부분 소실되었다. 그다음 네 권의『아카데미카Academica』는 인식론에 대해 다루고 있다. 여기서 키케로는 저명한 학자, 바로의 견해에 반대하며 자신만의 회의론을 입증해낸다. 처음으로 그리스 학술 용어들이 세세하게 라틴어화되었던 이 작품 또한 완전하게 보존되지는 않고 있다.

대신『최고선악론De Finibus Bonorum et Malorum』이라는 기본적인 책 다섯 권은 완전하게 보존되어 세상에 알려졌다. 이 작품에서는 에피쿠로스학파와 스토아학파, 그리고 아리스토텔레스학파Aristotelianism의 철학자들이 인생의 목표에 대해 서로 논쟁을 벌인다. 다섯 권으로 이루어진『투스쿨룸 대화Tusculanae Disputationes』에서는 생활에 필요한 정보들을 제공해준다. 특히 이 책에서 키케로는 자신이 생각하는, 철학이 주는 가장 큰 약속이 무엇인가를 이야기한다. 이는 바로, 인간이란 스스로의 힘으로 자기 행복의 주인이 된다는 것이다. 그의 작품들 중 이보다 더 감사하는 마음으로 읽혀진 것은 없었다. 더욱이 키케로가 자기 자신을 위하여 철학이 주는 위로의 힘을 찾아냈기 때문이기도 했다.

사고방식의 마지막에는 물리학이 있었다. 고대 사고방식에서 물리학의 일부를 이루는 것은 신들이었다. 세 권의『신들의 본성에 대하여De Natura Deorum』에서는 에피쿠로스학파와 스토아학파의 철학자들이 논쟁을 벌인다. 두 사람 모두 로마 사제인 어떤 회의론자에게 반론당한다. 하지만 그렇더라도 어떠한 사고든지 계속해서 자유로이 가능하다. 이 작품을 통해 키케로는 활동적인 예언가로 자신을 소개한다. 두 권으로 이루어진 『점占에 대하여De Divinatione』는 징조에 대한 로마의 믿음을 철저하게 무너뜨린다. 키케로의 철학에 관한 전문 학술 작품 중 걸작으로 손꼽히는 것은 『운명에 대하여De Fato』다. 이 작품은 오늘날 우리가 결정론으로 명명하는 것에 대한 모든 증거들을 반박하고 있다.

철학에 관해 총체적으로 요약한 스물한 권은 당시 지적 생활에 대한 평가로서, 키케로가 후대에 남겨준 가장 가치 있는 것이다. 그렇다고 가장 효과적인 작품은 아니었다. 추후에 집필된 『의무론De Officiis』은 실천 윤리학에 관한 것으로 좀 더 소박하게 접근했지만 더 많은 성공을 거뒀다. 프리드리히 대왕Friedrich der Große 이 윤리에 관해 이보다 더 잘 쓴 책은 없었다고 이야기할 정도였다.

기원전 44년 3월 15일, 카이사르가 암살되자 키케로는 "내가 그 연회에 함께했었다면 모두 깨끗이 치워버렸을 것이다"라고 말했다. 안토니우스를 함께 없애버렸을 것이라는 의미였다. 당시 집정관이자 로마의 신흥 세력이었던 안토니우스는 플라톤이 혐오했었던 것과 같이 키케로의 가장 위험한 적, 독재자가 되었다.

카이사르의 새파랗게 어린 양자였던 옥타비아누스는 카이사르를 암살한 데키무스 유니우스 브루투스 알비누스Decimus Junius Brutus Albinus가 안토니우스에게 군사적으로 저항할 준비가 되어 있었다고 키케로를 자극하는데, 이로써 키케로는 마지막으로 정치판에 뛰어들게 된다. 그는 안토니우스에 대항할 군사들을 불법적으로 모집한 옥타비아누스와 힘을 모았다. 기원전 44년 12월 20일, 키케로는 원로원에서 옥타비아누스를 따르며 안토니우스에게는 반대한다는 선서를 하게 된다.

몇 달간은 좋았다. 하지만 기원전 43년 4월 무티나에서 거둔 옥타비아누스의 승리 이후 인위적인 동맹 관계는 깨져버리고 만다. 이제 키케로는 자기가 일생일대 최대의 실수를 범했다는 사실을 깨닫게 된다. 옥타비아누스는 집정관 선출을 강행하고는 지금까지 적대 관계였던 안토니우스와 당원 중 한 명이었던 레피두스와 삼두정치를 제정하기에 이른다. 이들은 피비린내 나는 적출을 감행하며 그들에게 반대하는 모든 이들을 처단했다. 물론 그 안에는 키케로도 포함되어 있었다. 기원전 43년 12월 7일, 장차 평화의 황제가 될 아우구스투스의 명성에 영원한 오점으로 남을 일이 일어났다.

생애 마지막 해에 키케로는 변론술에 있어 최고의 정점을 찍었다. 12개의 열정적인 연설을 통해 키케로는 원로원과 시민들의 마음을 안토니우스로부터 돌려버렸다. 본 연설들을 키케로 스스로 간행물로 출판했으며, 이는 이후 14권으로 확장되었다. 키케로는 이를 위대한 연설가 데모스테네스를 모델 삼아『필리피카이Philippicae Orationes』라 이름 붙였다. 데모스테네스는 마케도니아의 필리포스Philippos를 평화의 적으로 간주하여 그에게 반대 주장을 한때 펼쳤었다.

데모스테네스의 호소는 끝내 성공을 거두지 못한 채 끝나버렸다. 아테네는 굴복했다. 이를 키케로는 자신에 대한 징조로 받아들였을까? 12월 20일, 운명적인 연설 중 하나는 이와 같았다.

우리 로마가 저물어가는 것이 운명이 원하는 바라면 우리는 검투
사들처럼 이를 받아들이고 명예롭게 죽어가리라.

많은 이들이 키케로를 비난했다. 정치인으로서 그는 용기가 부족했을까? 그는 할 수 있는 곳에서는 모든 행동을 다했다. 철학자로서 특색이 없었던 것일까? 그에게는 진실이 중요했지, 독창성이 중요한 것이 아니었다. 연설가로서 그는 너무 과장되었을까? 이에 대해서는 이미 오래전에 후세대가 결론을 내렸었다. 1500년 이상의 시간 동안 라틴어는 유럽의 공용어가 되었고 오늘날까지도 배우고 사랑받고 있다. 이에 대한 감사의 인사를 받을 사람은 그 어떤 로마인도 아닌 키케로다.

글 빌프리드 슈트로

화려한 생활

이미 공화국 시절부터 돈 많은 로마인들은 엄청나게 방탕한 식문화를 즐겼다. 비록 이러한 탐닉은 엘리트층이 지니고 있던 정결한 자아상에는 반하는 것이었지만 말이다.

 손님들은 식탁 옆에 누워 있었고 더 이상 아무것도 할수 없었다. 시인 가이우스 푼다니우스Gaius Fundanius는 친구이자 동료인 호라츠에게 '루카니아Lucania산 수퇘지'가 전채로 나왔다고 이야기했다. "주인이 말하길,/ 그 수퇘지는 살랑살랑 불어오는 남풍 때 잡히는 것"으로 빨갛고 하얀 무채와 샐러드, 그리고 "지쳐버린 위/ 좌우간 위를 자극만 해대는 무언가, 콘샐러드, 생선 수프, 코스Kos산 주석酒石"이 곁들어졌다. 비싼 백포도주로 취하기 좋은 식사 분위기가 만들어지고, 이를 따라 "새, 조개, 생선 (…) 넙치와 가자미로 만든/ 여태껏 한번도 맛보지 못했던 스튜"가 나왔다.

이렇게 시작되었다면 건강을 생각하는 현대인들은 이미 벌써 두손 두발 다 들었을 것이다. 하지만 (미안!) 게걸스러운 로

242

마인들은 아니었다. 커다란 접시에는 "엄청나게 많은 게들 사이로,/ 접시를 다 덮을 정도로 큰" 곰치가 들려 나왔다. 소스는 "베나프룸Venafrum산 오일,/ 것도 제일 처음으로 유착된 것, 스페인산 생선 수프,/ 5년산 와인 (…) 백후추, 식초/ 그것도 미팀나Mithymna산 포도로 만든 것"으로 만들어졌다. 주인이 이미 귀띔해주었듯이 요리사가 "신선한 복어"로 만든 탕을 가지고 나왔다. 이렇게 배가 터질 듯이 먹은 손님들이 이제는 그저 포도주vinum만 마시고 싶어 할 때, 노예들이 재빠르게 내온 것은 "커다란 접시에 담겨진 학 고기 요리로,/ 훌륭하게 간이 배어 잘 구워졌으며 여기에는 간/ 즙이 많은 무화과로 살찌운 새하얀 거위의 간이 곁들어졌다." 그런 다음, 지친 푼다니우스는 "지빠귀의 노릇노릇하게 구워진 가슴살과 비둘기, 그것도 꼬리가 없는 놈"이라 기록해두었다. 그래도 역시나 이러한 음식들은 미식가들의 발길을 멈추고 게걸스럽게 다 먹어치우도록 만들었다.

손님들을 초대한 주인장은 나시디에누스 루퍼스Nasidienus Rufus라는 벼락부자로 깊은 인상을 심어주고 싶었다. 하지만 그의 이러한 식도락 노력들은 되레 그를 조롱거리로 만들었다. 호라츠만이 이러한 '비참한 풍요divitias miseras'를 풍자시를 통해 영원히 남겨둘 뿐이었다.

그런데 이러한 나시디에누스의 식사 초대는 사실상 로마 지도층의 연회 문화를 잘 보여주고 있다. 여기에는 폼페이우스와 같은 정치인, 루쿨루스와 같은 향락가, 또 유명한 장군들이나 시인들도 포함된다. 호라츠는 한 식단 목록을 "달걀에서 사과까지ab ovo usque ad mala "[21]로 요약했다. 이처럼 전채에서부터 메인 요리 및 후식까지는 총 30개 이상의 음식들이 들려 나왔다. 여전히 잘 알려져 있는 달팽이, 거위, 토끼 등의 특별 요리 말고도 로마의 미식가들은 요즘에는 되레 의아해하며 먹는 데 적응 시간이 필요할 진미들을 먹어치웠다. 예를 들자면 돼지의 젖통, 개똥지빠귀, 암돼지의 자궁, 해파리 등이다.

원래 이때는 로마식 연회를 표현할 만한 어떤 대단한 식문화도 없었다. 기사나 원로들의 일상생활은 포룸을 걷거나 공중목욕탕을 가는 것, 저녁 식사 때는 친구들 및 동료들과 한자리에 모여 레스푸블리카의 일들을 논하고 새로운 소식이 있으면 그에 대한 수다를 떠는 일이 다였다. 서면으로 초대하는 것은 거의 불필요했다. 고위층의 친족 관계들은 그런 것 없이도 다 만나졌다. 집의 바깥주인이 남자들을, 집의 안주인은 여자들을 식사에 초대했다. 덜 귀족적인 손님들만이 노예들을 통해 초대를 받기도 했었다.

전통적인 이미지에 따르자면 적당히, 적절하게 살아가야 했다. '올리브 기름에 담근 정어리와 루카니아산 소시지'만으로도 이미 너무 많은 것이 차려졌다고 키케로는 말했다. 그는 '굴과 곰치'를

---

21 식사를 달걀로 시작해 과일로 마치는 로마인들의 식습관을 보여주는 라틴어 속담.

곧잘 거절했다. 키케로처럼 연설가이자 정치가로 사람들에게 진중한 인상을 심어주고 싶은 사람들은 '쾌락, 도락, 유희, 농 및 연회'에 관해서는 포기도 할 줄 알아야 했다.

키케로와 같은 위인들은 방탕함을 잘도 찾아냈다. 그렇다. 그들은 정치 및 사회에서 적대 관계에 있던 이들의 퇴폐 생활을 찾아 비난하고 비방했다. 고대 역사가 엘케 슈타인-휠케스캄프Elke Stein-Hölkeskamp의 이야기에 따르면, 검소하게 생활한 자는 "전통적인 정치 계급에서의 지도자상으로 이득을 얻고자" 했다. 후기 공화정 시대 때 지식인들은 그러한 이미지의 중요성을 잃어가면서 시련의 시간을 겪게 되었다.

로마 식문화에 관한 연구들은 공화국 시절의 풍속과 황제 왕정 시절의 사치스러움 사이에서 그렇게 큰 차이점을 찾지 못했다. 역사적, 철학적 혹은 문학적인 글들 사이에서도, 또 키케로가 쓴 편지들과 호라츠의 풍자시들 혹은 스토아학파 세네카Seneca의 관찰 내용들 사이에서도 로마 식문화에 대한 별다른 차이가 드러나지 않았다. 하지만 세계의 다양한 시각에서 기술된 내용들은 여성의 역할과 관련해서는 한 가지 사실을 보여주고 있다. 헬레니즘 사회와는 다르게 여성들을 식탁에서 상당히 자주 마주할 수 있었다는 점이다.

키케로는 베레스와 같은 피고인들, 심지어 카틸리나에게도 그렇게 특별나지 않은 이유로 죄를 씌었다. '파렴치한 여인들'과 식탁에서 희희낙락했다는 것이 그 이유였다. 반면 시인 푸블리우스 오비디우스 나소Publius Ovidius Naso는 잔치를 의미하는 콘비비움 convivium을 성적 만남의 장소로 칭송했다.

너의 열정이 그 모습을 드러내는 눈으로, 그녀를 눈 속 깊숙이 바라보라.

슈타인-휄케스캄프는 그때 돌고 돈 이야기는 '오직 단 하나'에 관한 것이었다고 말했다. 풍요로운 사교 문화에 대해서는 굉장히 인상 깊은 진술들 말고도 잡다한 허구적 이야기들과 신화들도 흘러나왔다. 로마제국의 실패는 특히 호사와 호언을 일삼는 로마인들에게 그 책임이 있다는 이야기가 널리 퍼져 있었다. 하지만 내용이 충분한 기록들은 대게 귀족들의 생활에 관한 것임을 모르고나 한 소리다. 추측하건대 로마제국의 몇 백만 명의 시민들 가운데 100분의 1도 안 되는 사람들이 부를 나눠 가졌다. 약간의 기름과 곡식들, 여차하면 소금이나 몇 가지의 향료 풀잎들로 간을 맞춘 죽이나 빵 조각들로 배를 채우던, 가난한 농민들과 평민들의 일상생활은 소수의 귀족들이 부리던 사치 생활과는 아무런 관련이 없었다.

대략 기원전 2세기 이후부터 로마인들은 손님들을 초대하여 여는 향연을 자신들의 재력을 보여줄 수 있는 좋은 기회로 삼았다. 물론 그럴 능력이 있다는 로마인에 한해서다. 식사에 사람들을 초대하면 그리스 방식에 따라 우선은 양이나 재료, 아니면 요리법에서 새로운 기교를 보이고자 힘썼다. 물론 요즘 이탈리아 음식의 대표적인 재료로 생각되는 것들 대부분이 그 당시에는 없었다. 스파게티도, 토마토도 없었으며 버터를 이용한 조리법도 있지 않았다. 더군다나 로마인들은 커피를 마시지 않았다.

그 대신 전문가이자 작가인 로버트 마이어Robert Maier의 요리책을 보면 '인도 요리에 쓰이는 꽤나 비슷한' 채소 및 향료 등이 기록되어 있다. 연근이나 대추야자와 같은 것들, 또 요즘에는 맛을 내는 데 없어선 안 될 소금 대용의 리쿠아멘liquamen 등이 있었다. 가룸garum이라고도 불렸던 리쿠아멘은 소금에 절여 만든 생선 소스로 참을 수 없는 냄새 때문에 일반 거주 지역 밖에서 만들어졌다.

로마 상류층의 사람들이 이렇게 엄청나게 많은 양을 흥청망청 먹고 마시려면 누워서 말고는 어떤 다른 방법이 있었겠는가? 그들은 한 요리가 끝나고 다음 요리가 나올 때까지 보통 배를 비웠다. 사회 안에서 어느 정도 중요한 대우를 받고 싶은 이들은 집에 트리클리니움triclinium을 갖추고 있었다. 이는 세 개의 식사용 소파인 클리네kline로 구성된 주거 – 식사 – 지대였다. 각각의 소파에는 최대 세 명의 손님들이 편안한 쿠션을 베고 자리할 수 있었으며, 집주인과의 서열 관계에 따라 자리를 잡았다. 그리고 노예들이 맛 좋은 음식들로 시중을 들었다.

고고학자들은 커다란 도시 건물이나 시골 별장들에서 여러 개의 식사 공간들을 발견했다. 계절에 따라 여름 혹은 겨울 트리클리니움이 선보였다. 해가 떠 있는 위치에 따라 동쪽, 서쪽 또는 북쪽으로 자리해 있었다. 특히 고가의 집에서는 정원이나 해변에 식사용 테라스가 마련되어 있었다.

이미 공화국 시절부터 집이나 음식 등에 사치스러운 생활을 해왔다는 것은 다양한 문헌 자료들로만 알 수 있는 것은 아니다. 지난 세기 초 무렵, 잠수부들이 튀니지 동쪽 앞바다의 난파선에서 발견한 여러 물품들도 이를 분명하게 보여주고 있다. 이 난파선은 기원전 100년에서 80년 사이, 피레우스Piraeus에서부터 건너오다가 가라앉은 화물선으로, 대리석으로 만든 기둥 구조물, 샹들리에 및 값비싼 실내 장식품들을 싣고 있었다. 이러한 장식품들은 로마 귀족들이 그리스 통치자들의 생활양식에도 관심 갖고 있었다는 것을 보여준다. 음식과 음료들은 코린티아Corinthia산 청동, 구리, 금 혹은 은으로 만든 그릇에 담겨졌으며 그 주변은 다양한 보석들로 장식되었다. 감귤나무와 상아로 만든 가구들은 자라 껍질로 무늬를 새겨 넣었다.

요리를 하는 데 최대한 많이, 비싼 것들을 준비하는 것은 하나의 신분 표시이기도 했다. 정선된 음식을 마련하거나 로마제국 전역에서 재료들을 찾아내는 행위 등이 이에 해당됐다. 예로 사모스Samos 섬의 공작나비, 프리지아Phrygia 와 메디아Media 의 들꿩과 두루미, 보스포러스Bosporus 해협 칼케돈Chalcedon 의 참치, 타란토의 굴, 그리고 식사 끝에 대접되는 이집트산 대추야자와 스페인산 밤 등이다.

놀랍게도 이 모든 음식들의 맛을 모두 느끼는 것은 불가능했다. 강한 향료들로 재료 하나하나의 맛은 더 이상 느낄 수 없을 때 최고의 요리라고 평했기 때문이다.

그 누구도 자기가 뭘 먹는지 몰라.

마르쿠스 가비우스 아피시우스Marcus Garvius Apicius 는 자신의 요리법에 대해 이처럼 굉장히 기뻐했다. 가장 오랫동안 보존된 로마 요리책 『아피시우스Apicius』는 이 고대 미식가의 이름을 따라 붙여진 것이다. 세네카와 같은 순수주의자들만이 이에 대한 이의를 제기할 뿐이었다.

하지만 부유한 방탕꾼들은 걱정할 필요가 전혀 없었다. 진취적인 농민들은 이것 말고도 양식이나 농경에 관한 새로운 방법들을 끊임없이 고안해냈다. 역사가 바로가 표현한 것처럼, 그들의 저명한 고객들의 "그 끝을 알 수 없는 향락에 대한 욕심"을 채워주기 위함이었다. 공화국 후기 때의 엄청난 미식가인 루쿨루스는 나폴리에 있는 자신의 별장에 양어지를 만들기까지 했다. 터널을 통해 맑고 신선한 바닷물이 이곳으로 항상 들어오도록 만들었다. 유별난 미식가였던 루쿨루스는 사냥 시기가 아니더라도 개똥지빠귀들을 손님들에게 대접하고자 인기 많은 이 조류들을 특히 더 살찌웠다.

군사들이 하루 일당으로 몇 푼 안 되는 세스테르티우스를 받을 때 루쿨루스는 한번에 5만 세스테르티우스를 써대는 만찬을 종종 열고는 했다. 이렇게 그는 과했다. 어쨌든 정치가이자 장군이었던 루쿨루스는 그렇게 유명해졌다.

글 베티나 무살

"올리브나무는 점점 더 푸르러지리라"

고대 로마 시대에도 농사일은 즐겁지 못했다. 그러나 시인 베르길리우스는 이를 문명의 가장 이상적인 상태로 보았고, 농부의 존재를 찬양하는 교훈시를 만들었다.

 농사를 짓고 싶다면 햇볕이 충분히 드는 지중해에서도 제때 땅을 일구어야 한다.

이른 봄, 차가운 얼음물이 눈 덮인 산에서 흘러내리고,
흙덩이들이 부드러운 산들바람에 부서져 내리면,
그때가 되면 소들은 땅속 깊이 처박힌 쟁기에 숨을 헐떡이며 끙끙거리고
고랑 속 쟁깃날은 은처럼 반짝거리리라.

아우구스투스 초기 시대의 거장, 베르길리우스는 로마 농민들의 존재를 명성 가득히 표현해냈다. 그는 6운각 시의 형태에서는 곧잘 벗어나긴 했지만 세부 내용들은 상세하게 표현했다.

비옥해진 땅은 첫 달 동안 힘센 소들이 갈아엎고
뒤엎어진 흙덩이들은 먼지투성이 여름 동안
이글이글 달아오른 햇볕 아래 놓아두어라.

해마다 농부들은 날씨, 바람, 땅의 상태 등을 꾸준히 체크하면서 밭을 일구어야 한다. 곡물의 종류들을 잘 계획해서 바꿔 심어야 하며 격년마다 몇 달간은 땅을 쉬게 내버려두어야 한다. 그런 다음에 루핀lupin이나 살갈퀴 등으로 땅을 새롭게 만들고, 그 주위로 올리브나무와 여러 채소와 과일, 포도나무를 심어야 한다. 이 모든 것들이 각각 자신만의 리듬을 가지고 있다. 가축들도 마찬가지다. 닭, 돼지, 양, 염소, 소에 이르기까지 모든 가축들이 잘 돌봐져야 한다. 이 모든 것들이 별들의 끝없는 움직임들로 만들어진 연간 주기를 따라 움직인다.

베르길리우스의 눈에는 신들이 마련해준 이러한 조화로움은 하나의 은총과도 같았다. 그는 오래된 풍습을 천국처럼 온화하고도 행복한 원초 상태라 칭송했다.

신의 축복에 농부들은 더할 나위 없이 기뻐하리라!
지극히 올곧은 땅은 전쟁의 시끄러움과는 멀리 동떨어진 곳에
풍요로운 생활을 계속해서 보장해주나니 (…)
다양하고 풍부한 보물들, 넓은 광야에서의 평온함,

동굴, 깨끗한 호수들, 나무들로 우거진 시원한 골짜기,

음매음매 울부짖는 소들의 울음소리, 나무 그늘 아래서 이루는

달콤한 낮잠,

그들에게는 부족할 것이 없나니.

울창한 숲속 산골짜기와 사냥감들로 가득한 저장고가 그들의 것

이니.

욕심 없이, 끈기 있게 노력하는 젊음이 그들에게 있으니.

신들에게 제사를 올려라, 노인들을 경외하라!

이 세상에서 정의가 사라져버렸다 해도

이곳 농민들에게 그 마지막 흔적을 남겨두었으니.

늦어도 대략 기원전 30년경, 이 시 구절이 만들어졌을 때에
는 이런저런 비애들을 이해할 수 있었다. 베르길리우스는 "훌륭
한 사회 체계에 대한 비유"를 실질적으로 해보이고 싶었다고 뮌
헨 출신의 고대 역사학자인 베르너 티에츠Werner Tietz 는 2015년에
발간된 책『목자, 농부, 신Hirten, Bauern, Götter』에서 이렇게 표현했
다. 베르길리우스가 마지막에 꿀벌들이 꿀을 모으는 이야기로 현
명한 섭정정치에 관한 자기 성찰적 우화를 만들어낸 것은 당연한
이치였다.

이와는 달리 이탈리아 땅에서는 그렇게 많은 목가적인 분위기
를 느낄 수는 없었다. 그 당시에도 그렇고 그 이전에도 다를 바

없었다. 로마 공화국 시절, 90퍼센트 이상이 사람의 힘으로 혹은 동물의 힘을 빌려 땅에서 얻어내는 것들로 먹고 살았다. 금속으로 만든 쟁깃날도 흔히 볼 수 있는 것이 아니었다. 소들이 끄는 덜컹덜컹거리는 수레가 이동 수단이었으며 길의 상태에 따라 최대 20킬로미터를 이동해 다녀야만 했다.

대다수의 농민들이 상업 행위는 생각조차 안 했던 것으로 보인다. 기껏해야 10헥타르 밖에 되지 않은 크기의 땅에서 그들은 가족들을 겨우겨우 먹여 살리고 있었다. 더군다나 자기 땅이 아니라 남의 땅을 빌려 쓰는 경우가 비일비재했다. 노예들이 일손으로 투입되는 경우는 거의 없었다. 어차피 비싼 농노들을 감당해내기 힘들었다. 상황이 그나마 좀 더 나은 이들만이 강도 높은 추수 작업에 일용직들을 이용할 수 있었다.

전문가 티에츠의 계산에 따르면, 종자 마련과 만약의 상황을 대비하는 데에만도 약 35퍼센트의 잔여금이 필요했다. 소작료, 물물교환 및 다른 필요한 곳에 지출을 하려면, 그와 가족들이 생활하는 데 필요한 양의 거의 두 배 이상을 생산해내야만 했다. 어쨌든 공용 목초지와 숲속의 땔감들은 대부분 공짜였다. 몇몇의 소지주들이 드문드문 돈을 받아낼 뿐이었다.

기원전 200년경부터 확실히 많아진 대지주들의 생활은 이것과 완전히 달랐다. 훨씬 넓디넓은 토지들은 대부분 도시 가문들의 것이었고, 전문 기업처럼 운영되는 경우가 허다했다. 사장의 감독 아래 주로 상업 활동을 위해 물자를 생산하는 그런 전문 기업 말이다.

이후 로마 근교에는 화려한 파티와 쇼들 말고도 순수하게 화초 재배만 하는 곳도 생겨났다. 베수비오 산의 보스코레알레 Boscoreale에서 별장 하나가 발견되었는데, 평면도를 통해 그곳에 소규모의 포도주 양조장이 있었다는 사실이 밝혀졌다.

규모가 수백 헥타르에 달하는 '전원 지대의 별장villae rusticae'에서는 노예들이 흔히 농사일을 도맡아 했다. 노련한 이들은 바쁜 한철에는 바로 옆 지방 도시의 인력시장 등을 통해 보조 일꾼들을 사서 쓰기도 했다. 통합적으로 로마의 농업은 놀라우리만큼 다양하고도 유동적이었다. 또한 셀 수도 없이 많은 과일류와 토질의 차이 등으로 굉장히 다른 지역적 특색들을 보여주었다.

물론 경멸스런 손익 계산 등은 베르길리우스에게는 아무래도 전혀 상관없었다. 포 강 유역의 안데스Andes 산맥 지역 출신인 그에게는 단지 즐거운 농민들의 의연한 모습이 포도주를 담그며 부르는 노래와 목동들의 피리 소리와 함께 어우러져 남아 있을 뿐이었다.

쇠퇴해가는 로마 공화국의 열사, 베르길리우스는 늘 인간이 품는 최고 목표치인 자신만의 땅에 대한 '작지만 나의 것'이라는 원칙을 찬미했고, 이러한 이상을 농경시 두 권을 통해 이탈리아 고향에 대한 찬양으로 고조시켜 표현했다.

꽉 찬 열매들과 정선된 포도들로 대지는 찬란하게 빛나고,

올리브나무들은 점점 더 푸르러지며 소들은 즐겁게 풀을 뜯나니.

(…) 성스러운 강, 클리툼누스Clitumnus의 새하얀 무리들이 이미

벌써 몰려오고 있으니,

가장 우수한 제물인 황소들이 들려오고 있으니

로마의 개선 행렬이 신들의 성전으로 향하고 있구나.

꽃 피는 봄날은 이곳에 끝없이 계속되고 여름의 햇살은 이곳에

거의 내내 비추리니.

가축들은 매년 두 번 새끼를 배고 과일나무들은 매년 두 번 열매

를 맺으리라.

이러한 시각은 크고, 아름다운, 그리고 신들의 은총을 받은 로마제국에 대한 조감도까지 형성해나간다.

수많은 도시들과 높이 솟아오른 예술적 건축물들도 함께 헤아려라.

사람들 손을 거쳐 바위 절벽 너머로 세워진 모든 성채들도,

태곳적 장벽들을 따라 흐르는 모든 강물들도.

위아래로 철썩거리는 바다도 내가 굳이 말해야 하는가?

아니면 드넓은 호수도? (…)

나라의 중심에는 은빛 실개천과 구리 광산이 비추고

반짝거리는 황금들이 아낌없이 흘러나오리라.

농민들의 조화로운 삶에 대한 이 같은 찬미는 이탈리아를 여행하는 사람이라면 누구나 아직까지도 맛볼 수 있다. 올리브나무 숲, 포도 덩굴 및 여기저기 열매를 맺고 있는 논밭들이 이뤄내는 문화 풍경은 라틴어로 '쿨툴라cultura'인 문화라는 말이 원래는 땅을 일구고 경작하는 일, 더불어 식물과 동물들을 돌보는 일을 뜻하는 말이었음을 상기시켜준다. 가장 신성한 것, 바로 삶 그 자체에 대한 경외를 말이다.

글 요하네스 잘츠베델

토사로 막혀버린 포구

로마의 항구도시인 오스티아는 오랫동안 무역의 중심지이자, 로마제국 함선들의 거점 도시였다.

 오늘날 로마에서부터 해안로를 따라 이동 중이라면 표지판을 눈여겨 잘 봐야 한다. 고대 오스티아의 유적들이 눈에 띄지 않는 곳에, 꽁꽁 숨어 있듯 자리해 있기에 그렇다. 이전에는 티베르 강 하구 바로 남쪽 땅 끝에 자리 잡고 있었던 오스티아는 한때에는 그냥 못 보고 지나칠 수 없는, 그런 곳이었다. 오늘날에는 해안선이 확실히 훨씬 더 서쪽으로 자리해 있다.

로마에서 가장 오래된 식민지인 오스티아는 오랫동안 로마제국의 가장 중요한 거점 지대 중 하나로 기능해왔다. 고고학상의 흔적들을 되짚어보면 늦어도 기원전 350년 이후에는 첫 번째 기능성 항구 시설들이 생겨났다. 기원전 87년 이후, 권력을 쥐고 있던 술라가 견고하게 잘 버텨내는 부두와 방파제를 새로이 짓도록 명했다.

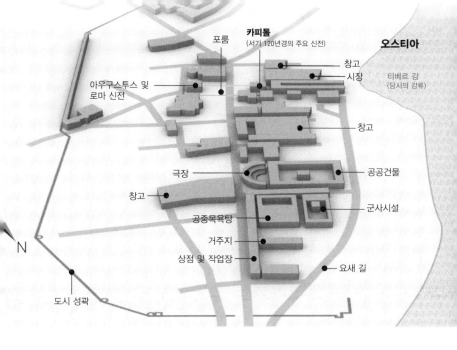

오스티아
티베르 강
(당시의 강류)

카피톨
(서기 120년경의 주요 신전)

포룸

창고
시장

아우구스투스 및
로마 신전

창고

공공건물

극장

군사시설

창고

공중목욕탕

거주지

상점 및 작업장

요새 길

도시 성곽

N

이곳으로 상선, 어선, 함선 등 할 것 없이 모든 종류의 선박들
이 들락날락했다. 카르타고와 대항하는 함선들이 오스티아에서
부터 바다로 뻗어나갔다. 아우구스투스 시대 때 지어진 어떤 한
국영 극장의 남아 있는 외벽들이나 저장고들, 흔히 다층으로 이
루어진 거주 공간이나 상점들, 신전, 시장 등은 평범한 이름을 가
진 바닷가 지역에서 이루어진 활기찬 움직임들을 보여준다. '오
스티움Ostium'은 단순하게 '하구'라는 뜻이었다.

상선 및 함선들 이외에도 바닷바람을 쐬며 쉬고자 했던 요양객
들도 이곳을 찾았다. 그들은 종종 몇날 며칠이고 별장에서 머무
르고는 했다.

오스티아는 늘 서풍의 바람받이였다. 명성 높은 이 고대 항구

도시는 모래와 흙으로 점점 더 덮여져갔다. 서기 42년, 티베리우스 클라우디우스Tiberius Claudius 황제는 티베르 강 하구 북쪽에 '황제의 항구Portus Augusti'를 새로 지으라 명했다. 이를 마르쿠스 울피우스 트라야누스Marcus Ulpius Trajanus 황제가 서기 103년, 육각형의 더 큰 저수지로 확장시켜버렸다. 이 '라고 디 트라이아노Lago di Traiano'는 지리적으로 특이한 모양을 한 내륙호로, 오늘날 로마의 피우미치노Fiumicino 공항 근처에서 찾아볼 수 있다. 그사이 티베르 하구는 계속된 토사 작업으로 서쪽에서 훨씬 더 멀리 떨어진 곳으로 옮겨졌다.

글 요하네스 잘츠베델

거대 덩어리

수도 시설 및 원거리 도로들, 투기장, 하수구 및 주택 단지들. 로마의 유명한 대규모 건축물들은 대부분 단단하면서도 경탄할 만한 소재, 바로 콘크리트로 만들어졌다.

신들을 모시는 교회나 사당을 전혀 놀라워하지 않으면서 마주한 사람이 있는가? 본인도 모르게 고대의 거대한 반구형 천장으로, 제일 꼭대기에는 빛이 통과할 수 있는 구멍이 나져 있는, 지름 43미터에 달하는 꾸밈 없는 둥근 천장으로 눈길이 간다. 지하실 천장과도 비슷하다고, 본인도 모르게 방문객들은 생각한다. 정말로 그렇게 생겼다. 정말로 콘크리트처럼 생겼다.

지금은 콘크리트다. 판테온Pantheon은 자갈, 모래, 물, 시멘트 등을 노련하게 섞어 만든 고대 건축물들 가운데 제일 탁월하게 만들어졌다고 평가되는 것들 중 하나이다. 이렇게 섞어서 만든 재료를 오늘날에는 도로교나 고층 건물들을 지을 때 이용한다. 로마제국의 수도 시설이나 경기장, 도로, 신전, 목욕 시설 등, 그들의 엄청난 토목 건축물들을 피사계심도depth of field로 유심히 살펴본 자는 정신이 번쩍 들게끔 만들 사실 하나에 대면하게 된다. 로마는 콘크리트로 대제국을 건설했다!

이는 전문가들 사이에서 어떠한 이론의 여지도 없는 분명한 사실이지만 여전히 놀라움과 더불어 의심을 불러일으키고 있다. 여기에는 두 가지 이유가 있다. 첫 번째는 고대의 건축가들은 외관 전문가였다는 점이다. 많은 건축물들의 담벼락은 이미 공화국 시대부터 돌로 외관상 아름답게 형성되었다.

담벼락도 그렇지만 건물 토대들 또한 거대한 덩어리들로 때마다 만들어졌는데, 이는 라틴어로 '오푸스 카이멘티티움Opus Caementitium', 통상적으로 '로마식 콘크리트'로 번역되는 '잡석들로 만들어진 재료'였다.

또 다른 이유는 연대기 저자들 가운데 돌에 돌을 쌓는 고달픈 작업 방식에서 로마의 미래를 자유롭게 만들어 준 개척 정신의 건축가들에 대해 기록을 남기거나 칭찬을 한 자가 아무도 없었다. 거대한 도시, 상하수도 시설, 10만 킬로에 달하는 원거리 교통 시설 등 대제국 건설을 처음으로 가능하도록 만든 효율적인 방안의 기초를 다져놓은 것은 이름 모를 건축가들이었다.

확실히 말하건대, 오푸스 카이멘티티움은 로마제국이 수백 년간 존속하는 데 중요한 기반을 마련해주었다.

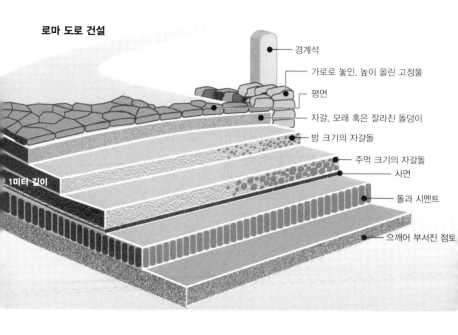

로마 도로 건설

- 경계석
- 가로로 놓인, 높이 올린 고정물
- 평면
- 자갈, 모래 혹은 잘라진 돌덩이
- 밤 크기의 자갈돌
- 주먹 크기의 자갈돌
- 사면
- 돌과 시멘트
- 으깨어 부서진 점토

1미터 길이

　하인츠-오토 람프레크트Heinz-Otto Lamprecht는 1984년에 발간한 『오푸스 카이멘티티움Opus caementitium』에서 이같이 표현했다. 본 저서의 제목은 고대어로 콘크리트를 뜻하는 '오푸스 카이멘티티움' 그대로이다. 건축학 교수인 그는 이에 상응하는 굉장히 자세한 설명을 덧붙였고 모든 중요한 질문들에도 전문적으로, 그리고 진지하게 논했다.

　고대 라틴족들이 한 시멘트 혼합은 어디에 유용했는가? 우리가 사용하는 콘크리트처럼 그렇게 단단하고 견고했는가? 대답은 '그렇다'이다.

　람프레크트가 말한 바의 핵심은 아헨공대가 학술적으로 연구하는 내용들 가운데 엄선된 것들이다. 아헨공대 연구팀은 여러 박물관들과 협력하여 고대 파편들을 잘라내고 시추 코어를 절제한 뒤, 유공압식 기계를 이용하여 모형을 떠냈다.

그 결과 고대 시대에 콘크리트를 혼합한 이들은 흠잡을 데 없이 완벽했다는 결론이 내려졌다. 람프레크트에 따르면 "측정된 압축 강도는 요즘 우리가 사용하는 콘크리트 수치에 전적으로 달하는 값이다."

당시 방법으로 어떻게 이것이 가능했던 것일까? 람프레크트는 심도 있게 문헌들을 연구했고, 특히 고대 시대에 사용한 모르타르 혼합 방식에 대해 자세하게 설명한 한 학자의 말을 이론적 기반으로 삼았다.

독일어권에서는 통상 '비트루브Vitruv'라 불리는 비트루비우스는 기원전 1세기경, 카이사르와 아우구스투스 시대 때 활약한 유명한 건축가로 손꼽힌다. 그는 가옥이나 수도 시설, 극장 및 요새 등을 지을 줄 알았다. 그가 저술한 『건축십서De Architectura Libri Decem』는 유일하게 완전하게 보존되고 있는 고대 서적이다. 이 때문에 비트루브는 고대 건축에 관한 가장 중요한 증인인 것이다. 제2권에서 이미 그는 오푸스 카이멘티티움을 어떻게 만드는지 자세히 설명하고 있다. 람프레크트는 깜짝 놀랐다.

요즘 대규모 건축 현장에서 일하는 콘크리트 전문가가 비트루브의 책에서 좋은 모래는 손 안에서 문댔을 때 잘 으깨져야 한다는 구절을 읽게 된다면 꼭 자기 일에 대해 이야기하는 것처럼 느낄 것이다.

요즘의 운동 경기장들처럼 당시 수도 시설이나 다리를 만들 때에도 벽돌을 쌓아 올렸는데, 이때 질퍽질퍽한 시멘트가 마르면서 단단히 굳어지도록 만드는 결정적 접착 물질은 석회질이었다. 로마인들은 이를 구울 줄 알았다. 그뿐만 아니라 이는 그들의 으뜸 패였다. 고대 석회 소성로燒成爐의 잔해들, 또 이를 이용해서 구운 흔적들은 당시 콘크리트를 어떻게 생산해냈는지를 정확하게 보여준다.

로마인들은 석회질을 대략 900℃에서 구워냈다. 이는 요즘 이용하는 소성로보다 500℃ 정도 낮다. 하지만 그들은 특히 굉장히 훌륭한 결합 성질을 가진 화산재를 대체 물질로 활용함으로서 요즘 수준에 달하는 견고함을 이뤄냈다.

콘크리트 산업에 쓰이는 에너지 소모량은 요즘에도 그렇지만 당시에도 엄청났다. 로마의 석회 소성로는 삼림 전체를 태워 없앴다. 현대의 시멘트 사업은 전 세계 이산화탄소 방출량의 7퍼센트를 차지하면서 화석연료를 가장 많이 소모하는 분야로 손꼽히고 있다.

카이사르와 옥타비아누스 시대 때 활동한 건축 대가, 비트루브는 열정적인 콘크리트 장인이었기에 현대의 친환경 건축가들은 그를 시멘트 이익 집단을 널리 퍼뜨린 장본인으로 낙인찍을지도 모르겠다. 낭만주의자들이 좋아하는 것처럼 나무로 울타리를 만드는 것에 대해 비트루브는 다음과 같이 표현했다.

하프 팀버Half timber[22]가 결코 고안되지 않기를 바랐었다. (…) 이는 횃불처럼 타오를 준비가 되어 있기 때문이다.

아마도 비트루브는 독일의 베를린 마르짠Berlin-Marzahn[23]을 로텐부르크 오프 데어 타우버Rothenburg ob der Tauber[24]보다 더 마음에 들어 했을 것이다.

당시 로마의 모습은 지금의 베를린 마르짠과 같았다. 이미 10층에 달했던 주택 건물들은 계속해서 위로 높아져만 갔다. 그리고 가끔씩 무너져 내리기도 했는데, 어차피 황제법에 따라 높이는 제한되었다. 공동주택을 짓는 가장 주된 소재는 오푸스 카이멘티티움이었다. 할 능력이 됐던 자는 대리석으로 벽면에 겉칠을 하고는 했는데, 대리석 원판보다는 훨씬 더 저렴했다. 전문가들도 그 차이를 단번에 알아차리지는 못할 정도였다.

---

22 유럽 중세 시대에 기둥이나 들보 등을 겉에 드러내고, 그 사이를 벽돌이나 회반죽 등으로 메운 건축 양식.
23 베를린의 신설 거주 및 행정구역.
24 통상적으로 로텐부르크로 불리며, 중세 유럽의 분위기를 한껏 느낄 수 있는 대표적인 소도시 중 하나.

인구 수백만 명이 살아가는 도시 지하로는 콘크리트를 이용한 아치 공법으로 만들어진 하수도가 굽이굽이 이어지고 있었다. 바로 '클로아카 막시마'로, 수도 검열관이 작은 거룻배들을 타고 이동해 다닐 수 있었다. 람프레크트는 클로아카 막시마를 "위생적인 선행"이자 "인류 역사상 가장 유익한 건축물 중 하나"로 표현했다.

오푸스 카이멘티티움은 결국 시간과 비용 절약 측면에서 개발이 촉진되었다. 물론 서기 113년에 만들어진 트라야누스 황제의 전승 기념탑을 보면 이를 알 수 있듯이 질퍽질퍽한 회색 물질을 손으로 만지고 힘들여가며 통 안으로 집어넣어야만 했지만, 대규모 건축 작업들은 콘크리트를 부어 올리면서 벽돌을 하나하나 쌓아 올릴 때보다 훨씬 더 빠르고 훨씬 더 순조롭게 마무리될 수 있었다.

수도 시설 등은 겉면이 아름다운 돌들로 장식되었지만, 내부는 보기 싫은 콘크리트로 이루어져 있었다. 미적인 면이 그다지 중요하지 않았던 로마 시대의 터널들을 통해 이를 확인해볼 수 있는데, 여기에는 다 벗겨진 칙칙한 회색 벽에 남겨진 형틀 자국 등이 지금까지 남겨져 있다.

콘크리트를 사용하는 로마의 건축 문화는 500년 이상 지속됐다. 이는 초기 로마 공화국 시절에 시작되었는데, 제일 처음으로 검증된 콘크리트 건축물은 기원전 3세기 때의 것이었다. 콘크리트 건축 문화가 절정을 이룬 때는 초기 황제 시대 때로, 콘크리트를 사용한 아치 공법이 점점 더 섬세해짐에 따라 건축 구조의 한계를 극복해나갔다. 서기 118년 무렵에 완공된 판테온의 반구형 천장은 속돌을 혼합하여 사용하면서 천장 위로 올라가면 갈수록 점점 더 가벼워지고 얇아지도록 설계되었다.

판테온이 지진에도 전혀 끄떡없이 거의 2000년 이상 버텨낼 수 있었던 것은 고대 로마 건축가들이 철근 콘크리트를 이용하지 않았던 덕분이었다. 그들은 트라야누스의 목욕탕 등의 몇몇 실험들을 제외하고는 철근 콘크리트를 사용하는 것을 아예 포기했었다. 그들의 건축 구조는 마구 쏟아부을 수 있는 물질들의 압축 강도를 이용하는 것에만 오로지 의존했다. 그리고 이는 거의 영원토록 보존되었다.

내부를 강철로 보강하는 것은 분명 콘크리트의 견고성을 높여준다. 더불어 훨씬 더 얇은 구조물을 형성하도록 도와준다. 하지만 이는 철근이 부식되지 않는 동안, 딱 그동안만 잘 유지된다. 그렇기 때문에 현대의 많은 도로교들이 몇 십 년밖에 지탱해내지 못하는 것이다.

로마 공화국이 무너지면서 콘크리트를 부어 만드는 기술 또한 1000년이 넘도록 잊혀져 있었다. 그렇게 판테온의 아치형 구조는 건축 역사상 가장 오랫동안 보존된 신기록 중 하나를 세우게 됐다. 그 이후에 완공된 성당들의 아치형 천장 중 판테온의 지름에 달하는 것은 없다. 성 베드로 대성당Basilica of St. Peter의 천장도 이에 달하지 못한다. 1913년, 브레슬라우Breslau의 야르훈데르트 할레Jahrhunderthalle가 비로소 고대의 원형, 판테온을 넘어서게 된다. 하지만 이용된 것은 강철 콘크리트였다.

글 크리스티안 뷔스트

언어 왕국

라틴어는 처음에 많은 방언들 가운데 하나에 불과했다. 그러나 이후 상당이 많은 결과물들과 함께 로마제국의 언어로 거듭났다.

 라틴어는 죽었다. 그것도 우리가 생각했던 것보다 훨씬 오래전에, 2000년보다 더 오래전에 죽었다. 라틴어를 죽인 범인은 바로 정치가이자 작가 키케로와 시인 베르길리우스다. 두 사람이 라틴어를 너무도 잘 마스터했기에 이 문학어는 문법에서나, 체계를 형성해나가는 데에서나 지속적인 발전을 그만뒀다.

다르게 표현하면, 키케로와 베르길리우스 및 그들의 동료들이 완성한 작품들은 후세대 작가들이 보기에 너무도 완벽했기에 '황금빛을 발하는 라틴어'로 그 기준이 되어버렸다. 그때부터, 그리고 지금까지 키케로가 쓰는 방식처럼 쓰는 사람이 최고로 간주되고 있다. 라틴어는 그렇게 정평이 난 방식으로 어떠한 변화 없이 굳혀졌고, 그 때문에 오랫동안 유지될 수 있었다. 그때부터 로마제국 전역에서 똑같은 라틴어가 사용되기 시작했다.

몇 백 년 전만 하더라도 라틴어는 전혀 중요하지 않은 방언들 중 하나였다. 고작 몇 천 명의 사람들이 로마 안 혹은 그 주변에서 사용할 뿐이었다. 좁고 작은 땅의 이름이 라티움이었다. 이 때문에 '링구아 라티나Lingua Latina', 즉 '라티움 언어'라는 이름이 붙여졌다.

이 작은 땅덩어리 주변으로는 이보다 더 크고 다양한 언어권 세력들이 둘러싸고 있었다. 북서쪽에는 힘센 에트루리아인들이 살고 있었으며, 북동쪽 및 남쪽으로는 움브리아 및 오스티아 지방 언어들이 사용되고 있었다. 모두 라틴어 계열이었지만, 로마인들이 이를 이해하는 것은 쉽지 않았다. 독일인이 스웨덴 말을 잘 이해하지 못하는 것과 같다.

장화 모양의 이탈리아에는 굉장히 다양한 민족들과 언어들이 분포해 있었다. 북쪽에는 리구리아어, 켈트어, 베네티Veneti어가 사용되었고 남쪽에는 메사피아Messapia어와 그리스어가 사용되었다. 그리스어는 오랜 시간 동안 국제 공통어인 링구아 프랑카Lingua Franca로 굳혀져 있었으며 지중해에서 가장 중요한 언어로 간주되었다.

인도 유럽어로서 그리스어와 라틴어는 서로 공통된 면을 어느 정도 갖고 있다. 굉장히 잘 발달된 그리스 문화는 수백 년이 넘도록 수사학, 문학, 철학, 건축학 및 예술 분야에서 로마인들의 전형적인 모델로 자리해왔기에 문법 및 단어들에서 서로 훨씬 더 비슷해져갔다.

라틴어는 그리스어에서 그저 많은 단어들을 넘겨받는 것으로 끝나지 않았다. 고대에는 시를 구성하는 형태에서도 그리스의 좋은 예들을 그대로 따랐다. 이 또한 라틴어가 지중해 세계에서 성공적으로 자리 잡는 데 큰 기여를 했을 것이다. 라틴어는 엄청나게 강한 그리스어를 완전히 배척해낸 것이 아니라 이로부터 영감을 얻어왔던 것이다.

로마인들은 다른 민족들에게 자신들의 언어를 사용하라고 강요하지 않았다. 로마제국이 갈리아와 이베리아 반도를 넘어 북아프리카로까지 그 세력을 확장해나갔을 때에도 갈리아나 이베리아인들, 베르베르인Berber 등은 지금까지 써왔던 언어들을 그대로 사용해도 괜찮았다. 하지만 라틴어는 제국의 동쪽 지역을 제외한 점점 더 많은 새로운 지역들로 자연스럽게 퍼져나갔다. 동쪽 지역에서는 그리스어가 변함없이 주된 언어로서 확고히 자리매김하고 있었다. 이렇게 라틴어가 널리 퍼져나간 데에는 여러 가지 이유가 있었다. 그리고 그 이유들은 서로서로 연관성이 있다.

- 로마인들은 모든 지방에 로마 총독을 파견했고 그곳에 군사들을 주둔시켰다.
- 현지인이 군인으로 활동하기를 바란다면 점령군의 언어, 즉

라틴어를 반드시 배워야만 했다.

- 새로 지어진 학교에서는 대부분의 수업이 라틴어로 이루어졌다.
- 점차 번성해나가는 상업 활동에 라틴어 사용은 불가피했다.

이러한 방식으로 라틴어는 로마제국의 서쪽 전체 지역에서 주요 언어 혹은 모국어로까지 점차적으로 자리매김해나갔다. 라틴어는 구두로는 당연히 굳어지지 않았다. 물론 언어 변천사가 어떻게 이루어졌는지를 정확하게 파악하는 것은 어렵다. 몇 되지 않은 문헌 자료들로 예측할 뿐이다.

서기 79년, 베수비오 화산이 폭발하면서 도시 폼페이를 묻어버리게 된다. 그렇게 폼페이는 후세대를 위해 그대로 굳어져버렸다. 집들의 벽에는 굉장히 많은 주소들, 선거 문구들, 광고문 등이 남겨져 있었다. 또한 다양할 대로 다양한 성적 표현들이 화장실 벽에 낙서되어 남겨져 있었다. 이를 통해 알 수 있었던 일상생활 용어들을 전문가들은 통속 라틴어를 의미하는 독일어 '불게르라타인vulgärlatein'이라 이름 붙였다. 하지만 이는 음담패설 때문이 아니었다. 이 말은 민중적, 서민적이라는 의미의 '불가리스vulgaris'에서 비롯된 것으로 당시 지극히 평범하게 사용된 라틴어를 그저 표현하고자 함이었다.

로마제국이 멸망한 다음부터는 라틴어를 읽고 쓰는 법을 배우는 사람들이 점점 더 줄어들었다. 국외 상업 활동은 줄어들었고 군사적 갈등 문제들은 여행 다니는 것을 힘들게 만들었다. 이렇게 구두 언어는 지역적으로 고립되어갔고, 그렇기에 급격히 서로 다르게 변화되어갔다.

오늘날 통용되고 있는 프랑스 문어의 첫 번째 사전 준비 단계는 11세기가 되어서야 비로소 형성되었고, 이탈리아어와 스페인어는 이보다 최소 200년은 더 걸렸다. 그렇기에 오늘날 7억 명이 넘는 사람들이 모국어로 사용하고 있는 여러 로만 언어들은 후기 고대 시대의 통속 라틴어에 그 기원을 두고 있는 것이다.

키케로가 이해했을 그 라틴어는 그대로 보존되었다. 로마제국이 기독교 문화를 받아들였고 서양에서는 성경에서부터 성가에 이르기까지 종교적 텍스트들이 라틴어로 통용되었기에 정치적으로 어지러운 상황에서도 라틴어는 완강하게 버텨나갈 수 있었다. 성직자들은 수도원에서 성서들을 지켜나갔고 그들의 기도문 및 규율들을 라틴어로 읽고 적었으며 가르쳤다. 교회는 어떠한 국가적 제한 없이 모든 나라로 멀리 뻗쳐나갔으며 모두에게 동일하게 적용되는 의사 표현 방식을 필요로 했다. 그 외에도 학자들 역시 국제적으로 서로서로 정보를 나누고 싶어 했다.

이 고대 언어는 근대 초기가 되면서 본격적으로 제고되기 시작한다. 로테르담Rotterdam의 엄청난 박식가인 데시데리위스 에라스뮈스Desiderius Erasmus와 같은 학자들에게 라틴어는 그저 이해를 도와주는 하나의 수단이지 않았다. 그 이상이었다. 르네상스 시대의 학자들 또한 고대의 이 고귀한 작가들에 대해 다시금 공부하기 시작했다. '르네상스renaissance'는 재생을 뜻한다.

인도주의자들은 고대 시대 때의 이상적인 모델로서 키케로를 추앙했다. 어떤 이들은 '키케로파'와 '키케로 반대파'로 나뉘어 이 대단한 모델의 문체와 어느 정도로 달리해야 할지에 대해 논쟁을 벌일 정도였다. 영국 물리학자인 아이작 뉴턴Isaac Newton이나 스웨덴 식물학자인 칼 폰 린네Carl von Linné 등 여러 학자들은 18세기까지 라틴어로 책을 출간했다.

맨 처음 라틴어를 포기한 분야는 문학이었다. 문학은 최대한 많은 사람들에게 읽히기를 바라는 분야였다. 그 후 여러 학문 분야에서 자국어가 사용되기 시작했다. 결국 몇 십 년 전부터는 가톨릭 교리의 상당 부분에서도 자국어가 사용되기 시작했다.

이렇게 하여 로마의, 교회의, 그리고 학자들의 언어는 하나의 유산처럼 남겨지게 되었다. 예를 들어 동물이나 식물에 관한 전문 학술 용어나 의술 표현 등이다. 물론 세계의 수많은 언어들 속에서 차용되고 있는 외래어도 포함된다.

글 샬로테 클라인

로마식 서판

로마인들은 어디에 편지나 시를 쓰고 계산서나 메모 등을 남겼을까? 종이는 12세기가 지나서야 유럽으로 들어왔다. 고대 시대에 사용되었던, 종이의 선구자 꼴인 파피루스papyrus는 결코 저렴하지 않았다. 게다가 각 장마다 한 번밖에 쓸 수 없었다. 대신 일상생활에서 쓰인 것은 밀랍을 얇게 입힌 판, '타불라이 체라타이tabulae ceratae'였다. 테가 둘러진 정사각형의 목재판에 밀랍, 송진, 그을음을 굉장히 얇게 입혔다.

연필 형태의 석필로 이 밀랍을 입힌 얇은 판에 메모 등을 새겨 넣었다. 글씨를 쓰는 '스틸루스stilus'는 보통 철로 만들어졌다. 하지만 청동이나 뼈로 만들어지는 경우도 아주 가끔이기는 하지만 아예 없지는 않았다. 뾰족한 끝 옆에는 주걱 모양의 평평한 끝이 더불어 만들어져 있다. 이 끝으로 밀랍이 입혀진 판을 다듬어 늘 다시금 새로운 백지 상태의 '타불라 라사tabula rasa'를 만들어냈다. 대부분의 판들은 요즘의 메모지 정도의 크기였지만 태블릿만 한 서판들도 있었다.

흔히 같은 크기의 두 판들을 밀랍이 입혀진 쪽을 안쪽으로 향하게 하여 서로 연결시켰다. 때때로 세 개 이상을 붙이기도 했다. 이렇게 함으로써 통나무라는 뜻의 '코덱스codex'를 만들어냈다. 파피루스 두루마리와는 달리 들고 다니기도, 한 장 한 장 넘기기도 편했다. 이는 오늘날 우리가 사용하고 있는 책의 원형으로 간주되고 있다.

04
로마 공화국의 멸망

새로운 황제 시대의 서막

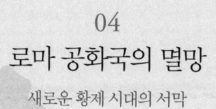

늘 선두에서 선 자

카이사르는 법률가, 연설가, 유력한 정치가, 장군 등 화려한 경력과 더불어 결국 전제군주로까지 도약해나갔다. 그는 정말로 로마 공화국의 무덤을 판 자였을까?

3월 15일, 날이 밝았다. 칼푸르니아Calpurnia는 지난밤 꿈자리가 좋지 않았다. 남편에게 오늘은 집에 있으라고 사정사정했다. 불안한 기운이 맴돌았다. 하지만 세계에서 가장 강한 남자, 카이사르가 계집같이 나약해빠진 두려움에 신경 쓸 리 없었다.

약 11시경, 카이사르는 토가를 걸쳐 입었다. 그러고는 원로원 회의가 열리고 있는 폼페이우스 극장으로 발길을 옮겼다. 그에게 심복하는 스페인 군사들로 이루어진 호위 무사들은 동행하지 않았다. 내내 두려움으로 벌벌 떠는 것보다 한번 죽는 것이 더 낫다고 카이사르는 말했다고 한다.

길목에서 누군가가 쪽지를 건넸다. 쪽지에는 "반역자들이 당신의 목숨을 노리고 있어요!"라는 경고가 적혀 있었다. 카이사르는 쪽지를 손에 거머쥐긴 했지만 읽지는 않았다. 몇 분 후, 그는 스물세 번 칼에 찔리면서 원로원 회의장 대리석 위에서 죽음을 맞이했다.

카이사르는 죽었다. 하지만 시대가 여러 차례 바뀐 뒤에도 독일 및 러시아 황제들은 자신들을 추어올려 세우는 데 카이사르의 이름을 다양하게 도용하고는 했다. 그들은 카이사르의 이름을 하나의 타이틀처럼 내세웠다. 카이사르가 지녔던 힘은 이처럼 크나큰 본보기가 되었고, 카이사르가 내뿜는 아우라는 이처럼 엄청났던 것이다.

카이사르가 죽으면서 천부적인 재능을 지녔던 연설가, 훌륭한 법률가, 그리고 성실 근면했던 작가 역시 죽었다. 카이사르는 권력을 능숙하고도 영리하게 다룰 줄 아는 자였다. 그는 후기 로마 공화국의 모든 체제들을 훤히 꿰뚫어보고 있었다. 적들에게 온화함을 베풀 줄도 알았지만, 자신의 지배욕을 채우기 위해서는 모든 시민들을 억압하기도 했다. 그렇기에 그는 지금까지도 양극화 현상을 불러일으키고 있는 것이다.

한쪽은 카이사르를 명망 있던 로마 공화국의 무덤을 판 자라고 말한다. 하지만 카이사르는 잘 굴러가던 민주정치를 끝낸 것이 아니다. 내란, 월권, 독재 등은 이미 그보다 더 앞서 일어나고 있었다. 그가 거의 절대적인 힘을 거머쥐었을 때, 이미 벌써 많은 사람들이 자신들의 자유를 전제군주에게 바칠 준비가 되어 있었다. 전제군주만이 평화와 사회 질서를 만들어낼 수 있었기 때문이다.

반면 어떤 이들은 시간이 흘러서도 카이사르를 앞날을 내다볼 줄 아는 지도자라 칭찬했다. 그는 시대가 바뀌던 때에 로마가 나아갈 길을 보여주었으며 로마를 새로운 수준으로 끌어당겨 올렸다. 역사학자 마틴 예네는 실제로 카이사르 말고는 로마의 정치제도와 권력 자원을 자기에게 맞춰 조정할 줄 아는 자는 없었다고 평가한다. 단지 카이사르가 지속적으로 안정되게 유지되는 체제는 하나도 남겨두지 못했을 뿐이다. 그가 암살된 이후 내란과 폭정은 다시 계속됐다.

서기 120년경, 역사가 수에톤은 카이사르를 '늠름한 풍채'를 가진 자로 묘사했다.

그는 하얀 피부에 가느다란 팔다리, 꽤나 통통한 얼굴, 그리고 생기 넘치는 검은 눈동자를 가지고 있었다. 그는 몸도 좋았다.

하지만 마지막 몇 년간 그는 수차례 정신을 잃었다. 머리카락도 듬성듬성 빠졌다.

원로원과 시민들이 그에게 준 모든 명예들 가운데 그가 가장 취하고 싶었던 것은 월계관이었다. 이를 그는 항상 쓰고 다녔다.

카이사르의 친족들은 영예로운 대접을 받았지만 그렇게 부유하지는 않았다. 능력이 뛰어난 젊은 청년, 카이사르가 성공하기 직전까지는 도망 다녀야만 했다. 집정관 루키우스 코르넬리우스 킨나Lucius Cornelius Cinna 의 딸인 코르넬리아Cornelia 와의 혼인, 그리고 전설적인 군주 가이우스 마리우스 가문과의 친족 관계는 카이사르를 되레 곤궁 속에 빠트렸다.

마리우스당은 술라와의 권력 싸움에서 불리한 위치였다. 술라는 기원전 82년 독재관 자리에 올라섰다. 하지만 그는 얼마 지나지 않아 자발적으로 자신의 권력을 다시 내려놓는다. 이에 대해 카이사르는 이후 정치적으로 '일자무식'한 사람이라고 비판했다고 한다.

이로부터 얻어진 것은 적의였다. 술라는 자신의 반대 세력들에게 추방을 명령했다. 누구나 그들을 죽여도 됐고 그들의 재산을 빼앗아도 괜찮았다. 어린 카이사르 역시 추격자들에게 쫓김을 당했다. 자유로운 몸이 되고자 1만 2000데나르denar 를 지불해야만 했다. 그런 다음 카이사르의 친족들은 큰 포부를 가진 이 귀족 녀석은 어떠한 위험거리도 만들지 않을 거라고 술라를 설득했다. 기원전 78년, 술라가 죽은 다음에야 카이사르는 로마로 다시 되돌아올 수 있었으며 그때부터 정치적 경력을 쌓아올리기 시작했다.

젊은 정치가, 카이사르가 처음으로 자신의 존재를 내세운 것은 예전 집정관인 그나이우스 코르넬리우스 돌라벨라Gnaeus Cornelius Dolabella를 그가 저지른 부패 행위들을 근거 삼아 고발하면서부터였다. 돌라벨라의 잘잘못을 가리는 것이 고발의 실제 목적은 아니었을 것이다. 카이사르는 본 재판 과정을 통해 연설가로서, 또 법률가로서 자신의 능력을 드러내 보이고 싶었다. 돌라벨라에게는 결국 무죄 판결이 났지만, 이 사건이 일으킨 파장은 어떠한 것도 없었다.

재판이 끝난 다음, 카이사르는 로도스로 가는 배에 몸을 실었다. 그곳에서 카이사르는 저명한 수사학자인 몰론에게서 배움을 받고 싶었다. 하지만 로도스에 다다르기 직전, 밀레투스 앞바다에서 카이사르가 타고 있던 배는 실리시아 해적들에게 약탈당하고 만다. 이는 연대 편자들에게 중요한 이야기다. 왜냐하면 이 이야기야말로 처음으로 로마 공화국 규율을 무시하겠다는 카이사르의 결심이자 의사를 밝혀주는 사건이었기 때문이다.

우선 카이사르는 자신의 몸값으로 너무도 적은 돈을 요구하는 것에 대해 엄청나게 화를 냈다. 고작 20탤런트였다! 카이사르는 50탤런트로 흥정했다. 이와 동시에 그는 해적들에게 자신이 꼭 처절하게 응징해주겠노라고 으름장을 내놓았다. 하지만 카이사르는 해적들과 정말 잘 지냈다. 해적들의 배에 38일 동안 잡혀 있는 동안, 그는 자고 싶을 때는 조용히 해달라고 요구까지 할 정도였다. 카이사르는 자유로워지는 즉시, 자기 돈으로 작은 함선을 마련해서는 해적들을 잡아들였다. 그러고는 해당 지역을 책임지고 있던 로마 총독의 어떠한 판결도 기다리지 않고 해적들을 독단적으로 처형해버렸다.

카이사르가 아직 동양을 여행 중일 때, 그는 거대한 사제관 등에 머물곤 했었다. 당시에도 이미 그에 대한 명성이 자자했음이 분명했다. 기원전 73년, 로마로 돌아와서는 군사 호민관에 선출된다. 계속해서 앞으로 나아가기 위해 새로운 관직들을 이용했는데, 술라가 없애버렸던 민정 호민관의 권리를 새롭게 정비하는 데 자신의 모든 전력을 다했다.

민정 호민관은 시민들의 대리자로 간주되었다. 시민들의 대변인으로서 자신의 역할을 다하겠다는 것이 정말로 당시 카이사르의 계획이었는지는 알 수 없다. 하지만 그가 한 행위들은 처음으로 다수의 원로들과 분쟁을 만들어냈다. 반면 일반 로마 시민들로부터는 굉장한 인기를 누렸다. 기원전 69년에 재무관quaestor 직을, 4년 후에는 조영관aedile 직을 맡으면서 그는 엄청난 성공을 거두게 된다. 바로 최고 사제직에 임명되게 된 것이다. 겨우 37세의 나이로 카이사르는 폰티펙스 막시무스의 명예를 거머쥐게 된다. 죽을 때까지 그는 인간과 신들 사이에 '다리를 놓는 조정자'의 신분을 가지게 됐다.

이런 경력을 쌓으려면 돈이 필요했다. 투표권자들의 호의를 제대로 얻어내려면 먹을거리나 볼거리 등을 제공해야만 했고, 이는 오로지 자부담으로만 이루어졌기 때문이다. 그리스 역사가 플루타르크는 이렇게 기록한다.

조영관으로서 카이사르는 320팀의 검객 공연 무대를 마련했고 그러한 공연이나 축제 행사를 할 때 또는 공개적으로 음식을 세공할 때에는 휘황찬란하게 준비했다. 이와 비교하면 이전 다른 전임자들이 한 것들은 아무것도 아니었다.

가족들의 장례 행렬조차도 엄청 화려하게 준비했는데, 이 또한 자신의 유명세를 높이고자 함이었다.

정치적 이상은 후기 로마 공화국 시대에는 사실상 어떠한 역할도 하지 못했다. 공공복지 실현을 위한 최상의 아이디어로 관직과 명예를 더 이상 얻어내지 못하는 것은 이미 오래전부터였다. 더 많은, 더 크나큰 클리엔테스층을 만들어나가면서 표를 획득했다. 이러한 신봉꾼들은 환대, 축제, 검객 공연 등 화려한 볼거리로 확보할 수 있었다. 클리엔테스-파트론 체계는 민주주의의 모든 것들을 짓밟아버렸다.

카이사르가 일반 대중들을 보살폈던 것은 성공적이었다. 그는 시민들에게 굉장한 호의를 받았다. 이러한 카이사르의 인기는 카틸리나와 그 반역 무리들을 처벌하는 과정에서 더 높아졌다. 유력한 정치인들은 선동자인 카틸리나를 죽이고자 요구했지만, 카이사르는 원로원에 모인 과두정치 세력들에 반대하며 카틸리나에게 종신형을 주자고 변론했다. 이때 카이사르는 결국 졌고 카틸리나 일당들은 사형을 당했다. 하지만 카이사르가 이로 인해 입는 피해는 아무것도 없었다.

얼마 지나지 않아 카이사르는 스페인 남부의 총독으로 파견을 가게 된다. 하지만 그 정도의 경력을 갖춘 대부분의 사람들처럼 카이사르 역시 굉장한 부채를 떠안고 있었다. 채권자들이 카이사르가 로마를 떠나 다른 곳으로 가는 것을 허락할 리 없었다. 카이사르의 부유한 후원자인 크라수스가 보증을 선 다음에야 비로소 카이사르는 스페인으로 향할 수 있었다. 다른 전임자들과 마찬가지로 카이사르도 그곳에서 자신의 재산을 불려갔다. 예전부터 정치적으로 다루기 힘들던 스페인에서 카이사르는 군주로서 그 명성을 높여가게 된다. 출정 및 약탈 행군들은 그를 재건시켜주었다. 이때 그는 처음으로 가장 높은 관직에 눈을 돌리게 된다. 바로 집정관이다.

이맘때쯤 소小카토 등 똑똑한 공화주의자들은 카이사르가 무엇에 뛰어난지를 이미 간파했다. 그들은 카이사르가 집정관에 오르는 것을 방해했다. 하지만 그간 더 영리해진 카이사르는 교묘한 책략을 써서 자신의 반대 세력들을 따돌렸다. 카이사르는 크라수스와 폼페이우스와 함께 전략적인 동맹 관계인, 이른바 제1차 삼두정치를 체결하게 된다. 폼페이우스는 술라 통치 아래에서 자신의 세력을 높여갔고 동양에서 해적들을 격파했으며 세 번의 승전고를 울렸다. 시민들에게 그는 사랑 받았고 노병들은 그를 신처럼 추앙했다. 폼페이우스는 크라수스와 힘을 모아 카이사르가 두 명의 집정관 중 한 자리를 맡을 수 있도록 도와주었다. 상대편들이 뽑은 다른 한 명의 집정관은 마르쿠스 칼푸르니우스 비불루스Marcus Calpurnius Bibulus 였다.

이러한 결합은 이미 그 자체로 분쟁의 불씨를 품고 있었다. 불씨에 불을 지핀 것은 카이사르가 제안한 토지법이었다. 이 법은 특히 폼페이우스의 노병들이 이득을 챙기는 데 밑판을 깔아주는 것이었다. 장군 폼페이우스의 권력이 더욱 강해지는 것이었다. 법을 둘러싼 논쟁은 오랫동안 계속됐다. 반대 입장이었던 카토는 의사 진행 자체를 반대했고 몇 시간동안 이야기를 해대면서 투표를 방해했다. 결국 카이사르의 인내심은 바닥을 치고 말았다. 카이사르는 카토를 감옥에 보내버렸다. 원로들 한 무리가 자발적으로 카토의 뒤를 따라 나섰다. 그들 중 한 명이 카이사르에게 "당신과 원로원에 함께 앉아 있느니 카토와 같이 감옥에 가겠어!"라며 소리를 질렀다.

투표가 가까워지자 카이사르는 자신을 따르는 자들 몇몇을 포럼 안으로 들여보냈다. 그들은 비불루스가 포럼에 들어서는 것을 막았다. 심지어 비불루스 머리 위로 오물을 던지기도 했다. 이후 비불루스는 카이사르와 함께 일하기를 거부했다. 그는 카이사르의 정치 행위들을 집에서나 그저 비꼬아댈 뿐이었다. 상황을 조소적으로 바라보는 이들은 이미 알아차렸겠지만, 그때부터 사람들은 집정관 율리우스이자 집정관 카이사르의 통치 아래 생활하게 되었다. 고대 역사학자 크리스티안 마이어는 "카이사르는 합법적으로 자신의 목표를 달성하기를 바랐을 것이다. 하지만 그렇게는 되지 않았기에 원로원 안에서 다른 이들에게 무슨 일이 일어나든 그건 그에게 전혀 중요하지 않았다"라고 기술했다.

1년의 관직 생활 끝에 위태위태하게 전능한 생활을 누렸던 집정관, 카이사르는 탄핵을 겁내할 지경에 놓였다. 카이사르는 크라수스와 폼페이우스의 도움을 받아 일리리쿰 및 갈리아 키살피나Gallia Cisalpina의 총독으로 파견을 나가게 되고 탄핵을 피할 수 있었다. 보통과는 다르게 5년이라는 긴 시간동안 총독직을 맡았으며, 이는 당연히 원로원 유력당의 의사에 반하는 것이었다.

"이와 함께 카이사르는 로마에서 그때까지는 전혀 없었던 것을 만들어내게 된다. 입법 계획 제도를 실행시키고 원로원의 징계 행위를 피하는 것이었다. 카이사르는 원로원에게 그 누구보다도, 또 그 어떤 때보다도 중대하고도 영속적인 타격을 입히게 된다"라고 마이어는 평했다. 카이사르는 원로원이 그를 받아들일 수밖에 없을 만큼 충분한 공을 갈리아에서 세우려고 했던 것으로 보인다. 하지만 카이사르의 계산은 빗나갔다.

로마는 이미 오래전부터 엄청나게 확장된 모든 영역권을 통치

할 만한 능력이 없었다. 그렇기에 원로원은 강한 힘을 가진 장정들에게 불안정한 기운들을 잠재우고 새로운 지역들을 정복하는 책임을 부과했다. 이에 술라나 폼페이우스와 같은 장정들이 이를 성공시킨다. 그렇지만 그 대가로 원로원 안에서는 많은 표를 잃어야만 했다.

카이사르 역시 지방 총독으로서 파견 나가 로마의 어떠한 간섭 없이 계속해서 통치를 해나갔다. 그는 스스로 군인들을 뽑았고 자신에게 충성을 맹세하도록 만들었다. 이때부터 그리고 그전부터, 다른 지방에 존재하고 있던 카이사르의 노병들은 훗날 그의 권력을 지탱시켜주는 힘이 된다.

카이사르는 최종적으로 갈리아 전투에서 노병들이 칭송하는, 카리스마 넘치는 지도자라는 명성을 확고하게 굳혀버린다. 카이사르 덕분에 병사들은 재물을 모을 수 있었고 군사 생활 이후 엄청난 보상도 받아냈다. 수에톤은 이렇게 기록한다.

말을 타고서든 걸으면서든 행군을 할 때마다 그는 늘 선두에 섰다. 보통은 걸으면서 행군을 할 때가 더 많았다. 눈이 올 때나 비가 올 때나 항상 그는 머리에 아무것도 쓰지 않았다.

오늘날 스위스 지역의 몇몇 헬베티아 사람들은 카이사르가 결사적으로 필요로 했던 전쟁을 일으킬 실마리를 제공해주었다. 그들은 갈리아 나르보넨시스Gallia Narbonensis를 건너가고 싶었다. 다시 말해 로마제국의 국경을 훼손하고자 했던 것이다. 카이사르는 자신의 군사들과 함께 그들을 격퇴했다. 그러고는 그가 이야기했던 것처럼 라인 강 너머 갈리아로까지 접근해 온 게르만인들을 향해 바로 즉시 진격해나갔다. 카이사르는 그들 또한 격퇴해버렸다. 그런 다음 그는 갈리아인들 가운데 가장 용감한 민족으로 손꼽는 벨가에족Belgae에게로 진격했다.

전해지는 바로는 우시페테스Usipetes 및 텡테리Tencteri 게르만 민족들과의 전투로 43만 명의 사람들이 목숨을 잃었다고 한다. 이러한 살육은 많은 역사가들에게 시민 대학살의 초기 사례로 여겨지고 있다. 카이사르는 또한 바다 너머 영국을, 라인 강 너머 게르만족들을 수차례 공격해댔다. 이러한 공격들은 카이사르에게 더 많은 부와 명성을 안겨주었지만, 그는 매번 이들을 재빠르게 되돌려주었다.

가장 힘겨운 싸움은 기원전 52년, 아르베니족Arverni장 베르킨게토릭스Vercingetorix의 주도 아래 갈리아 부족들이 반란을 일으키면서 발생한다. 베르킨게토릭스는 게르고비아Gergovia, 오늘날의 클레르몽페랑Clermont-Ferrand 근처에서 승리를 거두지만, 그의 기병대는 얼마 못 가 어느 한 소전투에서 패하고 만다. 그는 오늘날 부르고뉴Burgund 지방의 알레시아Alesia로 후퇴해야만 했다. 허나 그곳에서 베르킨게토릭스는 로마 군사들에게 포위되고 만다.

갈리아 지원군이 들이닥쳤지만 결국 승리는 카이사르의 것이었다. 카이사르는 갈리아 군대를 전선 두 곳에서 동시에 쳐부수고는 알레시아를 정복했다. 베르킨게토릭스는 항복했다. 로마의 헤게모니에 저항한 갈리아의 반란은 이렇게 끝이 났다. 그사이, 국내 전선도 흔들거리고 있었다. 삼두정치는 무너졌다. 크라수스는 죽었고 폼페이우스는 카이사르의 힘이 너무 강력해지자 원로원과 타협하기에 이르렀다.

기원전 49년, 카이사르는 로마로의 발걸음을 재촉했다. 카이사르의 대부분 군사들은 아직 갈리아와 스페인에 주둔 중이었다. 가장 신뢰할 수 있는 5000명의 군사들만을 데리고 카이사르는 아드리아 해협 루비콘 강에 당도했다. 이 경계선을 넘는다는 것은 쿠데타를 의미했다. 왜냐하면 로마법상 군대를 이끌고 수도 안으로 들어오는 것은 금지되어 있었기 때문이다. 군사 반란을 막기 위한 소위 예방책이었다.

카이사르는 루비콘 강을 건너면서 "주사위는 던져졌다"고 말했다고 한다. 이렇게 내란은 시작되었다. 하지만 카이사르는 이렇다 할 어떤 어려움도 없이 로마로 진군할 수 있었다. 폼페이우스는 그리스로 몸을 피했다.

기원전 48년, 카이사르는 다시금 집정관에 선출되었다. 카이사르에게 남다른 충성을 맹세한 노병들을 기반으로 그는 자신의 권력 체계를 구축해나갔다. 그에게 물질적으로 부족한 것은 없었으며 수많은 측근들은 정치적으로 주요한 자리들을 꿰찼다. 같은 해, 폼페이우스는 내란 가운데 가장 처참히 많은 이들이 죽임을 당한 파르살로스 전투에서 카이사르에게 패하고 만다. 폼페이우스는 이집트로 도망을 갔고 카이사르는 그 뒤를 쫓았다. 그곳에서 어린 프톨레마이오스 13세Ptolemy XIII 가 카이사르에게 폼페이우스의 목을 건넨다.

알렉산드리아Alexandria 에서 카이사르는 왕의 여동생이자 공동으로 섭정을 하던 21세의 클레오파트라Cleopatra 에게 마음을 빼앗겼다고 한다. 결국 카이사르는 클레오파트라와의 사이에서 아들하나를 두었던 것뿐만 아니라 왕좌를 둘러싼 닐Nile 왕국의 내분 및 권력 싸움에도 끼어들게 된다. 그들의 연애사는 거의 비참하게 끝이 났다. 한번은 카이사르가 헤엄을 치면서 적들을 피해야만 했던 것이다. 수려한 왕녀 앞에서 카이사르는 잠시 전술 감각을 잃은 듯했다. 하지만 결국 카이사르는 폼페이우스 무리를 모두 소탕했고 그보다 앞서서는, 말하자면 그냥 지나가다가 소아시아에서 반항을 일삼던 파르나케스Pharnakes 를 처단했다.

왔노라, 보았노라, 이겼노라.

기원전 45년, 그가 로마로 돌아왔을 때 그의 권력은 정점을 찍었다. 이듬해 2월, 카이사르는 종신 독재관의 행보를 시작한다.

이제 원로원은 카이사르의 그림자일 뿐이었다. 다시 말해 독재관의 결정에 그저 고개를 끄덕이는 위원회일 뿐이었다. 이에 관한 몇몇의 사건들이 있는데, 예를 들어 카이사르는 법률과 달력을 재정비했고 학질모기들에 의해 오염된 폰티노 습지Pontine Marshes를 말라버리게 하도록 명했다. 거의 끝을 알 수 없는 그의 힘은 분명 그의 압도적인 카리스마에서, 그에게 충성을 맹세한 병사들 및 원로원 의원들에게서, 그가 쌓아올린 직책 및 권한에서, 그의 엄청난 재산에서, 그리고 무엇보다도 그에게 보여준 시민들의 존경심에서 비롯된 것이었다.

하지만 새로운 나라를 만들지는 않았다. 어떠한 기관도 카이사르는 새로이 만들어내지 않았으며 로마의 정치 규율을 왕정 체제로 탈바꿈하지도 않았다. 카이사르가 그러한 것을 계획에 두고 있었는지에 관해서는 오늘날까지도 팽팽하게 의견이 나뉘고 있다. 전적으로 카이사르는 왕의 표장들을 이용하여 자신의 모습을 꾸몄다. 그는 빨간 신발 및 월계관과 더불어 개선장군 제복을 입은 채 황금으로 만들어진 왕좌에 앉았다. 또한 원로원 대표단들을 앉은 채로 맞이했다.

하지만 고대 다산 및 풍요를 기리는 축제인 루페르쿠스제Lupercalia가 있던 무렵, 벌가벗은 채로 거리에서 춤을 추던 사제 하나가 카이사르에게 다가와 왕관 장식을 머리에 씌우자 그는 이를 다시금 내려놓았다. 마틴 예네는 카이사르가 분명 이를 취하고 싶었을 것이라고, 하지만 시민들 또한 그러기를 바라는지 분명히 한 다음에 그렇게 하기를 원했을 것이라 보고 있다. 하지만 그 시간은 오지 않았다. 카이사르의 거만한 행동과 막대한 힘은 반란군들이 모반을 계획하게끔 만들었다. 폼페이우스 무리 및 기존의 측근들뿐만 아니라, 카이사르가 굉장히 신뢰했던 브루투스 또한 그 안에 포함되어 있었다.

모반자들은 거사를 3월 15일로 결탁했다. 카이사르가 원로원 회의가 열리는 곳으로 들어오자, 모반자들 중 한 명인 루키우스 틸리우스 킴베르Lucius Tillius Cimber가 자신의 형제를 용서해달라고 애원했다. 카이사르가 이를 거절하자 킴베르는 카이사르의 토가를 벗겨버렸다.

카이사르는 "이건 폭력이야"라고 소리쳤다고 한다. 그때 그의 목에 칼 한 자루가 꽂혔다. 그러더니 사방에서 암살꾼들이 몰려나와 그에게 칼을 꽂았다. "아, 내 아들"이라며 카이사르는 브루투스를 큰 소리로 불렀다고 한다. 세계에서 가장 막강했던 남자, 카이사르는 결국 이렇게 바닥으로 쓰러졌다. 마지막 남은 힘으로 자신의 머리 위로 토가를 덮고 그는 죽었다.

그때가 되어서야 카이사르 통치 체제의, 더불어 로마 공화국의 취약점이 드러나게 된다. 모반자들은 카이사르가 죽음에 따라 공화국 체계가 저절로 다시금 자기 자리를 찾을 것이라 생각했다. 그렇게 그들은 희망했다. 하지만 원로원은 패닉에 빠져 뿔뿔이

흩어졌으며 시민들은 뒤꽁무니를 빼는 데 정신없었다. 사람들은 카이사르의 시신을 온 거리로 질질 끌고 다닌 후 티베르 강에 던져버리는 대신 그에 걸맞은 품위 있는 무덤을 마련해주었다.

살해당한 카이사르를 따르던 자들, 그리고 모반자들 사이에는 금세 불꽃 튀는 내란이 발생했다. 승리를 거머쥔 자는 카이사르의 큰 조카뻘인 옥타비아누스였다. 오랫동안 피를 흘린 격전 끝에 옥타비아누스는 기원전 31년, 전제군주의 자리에 오르게 된다. 그리고 기원전 27년에는 원로원이 그를 존엄한 자라는 의미의 아우구스투스라 칭하게 된다. 정작 본인은 스스로를 그저 '카이사르'라 불렀던 이 로마 황제, 즉 '프린켑스Princeps'의 통치 아래에서 비로소 로마는 오래도록 왕정 체제를 유지하게 된다.

글 안 풀

294

흉일을 조심하라

카이사르가 재정비할 때까지 로마력은 축제들로 가득했으며 굉장히 불확실했다.

로마 초기 시대의 농민들은 한 해를 열 달로 계산했는가? 고대 학자들은 어느 경우에서건 누마 폼필리우스Numa Pompilius 혹은 타르퀴니우스 집권 시기가 되어서야 비로소 '야누아리우스Januarius'와 '페브루아리우스Februarius' 달이 더해졌고, 이에 따라 열두 달 355일로 구성된 태음력이 만들어졌다고 보고 있다.

태양력과 차이나는 열흘을 똑같이 맞춰내고자 매 2년마다 2월을 22일 혹은 23일로 구성되는 '윤달'로 만들어냈다. 하지만 이후 정세가 어지럽혀지고 많은 변수들이 생겨남에 따라 셈은 엉망이 되어버렸다. 그렇기에 고고학자 테오도어 몸젠의 표현을 빌리자면 로마력曆은 '완전히 제멋대로'이기 일쑤였다.

최고 사제관이자 독재관이었던 카이사르는 기원전 46년에 이

혼란에 마침표를 찍었다. 알렉산드리아에서 왕성하게 활동하던 학자 소시게네스Sosigenes의 계산에 따라 카이사르는 모든 달들을 요즘 수준으로까지 늘렸으며 태양력을 365일하고도 4분의 1로 만들어냈다. 이렇게 하면 2월 마지막 윤일은 매 4년마다 필요할 뿐이었다.

이렇게 날짜 체계를 정비하는 것은 관직에 있는 자들이나 상인들에게만 중요한 것이 아니었다. 로마력은 굉장히 많은 예식과 축제, 불길한 징조가 깃든 '흉일' 및 다른 특별한 일들로 깨지는 경우가 많았기에 매 혼란은 공공의 생활을 힘들게 했다.

그렇기에 로마 및 다른 곳에는 '파스티fasti'가 있었다. 파스티는 법정 연도에 따른 공식 행사 및 일정을 기록한 대리석으로 만든 판이다. 모사본은 '파스티 프라이네스티니fasti praenestini'의 일부로, 이는 프라이네스테Praeneste라는 라틴 지역에서 발견되었다. 현재 로마에서 잘 보존되고 있는 이 기념비는 아우구스투스 시대 때 만들어진 것으로 추정된다.

카이사르와 같이 아우구스투스는 달력에서 그 이름을 영원히 남겨두었다. 그들을 기리며 로마의 퀸틸리스Quintilis와 섹스틸리스Sextilis 달은 기원전 44년과 8년에 각각 '율리우스'와 '아우구스투스'로 이름이 바뀌었다.

글 요하네스 잘츠베델

296

원로원에 살던 악마

카틸리나는 그저 폭도로 기억된다. 당대 사람들조차도 그를 로마 몰락의 장본인으로 생각했다.

빈틈없이 철저한 카이사르의 노예이자 서기관이었던 라루스Rarus 는 주위를 주의 깊게 살피고 잘 관찰하던 인물이었다. 주인의 연애사도, 다른 사람들로부터 번번이 의문을 사던 행동들도 그는 모두 알고 있었다. 카이사르가 자신의 정치적 야망을 위해 유권자들의 환심을 사들일 때에도 그는 물론 모르지 않았다. 힘 있는 다른 정치가들이나 입김이 센 장사꾼들이 무엇에 관한 밀담을 나누는지에 대해서도 그는 귀를 쫑긋 세우며 그 모든 내용들을 간파해냈다.

기원전 63년 가을, 포룸 로마눔에는 이런저런 소문들이 굉장히 무성했다. 정세는 불안정했으며 공화정은 어떤 한 선동적인 정치가에 의해 위협받고 있었다. 정치적으로 실패했을 뿐만 아니라 굉장한 빚더미에도 올라앉아 있었던 귀족, 카틸리나는 사납고 난

폭한 병사들과 돈 없는 지주들, 또 사회에 불만이 가득한 시민들을 자기 주변으로 모아들였다. 그들은 무장을 하고 로마의 성문 앞으로 박신박신 모여들었다. 반란이 이제 곧 시작되는 것이다.

라루스는 부유한 로마인들이 카틸리나에 대해 어떻게 생각하는지를 알고 있었다. 그는 일기장에 이렇게 기록했다.

우리 모두가 피땀 흘려 노력한 끝에 아시아에서 얻어낸 노획물들을 원로들이 다시금 몽땅 자기들 지갑 채우기에 바쁘지만 않았어도 카틸리나는 반란에 대한 물꼬를 전혀 틀지 못했을 텐데.

허나 로마 최고층은 고작 몇 개월 전에 집정관 자리에 오른 키케로를 신뢰했다. 라틴족 출신의 법률가, 키케로는 똑똑한 전략가이자 다른 원로들에 비해 그나마 덜 부패한 자라 평가되고 있었다. 키케로가 로마에서 연설을 하는 한 카틸리나가 권력을 잡을 일은 없을 것이라고, 그렇게 귀족들과 기사들은 믿고 있었다. 허나 반란꾼들도 이를 눈치 채고 있었던 듯하다.

카틸리나는 공모자들과 함께 키케로를 암살할 계획을 세운다. 하지만 계획은 수포로 돌아갔고 키케로는 음모에 가담했던 자들이 누구인지 알아차리게 된다. 다수가 원로원에 속했거나 지금도 여전히 속해 있는 인물들이었다. 키케로는 "이는 대역죄다. 두말할 것도 없다"고 확정했다.

이는 영국 작가 로버트 해리스Robert Harris의 역사 관련 정치 스릴러물인『루스트룸Lustrum』의 한 장면이다. 허나 실제로도 분명 이와 크게 다르지 않았으리라. 독일어로 '보기 드문 자'를 의미하는 라루스 역시 허구 인물이다. 베르톨트 브레히트Bertolt Brecht가 단편소설『줄리어스 시저 씨의 비즈니스The Business Affairs of Mr. Julius Caesar』에서 고안해낸 인물이다. 두 사람 모두 가능한 한 역사적 사실 및 당대 문헌들을 바탕으로 작업을 하고자 했다.

2000년이 넘도록 본 사건에 대한 주된 이미지를 만든 주요 자료들 중 하나는 그 당시 정치가였던 가이우스 살루스티우스 크리스푸스Gaius Sallustius Crispus의 작품이다. 〈카틸리나의 음모De Coniuratione Catilinae〉는 로마 공화정 끝자락에 그려진, 굉장히 사실적인 풍속화다. 티베르 강변 언덕배기에는 음모, 복수 그리고 비리가 난무하고 있었다. 합법적으로 집정관이 되고자 수차례 시도를 했던, 하지만 단 한 번도 성공하지 못했던 카틸리나는 그 다음 세대인 살루스티우스에게는 풍기문란을 일으키는, 그저 악마와 같은 인물로 비춰질 뿐이었다.

살루스티우스는 첫 역사 작품에서는 그저 냉담한 어투로 집필했지만, 그렇다고 중립적인 것도 아니었다. 이에 대해서는 요즘 역사가들 또한 대체적으로 동의를 하고 있다. 살루스티우스는 카이사르를 특히 좋게 표현해내고 싶었던 것으로 보인다. 더구나 이에는 키케로마저도 객관적인 관찰자가 되지 못한다. 원로원에서 한 연설들, '카틸리나 반박문Orationes in Catilinam'은 3년이 지난 후에야 기억을 더듬어가며 작성되었다. 여러 번 수정되었으며 훌륭한 연설가라는 그의 명성을 확고하게 굳혀줄 수 있는 것이어야 했다. 게다가 이는 다른 것들과 마찬가지로 키케로를 공화정을 위해 자기 자신을 희생하는 구원자로, 오직 좋고 진실하며 아름다운 것만을 위해 행동하는 자로 그려냈다.

역사 화가인 체사레 마카리Cesare Maccari의 수많은 프레스코 벽화들을 이탈리아 원로원이 자리하고 있었던 궁인, 팔라초 마다마Palazzo Madama에서 찾아볼 수 있다. 가장 유명한 것은 〈키케로가 카틸리나를 고발하다Cicero Denounces Catiline〉라는 제목의 1888년도 작품이다. 이는 고대 정치 스캔들의 핵심 장면을 보여주는데, 자의식이 강했던 집정관 키케로의 마음에도 아마 쏙 들었을 것이다. 무대 위 연극 단장처럼 키케로가 원로들이 쭉 둘러앉아 있는 곳의 정중앙에 서 있다. 그는 청중들을 바라보고 있으며 두 팔을 넓게 벌리고 있다. 죄인이자 반란을 일으킨 카틸리나는 그림의 오른쪽 가장자리 끝에 고개를 숙이고 앉아 있다. 다른 원로들은 경멸에 가득 찬, 의심스런 눈초리로 이를 지켜보고 있다.

기원전 63년, 11월 7일의 일이었다. 카틸리나가 참석할 것이라고는 그 누구도 생각하지 못했다. 몇 주 전, 이는 예외적 상황이었다는 판결을 내리면서 키케로는 음모를 꾸몄던 이들을 풀어주었다. 키케로는 공격적이었다.

이는 전해지고 있는 그의 연설문에서 "자, 카틸리나, 우리들의 참을성을 얼마나 더 악용할 생각이냐?"라고 표현되고 있다. 그런 다음, 키케로는 반란 계획들을 이야기해댔다. 카틸리나의 반란에 대해 전혀 들은 적이 없던 사람들조차도 익히 알고 있는 구절이 여기에는 빠져 있다.

O tempora, o mores!
아 세태여, 아 세습이여!

카틸리나는 자신은 음모의 내막을 전혀 알지 못했었다고 부인해댔다. 하지만 원로원 내 분위기는 이미 그에게 등을 돌리고 있었다. 그는 로마를 떠나는 길을 선택했지만, 혁명을 일으키겠다는 계획을 포기한 것은 아니었다. 집정관의 신분으로 키케로는 반란자 카틸리나를 잡아둘 수도 있었다. 그렇지만 키케로는 자신의 권력을 드러내지 않았다. 지금 자신의 편을 드는 원로들 가운데에는 몇몇 반란자들과 호의적으로 지내는 이들, 적어도 예전에는 그랬던 이들이 있었다는 것을 키케로는 알고 있었던 것이다.

카틸리나는 지극히 단순한 아이디어로 로마인들을 현혹해내고 있었는데, 이는 몇몇 정치가들도 혹하게 만들었다. 권력을 잡고 나면 자신을 따르는 이들에게는 모든 빚을 탕감해주겠다는 것이었다. 적지 않은 원로들 또한 빚을 내면서까지 자신들의 유복한 생활을 지탱해나갔다. 유흥 생활, 애인들, 시골 별장, 그리고 무엇보다 당시 통상적이었던 유권 활동 등을 위해서는 상당한 거금이 필요했다. 이는 예전에는 지방 도시들을 약탈해댔던 정치인들조차도 어느 순간이 되면 돈을 빌려주는 사람에게 손을 내밀게끔 만들었다.

이것 말고도 몇몇 정치인들은 앞날을 전혀 예측할 수 없는 이러한 상황을 자신의 위치를 확고하게 만드는 데 이용하기도 했다. 특히 카틸리나 사건 동안 책략적으로 행동한 사람은 바로 카이사르였다. 기회에 따라 어떤 때는 카틸리나 편에 섰고 어떤 때는 그에게 등을 돌렸다. 고대 역사학자 칼 크리스트Karl Christ 는 저명한 논문 「로마 공화국의 위기 및 몰락Krise und Untergang der Römische Republik」에서 "카이사르가 점차적으로 자신의 독자적인 위치를 만들어내겠다고 생각했던 것을 알아차리기란 어렵지 않았다"고 평가한다.

카틸리나가 로마에서 추방당한 이후, 키케로는 위협에 관한 자신의 시나리오를 계속 지탱해나가기 어려웠다. 그런데 그때 위협적인 반란에 대한 증거가 될, 이른바 타협점을 만들어줄 편지가 키케로의 손에 들어오게 된다. 기원전 63년 12월 3일, 카틸리나와 공모했던 다섯 명의 음모자들이 붙잡히게 된다. 그들은 여전히 로마에 머무르고 있었다. 이틀에 걸쳐 원로원에서는 이런저런 토의들이 이어졌고 결국 그들에게 사형이 선고된다. 얼마 지나지 않아 그들은 감옥에서 목 졸라 죽임을 당하게 된다.

그뿐만이 아니었다. 이제는 싸울 준비가 되어 에트루리아인들로 구성된 반란군들을 데리고 로마로 들어오고자 했던 카틸리나 또한 기원전 62년 1월, 피스토리아Pistoria, 오늘날의 피스토이아Pistoia에서 정부군에게 붙잡혀 전쟁터에서 죽음을 맞이하게 된다. 카틸리나의 마지막은 연대기 학자 살루스티우스에게 다행인 일이었다.

자기가 어디에서 왔는지, 자기의 본래 자리가 어디였었는지를 기억하며 카틸리나는 적들이 난무하던 곳, 한가운데에서 대항하다 죽어갔다.

키케로 역시 당분간은 흡족해하면서 지내게 됐다. 로마 공화국을 최악의 위협으로부터 지켜냈다며 의기양양해할 수 있었던 것이다. 이렇게 카틸리나는 반란군이자 음울한 혁명가의 대명사로 역사 속에서 자리매김하게 된다.

글 안드레아스 바서만

신의 은혜를 입은 추잡한 녀석

그는 원래 재미난 걸 좋아하는 사람이었으며, 더불어 감수성 또한 예민했다. 시인 카툴루스의 과감하고도 노골적인 표현들은 요즘에 봐도 여전히 놀랍다.

그들은 몹시 흥분해 있는 매춘부들과 나긋나긋한 젊은 이들이 안달해대는, 그런 밤 풍경에 열광하던 자들이다. 소위 건장한 사내들의 볼품없이 작은 '그것'을 놀려대며 험담하기를 즐겼다. 이밖에도 굉장히 더럽고 놀랍고, 또 웃음거리가 될 이야기들을 이 겁 없는 젊은 시인들은 널리 퍼뜨려댔다.

이처럼 이례적인 표현들을 기원전 50년경 초반, 가이우스 리키니우스 마케르 칼부스Gaius Licinius Macer Calvus 나 가이우스 헬비우스 킨나Gaius Helvius Cinna, 가이우스 발레리우스 카툴루스Gaius Valerius Catullus 등의 몇몇 사내들이 로마에서 써대기 시작했고, 급기야 그들 무리에게는 새로운 시인이라는 의미의 반半 정도 명예로운 이름인 '포에타이 노비Poetae Novi'가 붙여졌다. 대부분 이 악동들 무리에서 나온 시구나 노랫말들은 현재 전해지지 않고 있다. 하지만 카툴루스의 작품들은 세계적으로 유명해졌다. 그는 문학 역사상 천부적인 재능을 가진 색정광들 중 한 명으로 손꼽힌다.

그의 작품들에는 레스비아Lesbia라는 이름의 여인과 이우벤티우스Iuventius라는 소꿉친구가 자주 등장했다. 그 가운데 가장 훌륭하다고 평가되는 것들은 시기 및 광란 그리고 배신에 대해 다루고 있다. 이러한 작품들은 "지칠 대로 지쳐버린 아랫도리"를 표현하기도 하지만, 사랑하는 자에게 "30만 번 키스"하고 싶은 "사랑스러운 눈"에 대해서도 이야기한다. "삐걱삐걱거리는 침대" 등 기술적인 문제나 "오줌에 뒤범벅된 창녀의 더러운 타액"처럼 역겨운 듯 키스 후 입술을 닦아내는 미세한 행동들에 불평불만을 늘어놓기도 한다.

하지만 무엇보다도 카툴루스는 그의 작품들을 본인의 생각만큼 굉장하다고 평가하지 않는 이들에게 자신을 위협적인 영웅, 굉장한 생식 능력을 가진 자로 비유하면서 시들을 써 내려갔다.

나는 너희들과 엉덩이와 입으로 성교하리라, 너 동성애자, 아우렐리우스여, 그리고 너 동성애자 푸리우스여, 너희들은 내 시를 절름발이 취급했으니, 나를 상스러운 놈 취급했으니.

이처럼 거칠고 투박한 시구는 놀랍게도 많이 배우고 교양 넘치는 시인의 작품이다. 카툴루스는 베로나Verona의 부유한 가정에서 자랐다. 그의 수많은 작품들을 통해 그가 그리스의 서정시인인 사포Sappho, 철학자 에피쿠로스Epikuros, 그리고 박학다식했던 시인 칼리마코스Kallimachos를 존경했다는 것은 잘 알려져 있다.

카툴루스가 정확하게 언제 태어나고 죽었는지는 명확하게 알려져 있지 않다. 아마도 기원전 85년경이었을 것이다. 그가 직접 쓴 시편들이나 그에 관해 전해지고 있는 이야기들을 살펴보면 그가 기원전 56년과 57년에 총독 멤미우스Memmius가 군림하고 있던 소아시아의 비티니아에서 통상 부잣집 도련님들이나 하던 군복무를 마쳤다는 것, 그리고 성인이 된 후부턴 거의 줄곧 로마에 있었다는 것을 알 수 있다. 아무리 많이 잡아도 그는 약 30세밖에 안 됐을 것이다. 기원전 54년 이후에는 그가 살아 있었다는 흔적을 어디에서도 찾아볼 수 없다.

지방 출신의 카툴루스가 로마에 왔을 때는 찬란하면서도 정치적으로 심히 불안정했던 로마 공화정 후기였다. 폼페이우스, 카이사르, 크라수스가 체결한 삼두정치뿐만 아니라 로마제국이 거의 끊임없이 내내 치러댄 잔인한 정복 전쟁들, 내란이 금세 일어날 것만 같은 조마조마한 상황들 역시도 직접 경험했다. 베로나에 있는 양친의 집에 카이사르가 가끔 손님으로 온 적도 있었지만, 카툴루스는 그런 카이사르를 그의 적수들 중 한 명과 함께 냉담조로 "탐욕스럽게 간음을 한 자" 혹은 "전쟁터에서는 동지, 여자를 둘러싸고는 라이벌"로 놀려대고는 했다.

이러한 건방진 행동들이 당시 얼마나 위험한 행동이었는지는 가늠하기 힘들다. 어쨌든 당시 로마의 성적 관습들이 어떠했는지는 상당히 잘 알려져 있다. 로마인들이 남성의 대표적인 미덕으로 생각했던 것들은 요즘으로 보면 성적 본능에 완전히 미친 사람처럼 보여질 수도 있다. 본인의 '그것'이 아무런 문제없이 잘 선다는 것을 보이고 싶은 남자들은 관계를 나눌 때 주도적으로 삽입하는 자세를 취했다. 상대가 여자이냐 남자이냐 하는 것은 두 번째 문제였다.

분명 많은 로마인들이 남자 혹은 여자 노예들과, 창녀들과, 또 친인척 관계의 파트너들과 성관계를 맺었다. 외형적인 특성들로 선호하는 특정 섹스 체위가 있다고까지 이야기되었다. 예를 들어 백인들은 과도하게 구강 섹스를 즐겼다고 생각했다고 작가 줄리아 하이크 가이서Julia Haig Gaisser 는『카툴루스Catull』에서 일목요연하게 설명하고 있다.

카툴루스를 찬미하는 수많은 후세대들은 조금은 부러워하는 투로 궁금해하는 사실이 하나 있다. 이 음탕하기 짝이 없는 카툴루스는 도대체 얼마나 많은 경험들을 직접적으로 해봤을까? 물론 그의 시에 등장하는 '나'는 허구적 표현이다. 어쩌면 그는 황홀한 사건들을 그저 상상만 했는지도 모른다. 또 어쩌면 레스비아라는 여인 뒤에는 대략 열 살 정도 더 많은, 다른 방식으로 결혼을 하게 된 클로디아Clodia 라는 배우자가 있는지도 모른다. 진실이 뭐가 됐든 아무래도 다 좋다.

위대한 시인, 카툴루스는 "시끄러운 침대"에 관해 시를 쓰면서 남성과 여성과의, 또 남성과 남성과의 섹스 행위를 유쾌하고 쾌활한 탐닉으로 그려내는 데 온 심혈을 기울였다. 그 이전에도, 또 지금까지도 그러한 자는 거의 없었다고 할 수 있다. 하지만 이와 동시에 카툴루스는 아픔과 혼란 또한 굉장히 섬세하게 그려냈다. 다른 시인들은 지금까지도 이를 놀라워하며 따라 표현하고자 한다. 그의 유명한 시구들 중 하나는 다음과 같다.

레스비아는 늘 나를 모독하며 단 한 번도 입을 다물지 않았다. 그녀가 나를 사랑하지 않는다면 나는 저주받으리라. 내가 어떻게 아냐고? 나도 똑같이 그렇게 할 거니까. 계속해서 그녀를 따라가리라. 하지만 내가 그녀를 사랑하지 않는다면 나는 저주받으리라.

어리석은 사랑에 대한 모순을 누가 이보다 더 아름답게 표현할 수 있겠는가?

글 볼프강 호벨

308

거의 왕이 될 뻔한 자

어떤 상황도 항상 승리로 이끌고 굉장히 빠른 속도로 승승장구하며 총명한 전술 전략까지 펼치던 자. 이것 말고도 훨씬 더 많은 것을 폼페이우스는 이뤄냈다. 하지만 그럼에도 그는 엄청난 패배자로 기억된다. 행운이 2퍼센트 부족했던 것일까?

거의 다 완벽했었다. 알베르 우데르조Albert Uderzo 는 세계적으로 유명한 코믹 작품에서 눈에 확 띄는 매부리코의 깡마르고 겁 많은 이기주의자 말고, 〈아스테릭스와 오벨릭스Asterix & Obelix〉처럼 둥글둥글한 얼굴에 펑퍼짐한 코를 가진 자, 흡사 미국의 실력파 배우 일라이 월러크Eli Wallach 와 비슷하게 생긴 자를 상대편 적수로 설정했어야 했다. 바로 폼페이우스!

사고실험思考實驗이 시사해주는 바는 크다. 카이사르가 폼페이우스를 그렇게 빨리 처치하지 않았다면 어땠을까? 그의 문서들 또한 보존되지 않았을 것이며, 그 대신 레스보스 섬Lesbos 에 위치한 미틸리니Mytilene 출신의 테오파네스Theophanês 의 작품이 남아 있었을 것이다. 테오파네스는 폼페이우스의 정치 자문가로 주요 전쟁들이 있을 때마다 그와 함께했으며, 폼페이우스가 이집트에서 죽음을 맞이할 때에도 그의 곁을 지켰었다.

하지만 오늘날 그 누구도, 어떤 라틴계 학교도 왕궁의 주된 역사가, 테오파테스의 작품들로 수업하지는 않는다. 그의 작품들은 몇몇의 일부 단편들을 제외하고는 모두 손실되었다. 그나마 남아 있는 작품들을 통해 테오파테스가 기원전 106년 9월 29일에 태어난 장군 폼페이우스를 거의 신적으로 존경했음을 알 수 있다. 고대사 가운데 우연히 혹은 합리적으로 전승되는 것들은 그 어느 것도 없다. 다름 아닌 권력 구조에 따라 모든 것이 달라진다.

이 힘을 폼페이우스는 거의 다 잡을 뻔했었다. 그 시대를, 그 세상을 거의 다 다스릴 뻔 했었다. 하지만 작은 말 한마디가 블랙홀이 되어 돌아왔다. 모험, 계획, 생각, 경험들. 이 모든 것들이 그 안으로 빨려들어가 버렸다. 사건 사고 및 책략들이 어떻게 진행되었는지, 그 과정에 대한 이야기들만 볼품없이 초라하게 남아 있을 뿐이다.

폼페이우스에 대해 후세대의 판단은 카이사르와의 내전에서 그가 맛본 패배에 좌우된다. 폼페이우스는 결정적인 순간에 로마로 진군하지 않고 군대를 해산시킨, 자기 자신을 스스로 믿지 못한 자로 기억될 뿐이다. 어떤 시대인가에 따라, 또 그 시대를 주름잡는 사상이 무엇인가에 따라 폼페이우스는 당당했지만 결국에는 후기 공화정을 지키지 못한 실패자로, 또는 카이사르가 세계사라는 무대를 자신의 것으로 만드는 데 맞서 싸운 가장 마지막의 우유부단한 상대자로 비춰진다.

그동안 고대사와 관련된 작업들은 보통 역사 속 영웅들을 좀 더 잘 알아보는 것이었다. 알렉산더 대왕Alexandros the Great 과 카이사르가 대표적으로, 그들은 이상적인 사례로서 전설적인 인물이 되었다. 하지만 오늘날에는 더 이상 그렇지 않다. 역사 속에서 위대한 자로 추앙받던 이들은 좋은 이유에서 의심이 대상이 됐다. 그들의 이름만으로 통상적으로 치러야 할 과정들은 넘어가버리고, 옳고 그름에 대한 판단 없이 그들을 영웅들로 치켜세우는 일이 굉장히 빈번히 일어났다.

카이사르만 주구장창 쳐다보지 않는다면 폼페이우스에 대한 전적으로 새로운 시각을 갖게 된다. 폼페이우스의 실추된 명예를 회복시키기 위함도, 또 폼페이우스였다면 로마 공화국이 무너지지 않았을 거라고, 그렇다면 인류의 역사는 어쨌든 좀 더 잘 흘러갔을 것이라 이야기하기 위함도 아니다. 역사 속에 잘못 알려져 있는, 실상 더 나은 권력자였던 폼페이우스가 로마에 있었으며 그와 함께였더라면 모든 것이 더 즐거웠을 것이라는 반전의 이야기를 들려주기 위함도 역시 아니다.

그냥 그의 삶, 그 자체로 폼페이우스를 자세히 들여다보는 것은 흥미롭다. 번번이 숨을 탁 막히게 할 만큼 깜짝 놀랄 만한 인생사, 엄청난 성공, 대실패, 모험, 그리고 충격적인 실수. 지금껏 알려져 있는 이야기들을 바탕으로 폼페이우스의 삶에 대한 영화를 찍거나 소설을 쓴다면 굉장히 많은 전환점들이 필요할 것이고 그에 반해 다수의 허구 사실들은 없애버려야만 할 것이다. 저명한 고대 역사학자인 칼 크리스트는 2004년에 집필한 평전에서 폼페이우스의 삶을 재평가하며 그의 진가를 인정했다.

그의 아버지에 대해서만도 얼마나 이야깃거리가 많은지! 폼페이우스의 아버지는 보통 스트라보strabo, 이른바 사팔뜨기로 불렸다. 요즘의 시각에서나 당시 고대사회의 미의 기준에서나 그보다 더 흉측한 모습은 생각하기 어려웠다.

스트라보는 아펜니노 산맥과 아드리아 해 사이에 위치한 피케눔Picenum 근교의 지방 출신에서 군사적으로, 또 정치적으로 상당히 높은 지위에 오르는 데 성공했다. 결국 집정관직에도 올랐었다. 하지만 고대사회에서 가장 중요하게 생각하는 것, 명예를 그는 얻지 못했다. 아스쿨룸Asculum, 오늘날의 아스콜리피체노Ascoli Piceno 시민의 절반 이상을 죽이도록 명하는 등 그가 보인 과도한 잔혹성 덕분에 명성은 금세 바닥으로 치달았다.

게다가 그는 고대 로마 사회에서조차도 과하게 생각되는 욕심을 부리고 말았다. 아스쿨룸에서 빼앗은 노획물들을 국고가 아닌 자신의 사유재산으로 처리했다. 고대사회에서 이상적으로 지켜야 할 규준規準들과 완전히 반대되는 이 두 가지 결정만으로도 당대 사람들이 그를 굉장히 혐오스러워한 이유들이 충분히 설명된다. 스트라보의 시신이 들것에 실려 옮겨진 것도 이에 딱 들어

맞는다. 마지막 순간이 되어서야 비로소 더한 수치를 당하지 않게 됐다. 당시 이보다 더한 치욕은 없었다.

아버지가 물려준 것은 우선은 가족으로서 그가 떠넘겨 받아야 할 책임이었다. 아들 폼페이우스는 기원전 86년에 아버지가 사욕으로 챙긴 노획물들 때문에 재판에 서야만 했다. 이때 폼페이우스는 그나이우스 파피리우스 카르보Gnaeus Papirius Carbo, 연설가 호르텐시우스 등 중요 인사들을 자신의 대변인으로 만나게 된다. 재판장이었던 푸블리우스 안티스티우스Publius Antistius 역시 그의 편이었고 이 일이 있은 뒤 얼마 지나지 않아 폼페이우스의 장인어른이 된다.

폼페이우스가 정말로 유명해지는 데에는 그리 오랜 시간이 걸리지 않았다. 이후 폼페이우스의 모든 삶을 결정지을 만큼 반란은 굉장히 중요했다. 이는 어떤 한 전쟁에 관한 것이었다. 폼페이우스는 술라의 편에 서기로 결심했다. 그는 자기 지역에서 차근차근 군대를 형성해갔다. 로마는 처음에는 별것 아니라 생각했지만, 이후 맞서 싸우기로 결정을 내린다.

술라의 어린 지지자, 폼페이우스를 상대로 세 부대가 동시에 움직였다. 하지만 결정적인 싸움에서 폼페이우스는 위험에 맞서 싸우는 용감한 지휘자의 모습을 증명해보이며 모두를 놀라게 만든다. 그는 창을 들고 선두에 선 켈트족 기사를 직접 공격하더니 끝내 그를 말에서 떨어뜨렸다. 이를 지켜본 모든 기사들이 공포에 질려 말 머리를 돌렸다. 이는 보병들에게 분명한 한 가지 사실을 알려주었다. 전쟁에서 졌다는 것이었다.

로마 정부가 폼페이우스에 맞서 싸우라고 보낸 세 군대 모두가 그에게 길을 터주었다. 이제 이 젊은 지휘자의 영향력은 훨씬 더 강해졌다. 하나였던 폼페이우스의 부대는 세 개로 늘어났다. 술라 측의 두 번째 전선이 이로써 생겨났다. 폼페이우스와 술라, 이 두 사람이 처음으로 만났을 때 여태까지 없었던 놀라운 일들이 재차 벌어지게 된다.

그리스 학자 플루타르크가 기록한 것에 따르면 폼페이우스는 자신의 위풍당당한 군대를 술라에게 소개하면서 '당연하다는 듯' 스스로를 대장군으로 칭했다. 술라 역시 말에서 뛰어내리며 "폼페이우스를 대장군으로 부르며 인사를 건넸다. 이때 술라가 스키피오, 마리우스 등의 장군들과 함께 전쟁에 맞서 싸웠던 상대이자 아직 원로원에도 안 들어가 본 어린 폼페이우스에게 대장군이라는 호칭을 사용할 것이라고는 아무도 생각하지 못했다."

이제 폼페이우스는 엄청난 속도로 성공 가도를 달렸다. 술라의 적군들 손에서 시칠리아를 다시 되찾기 위해 프로프라이토르직으로 보내졌다. 시칠리아를 되찾는 과정 속에서 예전에 아버지의 노획물 횡령 사건 때 자신을 도와주었던 한 사람, 바로 카르보를 붙잡게 된다. 카르보는 술라의 추방자 명단에서 거의 첫 번째에 자리해 있었다. 해야 될 일은 반드시 행해졌다. 세 번씩이나 집정관을 했었던 카르보는 사형을 선고받았고 그의 목은 술라에게 바쳐졌다.

그때 폼페이우스가 어떤 기분이었는지, 다른 대안을 마련할 수는 없었는지 아무도 알 수 없다. 인간미 등은 그저 흠으로만 생각됐을 것이다. 폼페이우스의 힘은 결국 그의 아버지처럼 수적으로 얼마나 완벽하게 적군을 제거했는가에서 비롯되게 되었다. 잔혹한 죽임은 일상일 뿐만 아니라 일종의 오락거리가 되어갔다. 이는 수많은 다른 가문들처럼 폼페이우스 가문의 타고난 기질이었다.

그렇지만 절제에 대한 고대사회의 기준 또한 계속해서 지켜졌다. 시칠리아에서 폼페이우스가 함께 일하는 사람들에게나 시민들에게나 부드럽게 대한 통치 행각은 좋은 결과로 돌아왔다. 자비로운 행동은 통치자의 소임이다. 이러한 행동으로 젊은 장군, 폼페이우스는 제1리그에서 뛸 생각을 하고 있음을 보여주었다. 곧 어디에서건 그를 '마그누스', 즉 위대한 자라 부르는 소리를 들을 수 있었다.

시칠리아와 북아프리카에서 폼페이우스는 굉장히 성공적으로 임무를 마쳤기에 로마로 복귀할 때 그를 위한 승전 행렬이 열렸다. 형식적으로 필요한 전제 조건들이 사실상 모두 들어맞지 않았다. 하지만 폼페이우스는 술라에게 계속해서 압력을 가했고 술라는 명확하지는 않지만 어떠한 이유에서 폼페이우스의 말을 따랐다. 플루타르크에 의하면 폼페이우스는 사람들이 더 따르는 것은 지는 태양보다 떠오르는 태양이라는 등 요즘으로 봐서도 뻔뻔스러운 발언들, 관습을 매우 중요하게 여기던 당시에는 무례하다고 생각될 정도의 발언들을 대담하게 해댔다고 한다.

승전 행렬은 기원전 79년 3월 12일에 정말로 열렸다. 이는 폼페이우스에 대한 공식적인 이미지를 만들어냈다. 꼭 바랐던 대로는 아니었다. 로마사상 처음으로 27세의 기사가 대장군으로 로마에 입성했다. 하지만 폼페이우스는 만족하지 않았다. 그는 말들이 끄는 이륜마차가 아닌 코끼리가 끄는 마차를 타길 바랐다. 하지만 개선문이 그만큼 넓지 못했다. 과할 대로 과한 승전 행렬은 당대 사람들이 좋지 않게 기억하는 것들 중 하나가 되었다. 어쨌건 폼페이우스는 두 개의 개선문을 더 받아냈다고 한다.

폼페이우스는 엄청난 욕망에도 불구하고 관례들만큼은 계속해서 존중했다. 자신의 명성이 로마에서 떠들썩하게 연출되는 것에 그는 기뻐했다. 원로원에서 폼페이우스보다 우위에 있는 사람의 명에 따르는 것이면 그는 최대한 자신의 능력을 발휘해냈다. 그때면 끊임없는 결과물들을 계속해서 만들어냈다.

퀸투스 카이킬리우스 메텔루스 피우스Quintus Caecilius Metellus Pius의 도움으로 폼페이우스는 스페인의 전설적인 퀸투스 세르토리우스Quintus Sertorius를 이길 수 있었고 기원전 71년에는 반란자 스파르타쿠스의 마지막 추종자들을 이탈리아에서 모두 제압해냈다. 군사 활동으로 권력을 굳히는 것은 아주 성공적이었다. 두 번째 승전 행렬이 열렸다. 기원전 70년, 폼페이우스는 집정관이 된다. 늘 열심히 위로 올라가던 폼페이우스는 이때 자신의 친구이자 학자인 바로에게 원로원 진행 절차에 관한 책을 집필하라 명한다.

기원전 70년 8월 16일부터 9월 1일까지 폼페이우스는 더욱더 장대한 게임을 치른다. 화제의 인물에게는 금세 다음으로 해야 할 일이 머릿속에 떠올랐던 것이다. 해적들과의 전쟁, 그럼으로써 로마에 대해 점점 더해가는 그들의 경멸적 활동들을 뿌리 뽑아버리는 것이었다. 폼페이우스는 이 해적들과 맞서 싸우는 데 최고 지휘권을 획득하고 그들을 또한 이겨냈다. 그런 다음 폰토스의 왕 미트리다테스를 제압하고 로마제국의 동쪽 세계에 대한 새로운 질서를 마련해냈다. 이 모든 것들이 그가 역사적으로 달성한 일들이었다. 폼페이우스는 힘으로만 모든 것을 이뤄내지는 않았다. 해적들을 여러 다른 해안가에 정착시키면서 그들을 위한 일종의 사회 복귀 정책도 고안해냈다.

거대한 로마제국 어디에서건 혁명, 혼란, 범죄, 음모 등에 불평불만이 일어나는 곳에서는 폼페이우스를 신뢰했다. 그는 다양하지만 대부분 시대적 여건상 잔혹했던 방법들을 동원하여 옛 권력 구조들을 새롭게 지켜나갔다.

그 당시 상황에서 군사 활동들을 적절하게 조정하고 이에 필요한 논리적 계산들이 딱 맞아떨어지게 하려면 어떤 요건들이 필히 갖춰져야 했는지는 오늘날의 시각에서 쉽게 파악하기 어렵다. 요즘처럼 레이더나 헬리콥터, GPS 추적 등이 불가능했던 그 당시에 해적들로부터 어떻게 해상권을 지켜낼 수 있었을까? 폼페이우스는 굉장히 복잡했던 이 모든 프로세스들을 장악했다. 그의 일상은 어떠했는지, 그가 정보를 얻는 곳은 어디였는지, 또 다양한 수단들을 그는 어떻게 사정할 수 있었는지에 대해 더 자세히 알고도 싶다. 하지만 역사가들은 그런 것들에는 그다지 큰 관심을 두지 않았다. 다른 것들은 모두 제쳐두고 폼페이우스가 내린 결정에 대해 재차 궁금해한다.

기원전 62년, 전쟁에서 수차례 승리를 거둔 그가 이탈리아에 도착한다. 로마는 특히 혼란의 시기였다. 폼페이우스의 명성은 대단했고 그의 군대는 천하무적이었다. 그리고 그는 병사들을 집으로 돌려보냈다. 역사적 영웅에 관심을 갖고 있던 이들은 폼페이우스가 군사력을 이용해서 권력을 쟁취하지 않음을 좋게 보지 않았다. 하지만 알렉산더 대왕을 예찬하는 유사 행위들 말고는 폼페이우스가 전제군주로 로마를 지배하겠다는 목적을 갖고 있었음을 보여주는 증거는 그 어디에도 없다. 마그누스라는 그의 별칭이 그에게 중요했지, 막시무스가 되는 것이 중요한 것이 아니었다. 도리어 폼페이우스는 동맹 관계들을 훨씬 더 많이 찾아나섰고 원로원의 명을 따를 때 가장 많은 성공을 거둬들였다.

기원전 62년에 그는 다른 경험 또한 하게 된다. 그는 세 명의 자녀를 함께 두었던 무치카 테르티아Mucia Tertia 와 이혼을 한다. 폼페이우스의 인생을 처음으로 괴롭혔던 한 남자가 그 이유였다. 아내가 카이사르와 정을 나눴다는 것이었다.

그 이후 모든 일들이 이 라이벌 관계를 둘러싸고 점점 더 꼬여져만 갔다. 기원전 48년, 폼페이우스가 이집트로 도망가 그곳에서 죽임을 당했던 사건도 카이사르와 관련이 있었다. 역사가들은 무엇보다 패배한 쪽이 카이사르가 아니었다는 것을 두고 폼페이우스에게 질책을 쏟아낸다. 이 무슨 못된 장난인가.

판타지로 가득한 사고방식에서 벗어나면 고대사회에서 어떤 능력이 펼쳐졌었는지, 어떤 끔찍한 일들이 그 안에서 벌어졌는지, 그리고 아직까지도 역사 속에서 해야 할 얼마나 많은 이야기들이 빠져 있는지 보이기 시작한다. 폼페이우스뿐만이 아니다.

글 닐스 밍크마르

비너스의 해변

호사스런 해수욕장 바이아이는 고대사회의 생트로페였다.

 고대 로마인들은 이미 티베르 강변의 수도 안에서부터 멋지고 화려한 삶을 즐겼다. 하지만 해수욕의 도시, 바이아이Baiae에 비하면 아무것도 아니었다. 나폴리 만 끝자락에 위치해 있던 화려한 휴양지, 바이아이는 로마에서 약 열두 시간 정도 배를 타고 가야 했다. 여태껏 유황 온천으로 병을 치료하고 싶은 환자들만이 찾던 도시였지만, 기원전 2세기 말부터는 로마 상류층 사람들의 놀이터가 되었다. 고대사회의 생트로페Saint-Tropez[25]처럼 관광객들이 마구 몰려들었다.

네로 황제 시대의 윤리학자 세네카의 기록에 따르면, 3월 성수기의 시작은 로마 귀족층을 상대하는 매춘부들이 일을 시작하는

---

[25] 수많은 셀러브리티들이 찾아오기로 유명한 프랑스 남동부 지역의 휴양지.

시기를 뜻하기도 했다. 『사랑의 기교Ars Amatoria』에서 오비디우스는 바이아이를 수익이 괜찮은 "사냥터"라 표현했다.

로마제국의 재력은 이곳에서 굉장히 심하게 드러났다. 여러 개의 수영장과 곰치들이 사는 연못들을 갖춘 호화 별장이 바위 언덕을 따라 즐비해 있었다. 위치가 복잡하면 복잡할수록 더 좋았다. 산등성이나 제방 위에도 집을 지어 확 트인 바다를 바라볼 수 있게끔 만들었다.

시인 호라츠는 세상에서 이보다 더 아름다운 곳은 없을 것이라 표현했다. 바이아이는 그 지방의 온화한 기후의 덕을 보고 있었다. 뭐, 덕분에 말라리아모기도 잘 몰려들었다. 그건 그렇고, 사람들이 이곳으로 몰려들었던 주된 이유는 활화산 주변의 뜨거운 온천수 때문이었다. 어떤 곳들은 병충해 같은 악취도 났다. 지역민들은 부글부글 끓어오르는 뜨거운 물을 거인들이 입은 상처로, 동굴들은 사후 세계로 통하는 문으로 생각했다.

기원전 176년, 집정관 그나이우스 코르넬리우스 스키피오 히스팔루스Gnaeus Cornelius Scipio Hispallus는 유황 증기가 올라오는 이곳으로 여행을 오게 됐다. 원래는 그 옆의 쿠마이Cumae라는 곳에서 낙마에 대한 치료를 받고자 했다. 이 항구도시는 반도의 서쪽 편에 놓여 있었다. 하지만 코르넬리우스가 착각해서 약 2마일 정도 남동쪽으로 더 떨어진 바이아이로 오게 된 것이다.

우연찮게 들리게 된 이곳에서 코르넬리우스가 치료되지는 않왔다. 하지만 건축가 비트루브의 기록에 따르면, 장삿속이 밝은 의사들과 관광업 전문가들은 새로이 개척된 유황 온천이 '지지리도 오래 끄는 병을 몸 안에서 쫓아버릴 수도 있다'고 소문을 열심히 내기 시작했다. 가능한 치료법으로는 온천수 정기, 머드 마사지, 소금물 안에서 체조하기 등이 있었다. 치아 또한 깨끗하게 만들었으며 스트레스를 받고 있던 귀족들은 잘 알고 있는 노예들에게서 마사지를 받기도 했다.

바이아이는 폭발적인 인기를 얻어갔다. 지리학자 스트라본 Strabon에 의하면 바이아이의 규모는 금세 그 옆의 푸테올리Puteoli와 비등비등해졌다. 당시 푸테올리는 로마제국의 가장 큰 항구도시들 중 하나였다. 거의 첫 번째로 가이우스 마리우스가 만이 훤히 보이는 높은 곳에 호화 별장을 짓도록 했다. 카이사르를 포함한 공직자들뿐만 아니라 바로나 카툴루스와 같은 철학자나 시인들도 이곳으로 몰려들었다. 정치가이자 작가 키케로도 바이아이 근처에 땅을 갖고 있었다. 그곳에서 그는 기원전 44년, 굉장한 수준급의 『의무론』을 집필하게 된다. 이후에는 네로 황제가 이곳에서 살았다. 그의 후계자였던 푸블리우스 아일리우스 하드리아누스Publius Aelius Hadrianus는 서기 138년에 바이아이에서 죽었다.

엄청난 땅들은 예술적으로 잘 가꾸어진 정원들로 꾸며졌다. 정원에는 미르테와 플라타너스 나무가 심어졌고 길들은 잘 다듬어진 회양목들로 둘러싸여 있었다. 별장들은 여러 개의 방들과 목

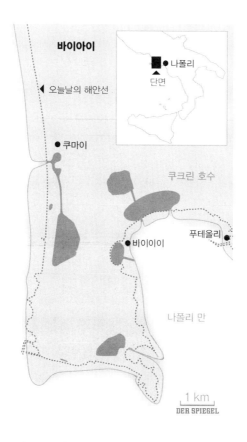

바이아이

나폴리
단면

◀ 오늘날의 해안선

● 쿠마이

쿠크린 호수

●바이이이

푸테올리 ●

나폴리 만

1 km
DER SPIEGEL

욕 시설들을 갖추고 있었다. 시중을 드는 하인들만 머무르는 것이 아니라 손님들도 충분히 묵어갈 수 있었다. 일반적으로 여름과 겨울에 맞춰 두 가지 형태로 지어졌다. 납으로 만든 수도관들로 난방 시설 또한 갖췄다.

파티는 주로 야외에서 벌였다. 해변에서의 축제는 바이아이의 일상이었다. 근처 호수나 당시 해안선을 명명했던 '비너스의 황금 해변'에서 사람들이 모였다. 하지만 이 말은 수많은 매춘부들을 비꼬는 표현이기도 했다. 고대 어문학자인 칼-빌헬름 베버 Karl-Wilhelm Weeber의 기록에 따르면, 귀족들을 대상으로 하는 많은 매춘부들이 끊임없이 진을 쳤기 때문이었다.

매춘부들을 상대하는 것은 로마 사회에서는 그렇게 경멸의 대상이 되지는 않았다. 젊은 정치가, 마르쿠스 카일리우스 루푸스 Marcus Caelius Rufus가 폭력 행위로 기소당했을 때, 상대편은 그가 플레이보이라며 약점을 들춰내려고 했다. 이에 대한 증거는 바이아이에서 그가 '쉬운 여자들의 방'을 거리낌 없이 들락날락거렸다는 것이었다. 루푸스를 변호하던 키케로는 그 사실을 부정하고자 그리 오래 애쓰지 않았다. 오히려 반대로 논쟁을 펼쳤다. 그는 상대편들의 폭력 행위에 대해 꾸짖었다. 가끔은 향락이 이성을 이겨도 좋았다.

바로에 의하면 바이아이에는 미혼의 여성들만이 '지원'되는 것은 아니었다. 어린 척하는 나이 많은 여자들도, 또 여자들처럼 '필요시되는' 젊은 남자들도 있었다. 밤마다 멋지게 차려입은 자들이 화려하게 장식된 곤돌을 타고 굴을 호로록 마시며 호수와 바다 위를 떠다녔다. 연주가들의 음악 소리가 함께했다. 굴들이 따닥따닥 붙어 있는 루크린 호숫가는 그 지역에서 유명했다. 시가지 모습을 담고 있는 병 등에도 새겨져 기념품 가게에서 판매되고는 했다.

귀가 예민한 자들에게 바이아이는 너무도 빨리 시끄러워졌다. 낮 동안에는 해변에서 물건을 팔아대는 상인들이나 서비스를 제공하려는 이들로 붐볐고 밤이 되면 축제가 열렸다. 술에 취해 비틀거리는 자들을 심심치 않게 볼 수 있었다. 주인들과 함께 하인들, 노예들, 요리사, 피리 연주가, 댄서들, 도어맨 등도 바이아이로 들어왔다.

그곳은 거지들 천국이기도 했다. 시민들의 생계를 책임지는 이들은 음식점 주인들, 소시지 판매상들, 과자 제조업자들이었다. 모두가 그곳에서 머무르려고 했다. 호라츠 역시 이탈리아의 가장 화려한 해수욕장에는 호사로운 궁궐들과 더불어 저렴한 숙박 시설들도 있었다고 이야기했다.

이와 반대로 부유한 자들의 생활은 얼마나 탐스럽고 화려했는지를 그 지역의 거상, 파우스티누스Faustinus가 보여주었다. 광장에서 그는 손님들에게 거위, 공작孔雀, 자고鷓鴣, 꿩, 개똥지빠귀 등을 팔았다. 소, 돼지, 양, 노루 등은 말할 것도 없었다. 특별 요리로는 직접 사육한 아프리카산 뿔닭과 플라밍고의 혀가 있었다.

바이아이가 쇠퇴해간 것은 붐을 일으킬 때와 마찬가지였다. 바로 의사들 때문이었다. 아우구스투스 황제가 심각한 간 질환으로 앓고 있었을 때 치유를 바라며 한증욕을 계속했었는데, 이때 그의 주치의였던 안토니우스 무사Antonius Musa가 한증욕과 반대되는 치료법을 권한다. 바로 냉수욕이었다. 아우구스투스는 치료되었고, 이 소문은 금세 퍼졌다. 냉수욕이 새로이 떠오르는 치료법이 되었고 한증욕의 인기는 식어들었다. 하지만 전설은 계속됐다.

호화로운 생활상들이 모두 사라져버리고 그 흔적들만이 남아 있을 12세기경, 하인리히 6세Heinrich VI 의 주치의가 이 온천을 언급하게 된다. 또한 200년 후, 휴머니스트 조반니 보카치오Giovanni Boccaccio 는 바이아이를 보고 감동했다. 그는 '오래되었지만, 이와 동시에 모던한 감각의 사람들에게는 새롭게 비춰질 건물들'을 보았다. 단 한 가지의 사실만은 잊지 말아야 할 것이다. 바닷가의 삶은 누구에게나 관대하다.

글 닐스 클라비터

피에타스의 영웅

시인 베르길리우스에게 로마의 전설적인 시조. 〈아이네이스〉는 옛날 덕목들에 대해 잘 생각해보라는 경고의 의미였다. 공화정 말 무렵 10년의 내란 동안 울려 퍼진 또렷한 메시지였다.

한 도시가, 한 나라가 무너졌다. 더 이상 끝이 보이지 않을 만큼 엄청난 희생양들이 나오고 나서야 비로소 예전보다 더 크고, 더 강력하고, 더 단단한 새로운 도시가 생겨난다. 18세기까지 유럽 문학사에서 가장 높은 영향력을 자랑했던 작품, 〈아이네이스〉를 이렇게 요약해볼 수 있겠다. 〈아이네이스〉를 만들어낸 시인 베르길리우스도 아마 그렇게 그 시대를 겪었을 것이다.

기원전 70년, 그는 내란이 계속되던 시대에 태어났다. 기원전 19년, 그가 죽었을 때에는 그 고대국가가 사라졌다. 아우구스투스는 새로운 통치 형태, 즉 원수 체제를 마련했다. 어쨌든 평화로웠다. 하지만 훗날 트라야누스 황제 시대의 역사가 푸블리우스 코르넬리우스 타키투스Publius Cornelius Tacitus는 아우구스투스 시대의 평화를 피비린내 난다고 표현했고, 당시의 노예근성을 쓰디쓰게 비판했다. 하지만 후세대들이 다르게 알 방도는 없었다. 대부분의 고대인들은 내란이 일어나던 시기에 태어났다.

공화국을 아는 이는 얼마나 적은 수에 불과한가!

베르길리우스는 타키투스가 유심히 바라보던 자들 중 하나였다. 그는 내란이 일어나던 시기에 태어났고 무너져가는 공화국의 처절한 싸움을, 군사 정치와 테러, 재산 몰수 등을 직접 경험한 사람이었다. 카이사르가 죽은 뒤, 그의 양자인 옥타비아누스, 훗날 황제 아우구스투스가 안토니우스와 레피두스와 함께 제2차 삼두정치를 체결했을 때, 괴로운 학대 행위들이 이루어졌고 300명의 원로들과 2000명의 기사들이 희생되었다. 피비린내 나는 커다란 낫질 자국이 통치 역사 속에 남겨진 것이다. 그러고는 공용 징수가 이루어졌다.

많은 군사들이 봉급만 받은 것이 아니었다. 그들은 작은 농장 등을 보상으로 받기를 요구했다. 그러기 위해서 엄청난 규모의 공용 징수가 이루어졌다. 베르길리우스의 아버지도 그 피해자였다. 피해는 그 아들, 베르길리우스에게 다시 보상되었고 더군다나 이것이 옥타비아누스에 의해 이루어졌을 가능성이 높기에 베르길리우스는 그에게 늘 감사했다. 유념해야 할 점은 로마에서 자유로웠던 시민들은 신망에 따라, 재산 정도에 따라 살아갔다는 점이다. 훌륭한 공직자의 삶 따위는 고대사회에 없었다. 재산을 잃어버리면 한순간에 비참해져버렸다.

『목가집Bucolica seu Eclogae』에서 베르길리우스는 재산을 지킬 수 있었음에 대한 행복과 공용 징수의 깊은 아픔을 대조하며 그려냈다. 가장 유명한 네 번째 전원시에서는 새로운 영광의 시대, 평화의 시대, 그리고 풍요로움의 시대가 다가왔음을 알 수 있다. 한 젊은 여성에 대한, 하늘 높은 곳에서부터 내려온 아이에 대한, 뱀의 최후에 대한 이야기가 들려왔다.

여기서 기독교인들이 구세주의 탄생을 이미 눈치 챘음은, 또 베르길리우스에게 본성적으로 기독교 정신이 깃들어 있다고 생각하는 것은 놀랍지 않다. 그렇지 않은가! 분명 그런 시는 아니지만 이는 세상에 널리 퍼져 있었던, 그리고 새로운 정치 상황과 맞물려 생겨난 세상의 부활에 대한 희망적 표현이었다.

이는 기원전 40년, 옥타비아누스와 안토니우스가 첫 번째 분쟁을 겪고 난 다음 한번 더 단합했던 브린디시 조약 이후에 생겨났던 것으로 보인다. 이는 많은 이들에게 희망을 불어넣어주었다. 그때까지 사람들은 세상의 종말이 올 것이라 생각했지만, 이때 분위기는 다시금 나아졌다. 하지만 권력자들 간의 경쟁 싸움이 실제로 다시 일어났다.

기원전 31년, 악티움Actium 해전에서 비로소 싸움은 끝이 났다.

매번 사람들을 번번이 실망시켰던 전쟁 종식에 대한 갈망은 그때서야 비로소 해소됐다. 베르길리우스가 시로 표현했듯이 전쟁들이 일어난 지난 시기 동안 낫은 칼로 담금질되고 "더 이상 그 누구도 밭 가는 일을 칭찬하지 않았다."

베르길리우스가 그의 마지막이자 가장 의미 있는 작품인 〈아이네이스〉를 집필했을 때, 내전이 선포되었다. 수년간 폭력과 부당함이 이어졌고 새로운 통치 세력은 이제는 상황이 더 나아질 것이라고 시민들을 설득해야만 했다. 요즘에는 통상적으로 이루어지는 정치 선전 등은 고대사회에서는 선례가 없던 일이었다. 중요 인물들도 예전부터 가지던 영향력들은 포기해야만 했고, 그들에게 문학은 결정적으로 중요하게 다가왔다.

특히 〈아이네이스〉 신화를 만들어낸 이 작품이 중요했다. 아이네아스는 트로이의 영웅이었다. 아이네아스는 오랜 방황 끝에 이탈리아에 정착하고 로마의 시조가 되기 위해 무너져가는 나라 안에서 극적으로 아버지는 아들과 함께 살아남았다.

로마를 건국하려면 그만한 노력은 필요하다.

이렇게 첫 구절은 시작한다. 당대 사람들은 새로운 통치 체제의 정당성 또한 부여하고자 한 것으로 보인다.

이 신화가 이야기되는 동안 앞으로 어떠한 일들이 일어날 것인가에 대한 조망들이 계속해서 비춰졌다. 하지만 결정적인 것은 아니었다. 아우구스투스 시대의 작품, 〈아이네이스〉는 좋은 정치, 좋은 로마식 정치의 특성에 대한 근본적인 확신을 심어주었다.

베르길리우스는 늘 피에타스_{pietas}, 즉 깊은 신앙심을 강조했다. 피에타스는 아우구스투스가 시민들에게 공포하고 명하기도 했던 것이었다. 바로 전통적인 종교 돌보기, 신전 복구, 신들의 뜻에 대한 존중이었다. 호라츠는 이렇게 적고 있다.

네가 신들을 따르고 있기 때문에 통치를 하고 있는 것이다.

이러한 왕정 복구 혹은 정통 보수에 대한 현실적인 생각들을 직설적으로 촉구하는 것이 영웅 서사시다. 영웅 서사시는 한 나라의 전사_{前史}를 다룬다. 통치와 자유에 관한 내용이라면 자유는 덜 중요해진다. 설령 로마사를 봤을 때 첫 번째 집정관 브루투스는 '고결한 자유 때문에' 칭송받을지라도 일반적으로 로마인들이 중요하게 여긴 것은 '통치'다.

이미 첫 번째 책에서 유피테르는 앞으로 다가올 로마의 통치자들에 대해 이야기한다.

끝없는 지배를 그에게 약속하리라.

이후 여섯 번째 책에서는 아이네아스가 저승으로 아버지를 찾아가게 되고, 이를 통해 그는 앞으로의 미래를 전망하게 된다. 다른 민족들은 예술과 학문에서 정진하는 반면, 로마는 역사적인 책임을 진다는 것이었다.

너, 로마여. 관직의 힘으로 사람들을 이끌 것을 기억해라. 이것이 바로 네가 가진 재주이니. 평화와 규칙을 세우고 무너져가는 것을 바로잡고 교만한 자의 콧대를 눌러버리리라.

여기에서의 평화는 베르길리우스의 『목가집』에서도 그랬듯이 침해받고 있는 어떤 평화로운 삶을 의미하지 않는다. 우세하고 지배적인 힘, 바로 로마로부터 일으켜 세워지는 법적인 상태를 뜻한다. 그 의미를 파악했던 아우구스투스를 통해 로마의 평화로운 통치 체제는 그의 전제정치와 함께 흘러갈 수 있었다.

정치적으로나 미학적으로나 〈아이네이스〉가 보여준 굉장히 중요한 접근 방식은 처음부터 예견 및 암시 등을 통해 행복한 결말이 정해져 있었던 것이었다. 바로 로마와 이탈리아의 세계 정복이다. 훗날 아우구스투스처럼 베르길리우스의 영웅 아이네아스는 이탈리아를 함께 언급하는 것을 굉장히 중요하게 생각했다.

어쨌든 이렇게 아이네아스의 성향은 미리 정해져있었던 것 같다. 그는 영웅과는 거리가 멀었고 돌 같은 사람이었으며 강인했으며 자기 자신에 대해서는 한번도 의심을 품지 않던 자였다. 이는 자기 자신에 관해서는 상당히 강인해야만 했던 아우구스투스의 성향과 꼭 맞아떨어진다. 아우구스투스는 돌 같은 아이네아스보다는 융통성 있는 사람이었지만 그처럼 냉철했다.

그런데 꼭 하필이면 마지막에 수수께끼 같은 내용이 등장한다. 아이네아스는 경쟁자인 투르누스와 싸움을 벌인다. 물론 아이네아스가 이겼고 투르누스는 무릎을 꿇었다. 하지만 아이네아스의 화는 풀리지 않았다. 그는 꼭 아킬레우스Achilleus와 파트로클로스Patroklos처럼 친구에 대한 복수를 했고 굴복한 투르누스를 죽였다. 피에타스의 행동으로 바른 것인가? 옥타비아누스 역시 카이사르의 복수를 피에타스를 지키기 위해서였다고 말했다.

베르길리우스는 자신의 영웅과 자신의 나라가 갖는 정당성들에 대해 그토록 많이 이야기한 후 마지막에는 로마가 승승장구해 나가고 아우구스투스가 성공하는 데에는 어떠한 대가를 치러야 했는가에 대한 암시를 주고자 했던 것인가?

이와 같은 간접적인 표현들은 베르길리우스의 작품을 정치적 우화, 그 이상으로 끌어올려준다. 이는 베르길리우스가 공화국의 최후와 로마인들이 마주할 운명에 대해 얼마나 깊게 생각했는지를 보여준다.

글 슈테판 슈파이커

연대표

로마	고대사회
[초기] BC 9000년 이전 팔라티노 언덕에 남아 있는 촌락들은 로마 후기 시대 때의 사람들이 이곳으로 점차 이주해오고, 밀집해나갔음을 보여준다.	
BC 753년 4월 21일은 로마의 공식적인 건국일로 간주되고 있다. 박학다식했던 학자, 바로는 이를 기원전 1세기에 명기했다. '건국 이후' 달력 연도는 계산되었다.	**BC 776년** 처음으로 올림픽 경기가 치러지고 승자들을 기록했다. 이에 따라 그리스어권에서는 오랫동안 퍼져 있었던, 올림픽 경기에 따른 연도 계산을 관습적으로 사용하기 시작했다.
BC 600년 매립 이후, 민회가 열리는 장소인 코미티움 및 고대 왕들의 집무지인 레기아(Regia)가 후기 포룸 로마눔에 마련되었다.	**BC 620년경** 타란토 만에 위치한 아카이아(Achaea)의 식민지, 시바리스(Sybaris)의 거주민들은 오늘날에는 신전 유적들로 유명한 식민지 촌락인 포세이도니아(Poseidonia)와 파에스툼을 나폴리의 남쪽에 형성했다.
	BC 612년 메디아와 바빌로니아(Babylonia)의 군주들은 전설로 남은 수도, 니네베(Nineveh)를 점령하고 붕괴시켜 아시리아(Assyria)의 멸망을 확정지었다.

BC 509년	BC 510년
로마의 마지막 왕이 추방되고 공화국이 세워진 시기. 오늘날에는 기원전 480년과 470년 사이가 더 가능성이 있는 시기라고 보고 있다.	아테네의 마지막 폭군 히피아스(Hippias)가 추방되었다. 클레이스테네스(Kleisthenes)의 법률 개혁과 더불어 이후 몇 년의 시간에 걸쳐 민주주의적 국가 질서가 잡혀갔다.
BC 450년경	BC 490년~479년
시민법적 특성의 관용구들이 처음으로 12표법에 두드러지게 표현되었으며 공식화되었다. 귀족들의 과두정치가 통제되기 시작했다.	그리스인들은 정점을 찍었던 살라미스(Salamis) 해전을 포함, 수차례의 전쟁들을 치르면서 페르시아제국이라는 강적을 오랫동안 견고히 저지했다.
	BC 431년~404년
	통치권을 가운데 두고 그리스 도시국가들은 득보다 실이 많았던 펠로폰네소스 전쟁(Peloponnesian War)을 치렀다. 장기적으로 이득을 본 것은 신흥 강대국 페르시아제국이었다.
BC 396년	BC 399년
북방 지역의 부유한 라이벌 도시, 베이이를 침략, 몰락시키며 로마는 에트루리아의 고대 문화보다 더 우세해졌다.	철학자 소크라테스의 죽음은 플라톤과 아리스토텔레스의 획기적인 철학 작품들의 문학적, 지적 출발점이 되었다.
BC 390년 / 387년	
로마가 갈리아인들에게 패하고 약탈당한 것은 충격적인 사건이었다. 이 사건 이후 세르비아누스 성벽을 짓기 시작했던 것으로 추정된다.	
BC 367년 / 366년	BC 359년~323년
오랜 씨름 끝에 계급들 간에 이루어진 합의는 두 명의 집정관 중 한 명은 평민 출신이어도 된다는 법률 규정을 최종적으로 도출해냈다.	마케도니아의 군주인 필리포스 2세(Philippos II)는 그리스를 정복했다. 그가 피살된 이후, 그의 아들인 알렉산더 대왕은 지독하게 전쟁들을 치르면서 세계 제국을 이루었다.

[강대국] BC 340년~290년

로마는 라틴족, 켈트족, 삼니움, 에트루리아 및 움브리아를 상대로 거의 해마다 전쟁을 치르면서 이탈리아 통치권을 점차적으로 장악해나갔다.

BC 281년

오랜 격전 끝에 알렉산더 대왕의 제국에서부터 다른 제국들이 생겨났다. 그중에서도 특히 마케도니아와 이집트의 왕국, 서남아시아 지역에서는 셀레우키아(Seleucia)제국이 형성되었다.

BC 282년~272년

타란토 너머로 침입하여 그리스 에피루스의 군주, 피로스(Pyrrhos)를 제압함으로써 로마는 이탈리아에서 가장 중요한 강대국이 되었음을 알게 된다.

BC 280년경

소아시아의 중심지, 페르가몬의 지휘관이었던 필레타이로스(Philetaeros)에 의해 페르가몬 왕국이 세워졌다. 본 왕국은 아탈로스 3세의 유언에 따라 기원전 133년에 로마로 건네진다.

BC 264년~241년

카르타고를 상대로 치른 제1차 포에니 전쟁으로 로마의 전쟁 물자 및 인내력은 거의 바닥에 이르렀다. 기원전 241년, 시칠리아는 로마의 속주가 되었다.

BC 250년경

카스피 해(Caspian Sea)의 남동쪽에서부터 스키타이(Scythai)의 파르티아인(Parthian)들은 수백 년 동안 로마에 저항해오던 페르시아 및 메소포타미아(Mesopotamia) 지역의 대제국을 정복했다.

BC 227년

시칠리아, 사르데냐 및 코르시카에 지방을 형성함에 따라 로마제국은 지배적인 동맹 통치자에서 식민 강대국으로 거듭나게 된다.

BC 218년~201년

제2차 포에니 전쟁으로 카르타고의 수장, 한니발은 수년간 이탈리아를 점령했다. 결국 그는 무너졌고 기원전 202년에 북아프리카의 자마에서 패배했다.

BC 200년경

키레네(Cyrene) 출신의 박학다식했던 에라토스테네스(Eratosthenes)는 지구 크기를 측정하는 데 뛰어난 능력을 보여주었으며, 시간 측량자, 천문학자 및 시인으로서 남다른 면모를 갖추고 있었다.

BC 215년~196년

마케도니아의 군주, 필리포스 5세 (Philippos V)를 상대로 치른 두 번의 전쟁으로 로마제국의 기세는 당당히 동쪽으로 뻗어나갔다. 기원전 196년에 그리스는 '독립'을 선언했다.

BC 168년

이미 급격하게 작아진 마케도니아는 페르세우스 때, 피드나 전투에서 로마군에게 패하게 된다. 이후 4개의 지역으로 나뉘어졌다.

BC 154년~133년

패배와 손실, 기술 및 능력 부족은 스페인을 둘러싸고 벌어진 전쟁에서 로마에게 장기적으로 많은 문제들을 불러일으켰다. 소(小)스키피오가 누만시아를 정복하면서 갈등은 풀어지게 된다.

BC 166년~160년

셀레우키아의 지배자, 안티오코스 4세 (Antiochos IV)와 그의 후계자에게 반란을 일으켰던 유다스 마카바이오스(Judas Maccabaeus)는 그리스 방식으로 유대 군주국을 세웠다.

BC 146년

코린트를 점령하면서 로마는 지중해 동쪽의 패권을 장악하게 된다. 서방 세계에서 카르타고의 완패는 로마의 우세한 위치를 표명해준다.

BC 148년

로마와 카르타고 사이에서 노련하게 행동했던 군주, 마시니사가 죽음에 따라 북아프리카 지역에 있었던 누미디아 왕국은 재빠르게 로마제국의 통치 아래 놓여졌다.

[공화정 및 독재] BC 133년~121년

티베리우스와 가이우스 그라쿠스 형제는 호민관으로서 토지 소유에 대한 새로운 법률 체제를 마련하는 데 실패하게 된다. 둘 다 죽임을 당한다.

BC 116년

북아프리카 지역인 키레네는 프톨레마이오스 때 이집트 왕국에서 분리되어 나오지만 그가 죽자 기원전 96년에 로마에 귀속되며 기원전 74년에는 로마의 공식 행정 구역이 된다.

BC 113년~101년

튜턴족(Teuton) 및 킴부리족(Cimbri)과 싸우면서 로마의 몰골은 비참해진다. 마침내 가이우스 마리우스가 게르만 침략자들을 쳐부순다.

BC 112년

로마식 교육을 받은 누미디아인 유구르타(Jugurtha)는 친족들에 맞서 수도 키르타(Cirta)를 침략, 권좌를 차지했다. 기원전 105년, 로마제국에 패하며 기원전 104년 초 로마에서 교살당한다.

BC 91년~88년

이탈리아 내에서 로마의 동맹국들이 일으킨 마지막 반란은 연합 전쟁을 통해 완전히 제압당하게 된다. 그 이후부터 로마의 시민권은 루비콘 강까지 통용되었다.

BC 88년

귀족이었던 술라는 로마로 진군하여 도시를 점령하고 경쟁자였던 마리우스를 추방시킨다. 기원전 82년부터 술라는 독재관으로서 원로원 통제권을 가지고자 했다.

BC 89년~63년

폰토스는 세 번의 전쟁을 통해 빈번하게 로마와 맞붙어 싸워왔다. 하지만 강대국임에도 불구하고 폰토스의 왕, 미트리다테스는 폼페이우스에게 패하게 되고, 결국 크림 반도로 도망가 죽음을 맞이한다.

BC 60년

카이사르와 그의 연적이자 개선장군인 폼페이우스는 권력에 대해 서로가 가지는 욕구에 대한 합의점을 찾았고 부호 크라수스와 함께 제1차 삼두정치를 행하게 된다.

BC 64년~63년

엄격한 군사 작전들을 바탕으로 폼페이우스는 시리아에서 셀레우키아제국을 끝내 종식시켰다. 이후 폼페이우스는 다마스쿠스(Damascus)와 예루살렘으로 이동해 갔으며, 이를 통해 동방 세계를 새로이 정비해나간다.

BC 49년

카이사르는 경계천인 루비콘 강을 건너 시민전쟁을 일으킨다. 그리고 마침내 그는 기원전 45년에 마지막 적들까지 모두 무찔러버린다. 이때부터 카이사르는 실질적으로 어떠한 제한도 없이 군림하게 된다.

BC 58년~51년

전쟁을 매년 치르면서 카이사르는 갈리아를 점령했고, 더불어 영국으로까지 뻗어나갔다. 그는 신속하게 다다른 라인 강 다리 너머 게르마니아(Germania)로 군대를 이끌었다.

338

BC 44년

이제야 겨우 생전에 독재관이라 불리게 됐던 카이사르는 암살당하고 만다. 이후 벌어진 권력 싸움에서 안토니우스와 카이사르의 양자인 옥타비아누스가 주요 연적 관계였다.

BC 47년

카이사르의 막대한 지원으로 프톨레마이오스 왕조 출신의 클레오파트라는 섭정들 및 그녀의 남동생 프톨레마이오스 13세에 저항하며 이집트 안에서 그녀의 입지를 확고하게 나질 수 있었다.

BC 43년

안토니우스, 레피두스, 그리고 옥타비아누스는 오래가지는 못했던 제2차 삼두정치로 서로 협약한다. 300명의 원로원 의원들과 2000명의 기사들이 공권을 상실하게 되고 죽임을 당한다.

BC 40년

로마 원로원은 헤로데스(Herodes)를 유대의 왕으로 임명했다. 기원전 37년에 그는 가이우스 소시우스(Gaius Sosius)와 함께 예루살렘을 함락시킨다. 기원전 20년경에는 두 빈째 이스라엘 성전에 대한 개축 및 증축을 시작했다.

참고 문헌

1. Wolfgang Blösel, *Die Römische Republik: Forum und Expansion*,
    Verlag C. H. Beck, München, 2015.
    아주 세세하게, 비판적으로, 또 고대사회 전반을 통찰하면서 현재 로
    마제국의 초기 및 성장에 관해 알고 있는 사실들을 요약하고 있다.

2. Filippo Coarelli, *Rom: Der archäologische Führer*, Verlag Philipp von
    Zabern, Mainz, 2013.
    지난 수십 년간 확증된 방식으로 다양한 유적지 및 유물들을 소개하
    고 있으며, 마치 여행 가이드를 받듯이 아주 생생하게 설명하고 있다.

3. Tom Holland, *Rubikon: Triumph und Tragödie der Römischen
    Republik*, Verlag Klett-Cotta, Stuttgart, 2015.
    영국의 성공적인 작가, 톰 홀랜드는 끝으로 치닫는 로마 공화국의 큰
    사건들과 세력 싸움들을 최대한 사실에 가깝게, 그러면서도 흥미진진
    하게 이야기한다.

4. Martin Jehne, *Die römische Republik: Von der Gründung bis Caesar*,
    Verlag C. H. Beck, München, 2013.
    저명한 드레스덴의 고대 역사학자, 마틴 예네는 로마가 강대국이 되
    기까지의 길고 험난한 여정을 여유만만하게, 때로는 재미나게 그려내
    고 있다. 더불어 마지막에는 로마 공화국의 권력 균형이 불안정하게
    갑자기 확 깨져버린 것에 대해 분석한다.

5. Florian S. Knauß, Jörg Gebauer(Hrsg.), *Die Etrusker: Von Villanova
    bis Rom*, Nünnerich-Asmus Verlag, Mainz, 2015.
    뮌헨 고미술품 수집전의 카탈로그집이다. 풍부한 삽화들과 함께 지금
    까지 해독된 세부 내용들을 바탕으로 초기 로마 이전 시대의 흥미로
    운 문화들을 보여주고 있다.

6.   Robert Maier, *Römisches Kochbuch: Rezepte für die moderne Küche*, Reclam Verlag, Stuttgart, 2015.
와인에서부터 통조림 음식까지, 전채에서 달콤한 과자들까지. 고대 문헌들을 바탕으로 정리된 음식 메뉴들을 통해 그 맛이 어떠한지 직접 테스트해본다.

7.   Theodor Mommsen, *Römische Geschichte*, Verlag Philipp von Zabern, 2 Bände, Mainz, 2015.
독일 역사학의 거장인 테오도어 몸젠의 초기 작품 중 일부 내용들은 더 이상 최근이지 않거나 부정확하다 할지라도, 1854년과 1856년에 발표된 그의 작품들은 이야기의 역동성 및 날카로운 정치적 시각으로 지금까지도 독자들을 매료시키고 있다.

8.   Wilfried Stroh, *Latein ist tot, es lebe Latein!: Kleine Geschichte einer großen Sprache*, List Verlag, Berlin, 2008.
독일의 가장 쾌활한 라틴어 학자, 빌프리드 슈트로는 유럽의 가장 중요한 모국어인 라틴어의 삶과 후생을 많은 사례들과 함께 생생하게 전해주고 있다.

9.   Greg Woolf, *Rom: Die Biographie eines Weltreichs*, Verlag Klett-Cotta, Stuttgart, 2015.
황제 시대의 시작부터 그 최후까지, 야심 가득한 이야기를 자세하게 설명하고 있다.

저자 약력

펠릭스 보어(Felix Bohr): 역사학 박사로 슈피겔 독일 국내 분야 편집자였다.

토마스 다른슈테트(Thomas Darnstädt): 슈피겔 독일 국내 분야 저자였다.

비그나 핑크(Bigna Fink): 베를린에서 활동하는 프리랜서 저널리스트다.

안젤리카 프란츠(Angelika Franz): 고고학과 역사학을 중점적으로 다루는 프리랜서 저널리스트다.

크리스토프 군켈(Christoph Gunkel): 슈피겔 온라인 저자다.

볼프강 호벨(Wolfang Höble): 슈피겔 문화부 저자다.

닐스 클라비터(Nils Klawitter): 슈피겔 경제부 편집자다.

샬로테 클라인(Charlotte Klein): 슈피겔 독일 국내 분야 편집자다.

페트라 클라이나우(Petra Kleinau): 슈피겔 독일 국내 분야 편집자다.

우베 클루스만(Uwe Klußmann): '슈피겔 역사'와 '슈피겔 지식'의 편집자다.

요아힘 크론스바인(Joachim Kronsbein): 슈피겔 문화부 저자다.

닐스 밍크마르(Nils Minkmar): 슈피겔 문화부 저자다.

요아힘 모어(Joachim Mohr): 슈피겔 역사와 슈피겔 지식의 편집자다.

베티나 무살(Bettina Musall): 슈피겔 역사와 슈피겔 지식의 편집자다.

디트마르 피이퍼(Dietmar Pieper): 슈피겔 역사와 슈피겔 지식의 편집장이다.

노베르트 F. 푀츨(Norbert F. Pötzl): 슈피겔 역사와 슈피겔 지식의 부지사장을 역임했다.

얀 풀(Jan Puhl): 슈피겔 해외 분야 편집자다.

요하네스 잘츠베델(Johannes Saltzwedel): 슈피겔 역사와 슈피겔 지식의 편집자다.

에바-마리아 슈누어(Eva-Maria Schnurr): 슈피겔 역사와 슈피겔 지식의 편집자다.

마티아스 슈라이버(Mathias Schreiber): 슈피겔 문화부 저자였다.

미하엘 존트하이머(Michael Sontheimer): 베를린 슈피겔 독일 국내 분야 편집자다.

슈테판 슈파이커(Stephan Speicher): 역사를 중점적으로 다루는 프리랜서 저널리스트다.

카타리나 슈테겔만(Katharina Stegelmann): 슈피겔 문화부 편집자다.

빌프리드 슈트로(Wilfried Stroh): 뮌헨 대학교 고전 철학과 교수를 역임했으며, 키케로의 작품들을 가장 잘 아는 학자들 중 한 명이다.

안드레아스 울리히(Andreas Ulrich): 슈피겔 독일 국내 분야 편집자다.

마르크 폰 뤼프케(Marc von Lüpke): 함부르크에서 활동하는 프리랜서 저널리스트이자 역사학자다.

안드레아스 바서만(Andreas Wassermann): 베를린 슈피겔 독일 국내 분야 편집자다.

수잔네 바인가르텐(Susanne Weingarten): 슈피겔 역사와 슈피겔 지식의 부지사장이다.

크리스티안 뷔스트(Christian Wüst): 슈피겔 과학부 편집자다.

감사의 글

현명하고 꼼꼼한 많은 동료들이 도와주지 않았다면 이 책은 세상에 나올 수 없었을 것이다. 모든 기고들을 하우케 얀센 박사가 이끄는 슈피겔 다큐멘터리 팀이 익숙하고 확실하게 확인해주고 객관적으로 올바른지 신중하게 검토해주었다. 요르크 - 하인리히 아렌스, 울리히 봄스, 비올라 브뢰커, 하이코 부쉬케 박사, 안드레아 쿠르타츠 - 빌켄스, 요하네스 엘츠쉬크, 요하네스 에라스무스, 클라우스 팔켄베르크, 코넬리아 프라이발트, 안드레 게이케 박사, 질케 가이스터, 토비아스 카이저, 울리히 크뢰처, 발터 레만 - 비스너 박사, 라이너 뤼버트, 페트라 루트비히 박사, 소냐 마스, 나딘 마르크발트 - 부크호른, 토비아스 물로트, 마그렛 니체, 잔드라 외프너, 톤스텐 올트머, 토마스 리델, 마르코 샤를로프, 롤프 G. 쉬어호른, 레지나 슐터 - 아렌스 박사, 클라우디아 슈토테 박사, 슈테판 슈토츠, 라이너 스침, 아니카 첼러, 말테 첼러가 함께해주었다. 엄청난 양의 문헌 자료들은 사서인 요한나 바르티코프스키와 하이코 파울센이 빠르고 지략적으로 찾아주었다.

마르틴 브링커, 루저드 볼렌, 막스 휘버, 코넬리아 파우터, 율리아 자우머, 미하엘 발터가 책에 삽입된 지도와 그래픽들을 위

344

해 수고해주었고, 이렇게 작업된 지도 및 그래픽들은 토마스 하머가 책에 삽입했다. 클라우스-디터 슈미트는 그림을 선택하는 작업에, 브리타 크뤼거는 저작권과 관련해 수고해주었다. 최종적인 편집 단계에서는 루츠 디트리히스, 라이머 나겔 및 타피오 지르카가 전반적으로 일치하는지 한번 더 검토했다. 이 모든 작업들이 마찰 없이 이루어지도록 서무 담당의 엘케 모어가 애써주었다.

슈피겔 잡지의 에바 프로포소바와 DVA의 카타리나 라인아르츠가 본 책의 출판에 관한 모든 작업들을 총괄했고, 안드레아 모그비츠가 제작을 책임져주었다. 늘 순조롭게, 너무도 멋진 팀워크를 보여준 이 모든 분들께 진심 어린 감사의 인사를 전한다.

2016년 봄, 함부르크에서
디트마르 피이퍼, 요하네스 잘츠베델

KI신서 7703

만들어진 제국, 로마

1판 1쇄 인쇄 2018년 8월 27일
1판 1쇄 발행 2018년 9월 3일

엮은이 디트마르 피이퍼, 요하네스 잘츠베델
옮긴이 이은미
펴낸이 김영곤 박선영 **펴낸곳** ㈜북이십일 21세기북스

정보개발본부장 정지은 **인문기획팀장** 장보라
책임편집 양으녕 **교정교열** 김찬성 **디자인** 씨디자인: 조혁준 기경란
마케팅본부장 이은정
출판영업팀 한충희 최명열
출판마케팅팀 김홍선 최성환 배상현 신혜진 나은경 조인선
홍보기획팀 이혜연 최수아 박혜림 문소라 전효은 염진아 김선아
해외기획팀 임세은 이윤경 장수연
제작팀 이영민

출판등록 2000년 5월 6일 제406-2003-061호
주소 (10881) 경기도 파주시 회동길 201 (문발동)
대표전화 031-955-2100 **팩스** 031-955-2151 **이메일** book21@book21.co.kr

(주)북이십일 경계를 허무는 콘텐츠 리더

21세기북스 채널에서 도서 정보와 다양한 영상자료, 이벤트를 만나세요!
페이스북 facebook.com/21cbooks **포스트** post.naver.com/book_21
인스타그램 instagram.com/book_twentyone **홈페이지** www.book21.com
서울대 가지 않아도 들을 수 있는 명강의! 〈서가명강〉
네이버 오디오클립, 팟빵, 팟캐스트에서 '서가명강'을 검색해보세요!

ⓒ 디트마르 피이퍼, 요하네스 잘츠베델, 2018

ISBN 978-89-509-7650-7 03100

권력의 중심

카피톨리노 언덕 옆 골짜기 유역은 세계 제국이 다스려지기 시작한 발판을 이루었다.
바로 이곳에 전설적인 포룸 로마눔이 있었다.

포룸 연혁

드러난 모습

레기아
베스타 신전
바실리카 포르시아 ■ 교도소 ■ 타불라리움
◄ 사투르누스 신전은 본 형태로 기원전 500년 무렵에 세워졌다.
바실리카 오피미아 ■ 라쿠스 쿠르티우스 ■
코미티움 ■ 바실리카 풀비아 ■ 콘코르디아 신전 ■ 코미티움 ■
바실리카 셈프로니아 ■ 디오스쿠로이 신전 ■ 쿠리아 코르넬리아 ■

기원전 300년   기원전 200년   기원전 100년

콘코르디아(Concordia) 신전
귀족들과 평민들 사이의 화합을 보여주고자 했던 이 웅장한 예당에서는 원로들이 주로 회의를 가졌다.

타불라리움(Tabularium)
좁다란 계단을 통해 로마인들은 국립 문서 보관실에 다다랐다. 복층 구조의 아케이드 갤러리에서는 포룸의 뛰어난 전경을 볼 수 있었다. 본 기념 건축물은 오늘날 카피톨리노 미술관으로 활용되고 있다. 당시 불타버린 카피톨리노를 다시 세웠던 집정관 카툴루스는 술라의 명령에 따라 이곳 타불라리움을 지었고, 이는 기원전 78년 이후로 추측된다.

교도소(Carcer)
로마의 국립 교도소이자 사형 집행소. 작은 구멍을 통해 교도소의 지하 및 사형 집행자에게까지 다다랐다.

바실리카 포르시아 (Basilica Porcia)
호민관들은 이곳 위쪽 공공건물에서 그들의 거부권을 행사했다.

쿠리아 코르넬리아 (Curia Cornelia)
원로원 집무실이었던 이 높은 건물에서 왕정 시대 이래 로마의 정치 운명들이 결정되었다.

바실리카 오피미아(Basilica Opimia)
가이우스 그라쿠스에게 승리한 이후, 집정관 오피미우스는 기원전 121년에 콘코르디아 신전을 새로 건립하였으며 이곳 바실리카 역시 함께 세웠다. 지금까지 어떠한 건축물 잔해도 발견되지 않았다.

사투르누스(Saturn) 신전
구전에 따르면 어떤 독재자가 기원전 500년경에 이 엄청난 신전을 에트루리아 방식으로 건립하였다고 한다. 추방된 마지막 왕의 재산이었던 국보들이 이곳에 보관되어 있었다. 거의 10미터 높이에 달하는 주춧돌과 고대 후기 기둥들의 이전 건축 형태에 관한 증거들은 거의 찾아볼 수 없었다.

바실리카 셈프로니아(Basilica Sempronia)
금융 자본가, 은 제품을 다루던 상인들, 그리고 특히 법률가들이 후기 공화국 때의 이 엄청난 건물들에 업무 차원으로 들어왔다. 기원전 169년, 티베리우스 셈프로니우스 그라쿠스가 한니발을 정복한 대(大)스키피오의 집 대신 응회암으로 된 바실리카를 이곳에 세우게 된다.

디지털 포룸 로마눔
프로젝트팀장: 수잔네 무스(Susanne Muth), 3D화: 아르민 뮐러(Armin Müller) | 포룸 로마눔 세부 정보 www.digitales-forum-romanum.de

콘코르디아 신전 1단계

본 신전을 건립했다고 추정되는 독재관 카밀루스는 연구에 따르면 이를 계획한 인물이라고 간주된다. 기원전 367년으로 추정되는 공사 착수 시기 또한 의문스럽다. 수백 년간 이곳에는 일치와 화합의 여신, 콘코르디아를 숭배하고 정치적 화합에 관한 미덕을 맹세하고자 하는 성지만 오로지 자리하고 있었을까? 수잔네 무스를 비롯한 베를린 학자들은 계급 전쟁에 관한 더 많은 증거들을 발견했으며 4세기 중반 무렵의 신전 형태로 복원해냈다.

콘코르디아 신전 2단계

정치적인 불안정과 호민관 가이우스 그라쿠스의 승리 이후 집정관 오피미우스는 기원전 121년, 당시 선호된 헬레니즘 양식으로 성전을 높게 쌓아 올려 새로이 건축했다. 본래는 정치적 화합의 뜻으로 봉헌된 신전이었지만 이제는 평민파 포풀라레스에 반한 귀족파 옵티마테스의 '호전적인 승전 기념물'이 되었다. 옵티마테스에 가까웠던 키케로는 이후 여기에서 카틸리나를 고발하는, 자신의 유명한 네 번째 연설을 남겼다. 이 엄청난 건축물 가운데 오늘날까지 남겨져 있는 것은 거의 없기에, 당대 건축물들과의 비교를 토대로 한 복원만이 우선적으로 가능할 뿐이다.

로스트라(Rostra)를 갖춘 코미티움(Comitium)

정치적 집회 장소인 코미티움에는 연단을 의미하는 로스트라가 갖춰져 있었다. 회의장인 쿠리아 앞에서 시민들은 직무 및 법률 사항들에 표결하였으며, 원로들은 연설을 했다.

카피톨리노 언덕

모든 승전 행렬은 이곳에서 끝이 났다. 로마의 주요 성전이었던 유피테르 옵티무스 막시무스의 신전이 이곳 언덕에 자리해 있었다.

아벤티노 언덕

로마인들이 거주한 일곱 개의 언덕들 가운데 가장 남쪽에 위치하며, 로마 공화정 당시 수공업 지구가 이곳에 형성되었다.

포룸 로마눔

성벽

비아 사크라

팔라티노 언덕

이곳에는 부유한 로마인들이 거주했다. 땅값은 엄청나게 높았다.

티베르 강

N

로마 공화국 시가지도

바실리카 풀비아(Basilica Fulvia)

로마 대국은 기원전 179년에 처음 세워진 이래로 더더욱 화려하게 장식된 본 회관 건물에 굉장한 자부심을 갖고 있었다. 넓은 중앙 공간인 네이브(nave)를 3개나 갖춘 이곳에는 금전 거래와 소송 절차, 또 외교 접대에 충분한 공간들이 마련되어 있었다.

레기아(Regia)

한때 왕궁이었던 이곳 폰티펙스 막시무스의 관청에는 여러 문서들이 보관되어 있었다. 이곳은 또한 전쟁의 신인 마르스와 대지의 여신 옵스를 위한 제물들이 바쳐지기도 했다.

쿠스 쿠르티우스(Lacus Curtius)

작은 성전에서 로마인들은 로마 건국 당시 일어난 신비로웠던 기적들을 기렸다.

오스쿠로이(Dioskouroi) 신전

웅장한 건물은 기원전 484년 귀족들의 호신인 카스토르와 폴룩스, 디오스쿠로이에게 봉헌되었다. 연설가들은 디움(podium)을 연단으로 활용했으며, 후가 화국 이래 내부 공간은 원로원의 회의 장소로 용되었다.

베스타(Vestal) 신전

이곳 국가 화덕에서는 꺼지지 않는 신성한 불이 끊임없이 타올랐는데, 이미 기원전 8세기부터 있어왔던 것으로 추측된다. 이 불은 6명의 처녀, 베스탈리스들이 돌보았다. 게으름을 피우면 폰티펙스 막시무스가 가차 없이 채찍질을 가했다.